怪物に出会った日

井上尚弥と闘うということ

Moriai Masanori

森合正範

講談社

プロローグ

井上尚弥の「強さ」とは何か

リング上で右拳を突き上げている。

その横で対戦相手は這いつくばっていた。

一瞬、会場が静まりかえる。ワンテンポ遅れて、一万人の腹の底から叫ぶような大歓声が横浜アリーナを包み込んだ。試合はわずか一分十秒で終わった。

「えっ、何で倒したの？」

記者席の隣に座っていたスポーツ紙のベテラン記者が驚いた表情で問い掛けてきた。

「ワンツーの右ストレートです」

私の声は昂《たか》ぶっていたはずだ。

「分からなかったなあ。井上の一発目だよね？」

「はい、最初の右です」

「どういう攻防？」

なおも聞いてくる先輩記者に、私は首を振った。

「いやあ、分からないです。一撃で終わりました」

「こりゃあ、すげーわ」

ベテラン記者は半ば呆れ笑いをしながら賞賛した。

私は興奮を必死に抑えて、コーナーに上がって、ガッツポーズを繰り返す勝者を目で追っていた。

二〇一八年十月七日、ボクシングのバンタム級最強を決めるトーナメント「ワールド・ボクシング・スーパー・シリーズ（ＷＢＳＳ）」の一回戦であるとともに、ＷＢＡ世界バンタム級タイトルマッチ、王者の井上尚弥と元世界王者で挑戦者ファンカルロス・パヤノ戦が横浜アリーナで行われた。私は東京新聞運動部の記者として取材に来ていた。場内は暗転し、光のカーテンがリングを囲む。これまで見たことのない、凝った演出だった。そのため、従来ならリングサイドに設置される記者席は一階スタンド席の後方にあてがわれた。リングを見るか、それとも天井から吊るされた大きなビジョンで試合展開を追うか、微妙な位置だった。

私は決してフィニッシュシーンを見逃したわけではなかった。ゴングが鳴ったばかりで、気を抜いていたわけでもない。井上の前戦となるジェイミー・マクドネル戦は開始から百十二秒で決着した。井上の試合において一瞬たりとも油断できないのは分かっている。リング上の攻防に全神経を集中させていた。

試合時間の七十秒は日本人選手の世界戦最速勝利記録だった。

凄い試合を見た。だが、すぐに恐怖が襲ってくる。

伝えられるのだろうか――。

井上の試合後はいつもそうだった。「怪物」の異名にふさわしい圧倒的なパフォーマンスを目の当たりにし、興奮しながら試合を見る。だが、試合が終わった途端、不安が募ってくる。「日本ボクシング史上最高傑作」といわれる井上が持つ凄みを余すところなく表現できるのだろうか。世界タイトルマッチは高度な技術戦であり、紙一重の闘いだ。しかし、井上の力量が突出しているあまり、「咬ませ犬」と闘ったようにに書いていていないだろうか。

締め切り時間が迫ってくる。焦る。背中を冷たい汗が流れた。

試合後の記者会見が始まった。井上の声が右から左に流れていく。頭に入ってこない。私は明らかにこの試合を整理できていない。何をどう伝えていいのか、分からなかった。

逃げ出すかのように、ありきたりの言葉を並べて原稿の送信ボタンを押した。

仕事でいえば、明らかな「負け」だった。


井上がパヤノをKOした二日後。気の置けない仲間たち五、六人での食事会があり、自然と話題は井上の試合になった。

「まさかワンツーで倒すとは」

「サウスポーの内側に右をたたき込むなんて信じられない」

「相手は元スーパー王者で、一度もKO負けがないんですよ」

それぞれが感想を述べ合う。その中の一人、あまりボクシングに関心のないラジオプロデューサーが尋ねてきた。

「井上尚弥って、最近よく名前を聞きますよね。そんなに凄いボクサーなんですか」

私と、格闘技好きで当時「現代ビジネス」編集長の阪上大葉《さかうえひろは》、ボクシングに詳しい作家らが中心となり、井上がいかに稀有なボクサーかを伝えていく。

場は盛り上がった。まだパヤノ戦の衝撃と興奮が皆の心の中に残っていた。

ラジオプロデューサーは圧倒されながら言った。

「そんなに熱くなるなんて、すごく強いんですね。で、結局井上尚弥はどこが凄いんですか？」

みんなで顔を見合わせ、私が代弁するように言った。

「スピードは圧倒的だし、パワーも突出している。たぶん、二階級上くらいのパンチ力じゃないですか。相手のパンチをもらわないディフェンス力もあるし、簡単に言うと全部凄い。パヤノにワンツー、七十秒で勝つなんて、本当にあり得ないことなんです」

すごく薄っぺらい。自分で説明していて、そう思った。

井上という稀有なボクサーを伝えたい。その思いとは裏腹に私自身、何が凄いのか、本当は分かっていない。そのことにはっきりと気付いた。

食事会が終わり、編集長の阪上と二人で駅まで歩いた。どこか煮え切らない、自分自身に対してもどかしさがあった。それは二日前の試合後からずっと続いている感情だった。

「井上尚弥と同時代に生きていて、しかも取材をできるなんて、すごく幸せなことだと思うんで

「でも、俺、書けていない……。伝えきれていないんです。というか、恥ずかしながら、井上尚弥の強さが何かもよく分かっていないんです」

胸にしまい込んでいたモヤモヤを初めて打ち明けた。

私はボクシングが好きで、その魅力を広く伝えたくて記者になった。その競技で最も伝えるべきボクサーを書ききれていない。それどころか、井上の強さが何なのか、分かっていない。こんなに恥ずかしいことはなかった。

阪上は間髪を容れずに言った。

「だったら、対戦した選手を取材していったらどうですか。怪物と闘った相手に話を聞けば、その凄さが分かるんじゃないでしょうか」

闘った相手に話を聞く。一見、当たり前の取材に思えるが、私の中には一切なかった斬新な考えだった。だが、私は頭の中ですぐに打ち消した。パヤノ戦を終えた井上の戦績は十七戦全勝十五KO。対戦した相手とは、敗れたボクサーのことだ。しかも、多くがKOで倒されている。

しばらく何も言わず、駅まで歩いた。

私は三十年近く前のアルバイトを思い出していた。

敗者のグローブ

高校時代の私は勉強が嫌いで、学校は遅刻や早退を繰り返していた。授業中は教科書代わりに、専門誌の『ボクシング・マガジン』『ワールド・ボクシング』を読みふけっていた。大学に進学するための受験勉強をする気も起きない。それどころか、高校入学の時点で授業に付いていけなくなっていた。かといって、高校卒業後、社会に出る勇気もなかった。

二歳上の兄は東京都内の大学に通い、一九八九年からボクシング、プロレス、キックボクシングの「聖地」と呼ばれる後楽園ホールでアルバイトを始めた。家に帰ってくると、その日の試合はどうだったか、パンフレットを手に詳しく教えてくれる。兄がバイト先の先輩から借りてきたボクシングやプロレスのビデオを一緒に見ることが日課になっていた。

一九九〇年二月七日、大橋秀行がWBC世界ミニマム級王者の崔漸煥《チェジョムファン》を倒し、日本人ボクサーの世界王座挑戦連続失敗記録を「二十一」で止めた。帰宅した兄は興奮し、寝ずに話していた。九月には兄がチケットをもらってきてくれた。その試合は王者岡部繁─挑戦者辰吉丈一郎の日本バンタム級タイトルマッチだった。私は後楽園ホールで歴史に刻まれる一戦を観戦し、ますますボクシングの虜《とりこ》になっていった。

高校三年の秋になり、あまりに勉強をしない私を見るに見かね、兄が言った。

「おまえ、大学行ったら、俺と同じように後楽園ホールでアルバイトできるんだぞ」

「えっ、本当に？　俺もできるの？」

私の心は躍った。

「うん、バイト先の偉い人に頼んでやるよ。もし、大学行ったらな。だから、少しは勉強すれば?」

大学に行けば、好きな格闘技をずっと見ていられる。しかも会場で、毎日のように生で試合を見られる。夢のような話だった。

私は押し入れから中学一年の英語の教科書を探しだし、その日から勉強を始めた。

志望校は水道橋駅の近くから選んでいった。大学に行くことが目的ではない。後楽園ホールでアルバイトをするため、大学に進学するのだ。

十校以上受けて、なんとか二つ合格した。もちろん、後楽園ホールに近いほうを選んだ。

私は大学へ入学する前にアルバイトを始めた。もう待っていられなかった。一刻も早く、後楽園ホールの住人になりたかった。

その日によって仕事内容は違った。観客が入る前に清掃をし、パイプ椅子を指定された座席表通りに配置する。どの興行でもそこまでは同じだ。その後、お客さんに席案内をするため、南側の入り口に立つこともあれば、東側、西側の通路に立ち、チケットをチェックすることもあった。ノックアウトで選手が危険な倒れ方をすれば担架を持ち出し、リングに上がって選手を運ぶこともある。

ボクシングの興行で最も多かった私の仕事は、グローブをボクサーに手渡す、通称「カギ番」

と呼ばれる仕事だった。

後楽園ホールは当時「青いビル」と呼ばれた建物の五階にあり、アルバイトの控え室は屋上にある倉庫のような建物だった。そこには年季の入った古いものから新品まで数十組の赤いボクシンググローブが吊るされている。六畳ほどの部屋に入ると、革と汗の入り交じった独特の匂いがした。

選手の階級によって、六オンス、八オンス、十オンスと試合で使用するグローブは異なる。その日行われる試合数に応じて五～十セットを大きなバッグに入れ、選手控え室のある四階へ持って降りる。そこが「カギ番」の仕事場だった。

選手やトレーナーが会場入りすると、選手控え室にあるロッカーのカギを渡し、そこに荷物を入れてもらう。しばらくすると、試合で着用するグローブを選手に渡しにいく。

タイトルマッチだけは新品のグローブを使用し、それ以外は使い回し。十回戦、八回戦、六回戦、四回戦と試合のランクが下がるごとに少しずつ古びたグローブになっていった。

試合後はグローブを回収し、揮発油の「ベンジン」をタオルに染みこませ、付着した血や汗を拭き取る。綺麗に磨き上げ、再び屋上の倉庫へ戻し、乾燥させる。

十八歳の私にとって、選手の控え室はショッキングな世界だった。試合に敗れて泣いているボクサーがいる。疲れきった体を床に投げ出し、しばらく起き上がれないボクサーもいた。敗戦直後、顔面を血だらけにした選手が、トレーナーから罵声を浴びせられ、項垂《うなだ》れている。リング上だけでなく、控え室もまた非日常の空間だった。見てはいけない光景を目の当たりにしているような気持ちになった。

負けた選手のグローブを取りにいくときはいつも心が苦しくなり、何度経験しても慣れなかった。嗚咽《おえつ》が控え室の外まで聞こえてくると、回収する時間を遅らせた。

「すみません、グローブ持っていってよろしいでしょうか?」

全身の力が抜け、涙を流すボクサーに向かって、そう尋ねるのは勇気がいった。試合直後でそこまで頭が回っていないのだろう。私の声を聞き、慌ててトレーナーにハサミでグローブを結ぶ紐を切ってもらい、外すボクサーもいた。

ボクサーの内情を知るにつれ、その涙を理解できるようになった。試合に向けた数ヵ月間、厳しい鍛錬を積む。疲れた体に鞭を打ち、汗を絞り出す。計量直前は絶食するボクサーもいる。タイトルマッチなど、試合によっては、長い年月の末にようやく巡ってきたチャンス。人生を賭け、その結果、敗れた。そう簡単に受け入れられるはずがない。

試合後、赤い革のグローブはたっぷりと汗を含み、数時間前に渡したときより、少しばかり重くなっている。敗者の汗を吸い込んだグローブはなぜか、勝者のものより重く感じた。彼らボクサーがどのような心情でリングに上がり、敗れた選手が深く傷つき、喪失感に苛《さいな》まれるのか。私も少しは分かっているつもりだった。


「井上と対戦した選手を取材していったらどうですか」

阪上が提案した企画はとても興味深かった。

対戦相手と一緒に試合のビデオを見て、このとき、どう感じたのか、何を思ったのかを聞いていく。リング上で体感した井上の強さを話してもらう。拳を交えた者にしか分からないことがあるはずだ。経験談を聞けば、間違いなくこれまでより井上の強さに迫れるだろう。

だが、深く傷ついた敗戦に私のような第三者が触れていいのだろうか。もしかしたら思い出したくない過去かもしれない。そもそも、負けた選手がきちんと話してくれるのだろうか。いや、敗れた試合、しかも対戦相手の強さを聞くなんて、失礼ではないか。

頭の中で堂々巡りを繰り返していた。悩んでいても仕方がない。

私は「井上の強さが何か分かっていない」と吐露したことで、どこか吹っ切れた気持ちにもなっていた。駅での別れ際、勢いそのまま阪上に伝えた。

「よし、じゃあ、取材に行ってみますわ」

井上戦の敗戦を糧に、さらなる高みを目指している現役ボクサーに話を聞くわけにいかない。リングを去った者にしか問うてはいけない事柄だ。それが私の最低限の礼儀だった。

怪物と闘った男たち。

その中から、すぐに一人のボクサーが浮かんだ。

怪物に出会った日
井上尚弥と闘うということ

目次

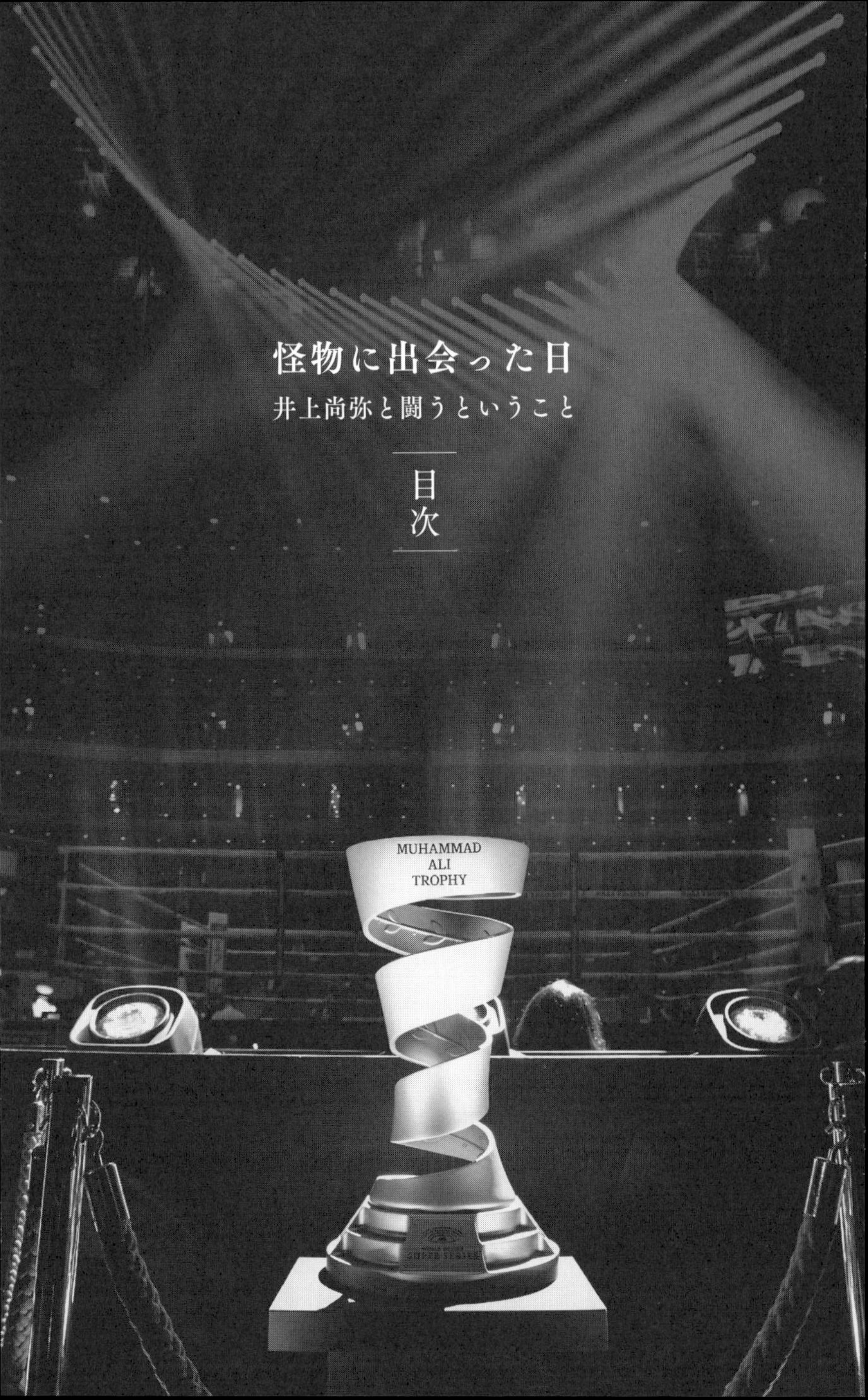

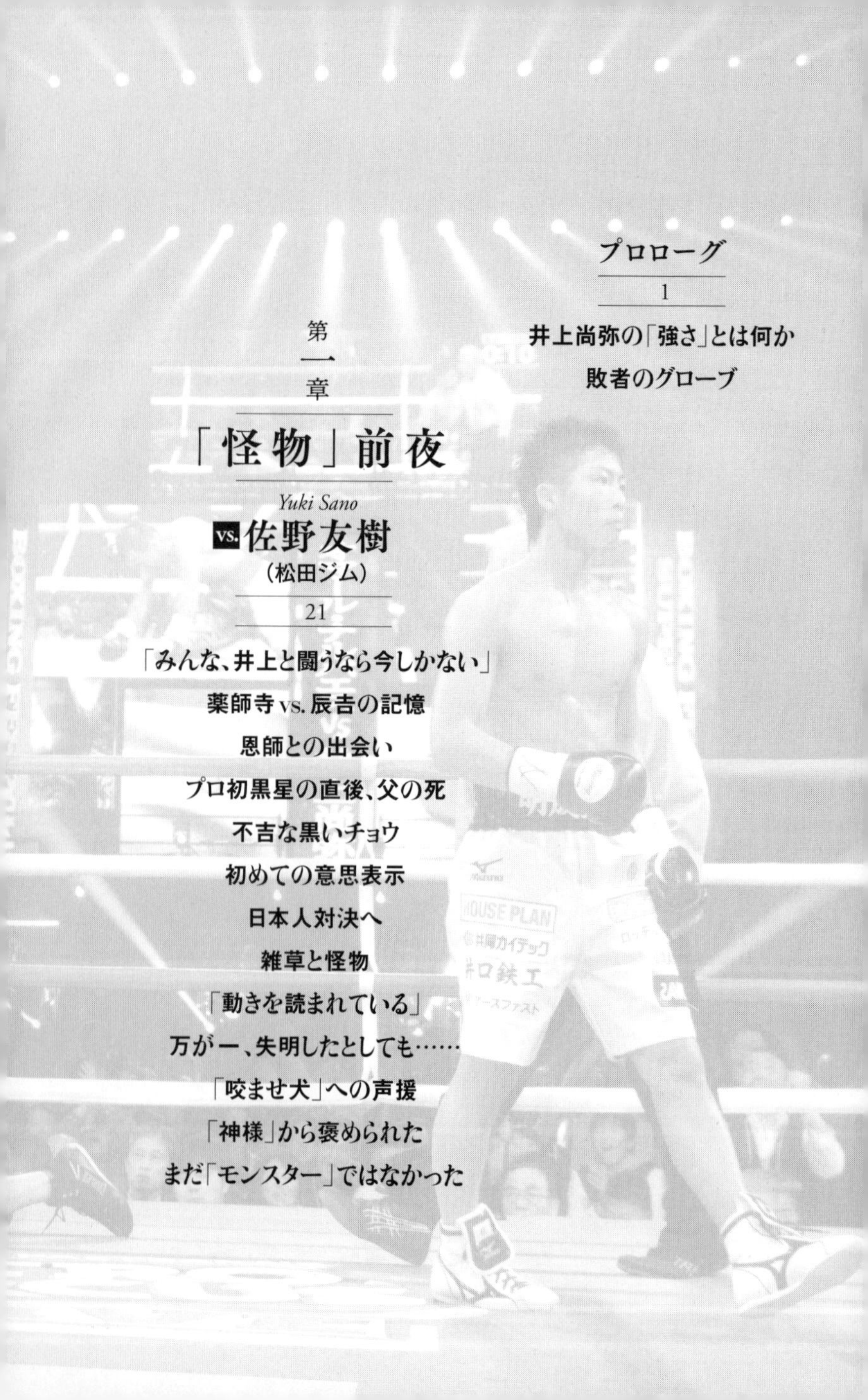
HOUSE PLAN
井口鉄工

装幀　岡 孝治
カバー・目次・本文扉写真　山口裕朗
時事通信フォト（第九章扉のみ）
本文中写真　森合正範
山口裕朗（第十章のみ）

怪物に出会った日　井上尚弥と闘うということ

第一章

「怪物」前夜

Yuki Sano

vs. 佐野友樹
（松田ジム）

2013年4月16日　東京・後楽園ホール　10ラウンド　1分9秒　TKO

井上の戦績 3戦全勝3KO

「みんな、井上と闘うなら今しかない」

車窓の左手にナゴヤ球場が見えてきたとき、覚悟を決めた。名古屋駅へ到着するのがいつもより早く感じる。

向かう先には、井上尚弥がプロ三戦目で拳を交えた佐野友樹《ゆき》がいる。既に引退し、対戦からは月日が経っている。今だったら話をしてくれるかもしれない。少し恐怖心を抱きながら、佐野がトレーナーを務める松田ジムに連絡を取り、インタビューの約束を取り付けてはいた。

もちろん、これまでもボクサーに負けた試合のことを聞くことはあった。だが、踏み込んではいけない領域があることも知っていた。今回はそこに足を踏み入れようとしているのではないか。

松田ジムの最寄りである金山駅に着いた。こちらからお願いしておきながらおかしな話だが、足取りが重くなる。

ジムに到着すると、既に佐野が待っていた。

現役を退いて五年。まだ眼光は鋭い。歴戦を証明するかのように鼻は潰れ、ボクサー独特の顔つきをしていた。初対面の佐野と挨拶を交わし、一緒に近くの喫茶店に向かう。

心配は杞憂に終わり、取材は滞りなく済んだ。佐野にボクシング人生を振り返ってもらい、一緒にポータブルＤＶＤプレーヤーで井上戦を見返した。

「この試合、ときどき見るんですよ」

佐野はそう言って、場面ごとの心情を明かしてくれた。饒舌《じょうぜつ》ではないが、十分すぎるほど話を聞けた。だが、決してすべてを話してくれたわけではない。言葉を濁す場面もあった。それはボクサーとしてのプライドなのか、それとも、会ったばかりで信頼関係が築けていないからなのか、私には分からなかった。

昼に訪れ、ジムを後にする頃には外は暗くなっていた。ジムと喫茶店を往復し、五、六時間取材していたのだろう。

「チャンピオンにもなっていない僕の話を聞いてくれてありがとうございました」

別れ際、佐野はそう言って頭を下げた。

名古屋から帰りの新幹線、私は車内で深く息を吐いた。

闘いを終えた佐野の視界はぼやけていた。

二〇一三年四月十六日、東京・後楽園ホール。

四方からリングに向かって雨が降ってくるかのように、歓声とわずかばかりのため息が注がれた。右まぶたから血を流し、腫らした顔でコーナーの椅子に座る。肩の力が抜けていくのが分かった。

「勝者、赤コーナー、イノウエー、モンスター、ナオヤー」

リングアナウンサーの「モンスター」の部分にアクセントをつけた大きなコールが耳に入ってくる。視線の先にはレフェリーから右手を挙げられている幼い顔、二十歳になったばかりの井上の姿がぼんやりと見えた。テレビ局のアナウンサーが登場し、勝利者インタビューが始まった。リング上は勝者である井上のものだ。

試合会場がある五階から四階へと降りた。まずは医務室に行き、ドクターの診察を受け、控え室に戻る。報道陣がどっと入ってきた。右まぶたの傷と右目に氷嚢《ひょうのう》を当てながら、一つ一つの質問に答えていった。

――まずは試合を振り返って、どうでしたか。

「（井上は）強かったし、速かった。テンポ、間の取り方がすごくうまかったです」

――井上選手はどのような印象でしたか。

「二十歳の子の強さではないです。今までやってきた選手の中で一番速かった。こんなに顔が腫れたのは初めてです」

――集大成と位置づけて臨んだ試合でしたね。

「自分のボクシングができたかは分からない、でも、諦めないで最後まで闘うという姿勢は見せられたかな」

一通り試合について話した後、一人の記者が問い掛けた。

――もし、井上選手が井岡（一翔《かずと》）選手や宮崎（亮）選手と闘ったら、どうなると思いますか？

当時、井岡はＷＢＡ世界ライトフライ級王者、宮崎はＷＢＡ世界ミニマム級王者だった。試合が終わって十数分。まだアドレナリンが出ている興奮状態の頭でプロ三戦目を終えた井上と世界王者が闘う姿を夢想する。その瞬間、佐野は何かスイッチが入ったかのように他の日本人ボクサーに呼びかけた。

「みんな、井上と闘うなら今しかない。来年、再来年になったらもっと化け物になる。歯が立たなくなるぞ」

リングで対峙した者しか分からない、心からの叫びだった。

薬師寺 vs.辰吉の記憶

佐野は一九八二年一月六日に生まれ、名古屋市南区で育った。四人きょうだいの二番目。両親、兄、弟、妹とがっちりした体つきの佐野家において、なぜか佐野だけ背が低く、痩せていた。やんちゃな兄と違い、喧嘩をするタイプではない。争いごとを嫌い、どちらかと言えばおとなしい性格だった。十歳の頃、『週刊少年ジャンプ』でサッカー漫画「キャプテン翼」を大ヒットさせた高橋陽一のボクシング漫画「CHIBI（チビ）」の連載が始まった。極端に背が低く、運動音痴でいじめられっ子の少年が努力を重ねて強くなっていく物語だった。

佐野は主人公に自らを重ね、読み込んだ。

一九九〇年代初頭は日本ボクシング界が熱かった。辰吉丈一郎、鬼塚勝也、ピューマ渡久地《とぐち》が「平成三羽がらす」と呼ばれ、佐野が最も憧れたのは鬼塚だった。テレビで見たストイックな姿勢、独特の雰囲気を醸し、まるでモデルのような格好よさに目を奪われた。

「ボクシングをやりたいんだけどさ」

最初に相談したのが父・友春だった。父は重機機械を扱う佐野組機工株式会社を経営し、社員だけでなく、近所からも頼りにされる親分肌だった。

「おう、どうせやるんだったら、いいジムに行ったほうがいいんじゃないか」

父は二つ返事で後押しし、探してきたのが自宅から十キロほどの場所にある松田ジムだった。前年となる一九九一年二月三日、松田ジム所属の畑中清詞がWBC世界スーパーバンタム級チャンピオンのペドロ・デシマに八回TKO勝ちし、東海地方初の世界王座に就いた。一九四三年創設の名門ジム。佐野は父に連れられ、見学に行き、すぐに入門を決めた。井上が生まれる一年前、一九九二年五月のことだった。

小学五年生の佐野は授業を終えると片道三十分かけて一人でジムに通った。松田ジムがある熱田区は血の気の多い中高校生が多かった。

「ジムに行こうとすると、金山駅にいつもガラの悪い高校生の不良たちが十人くらいいるんです。僕はまだ小学生ですよ。不良グループに絡まれて、二度『かつあげ』されましたからね」

背が小さく、痩せ細った佐野は標的になった。見上げるほどの高校生に囲まれ、恐怖心が襲ってくる。だが、ジムに行きたくないと思ったことは一度もない。ボクシングが楽しい。もっと強くなりたい。その気持ちが上回った。

世界王座から陥落した畑中と入れ替わるように、薬師寺保栄《やすえい》が日本バンタム級王者となり、松田ジムは新しい時代を迎えようとしていた。狭いジムの中で練習できるのはごく一部のプロ選手だけ。他の練習生はジムの駐車場や隣の空き地で縄跳び、シャドーボクシングをして自分なりのトレーニングをこなすしかない。トレーナーが手取り足取り教えてくれる時代ではなかった。左ジャブ、右ストレート。先輩の動きを真似て盗んでいく。

「今と違って、ジムに小学生はほとんどいなかった。ジムで動いていたら『邪魔だ』とか『あっち行け』って言われるんです。中で練習できるのは薬師寺さんとか数人の強い人だけ。だからみんなすぐに辞めちゃいますよね。そうやって『ふるい』にかけられる。辞める奴はそこまでだし、本気の奴は食い下がる。正直、それくらいの奴じゃないとジムに残れなかったですね」

風邪を引いても、熱があっても親には言わなかった。台風が来ようが、毎日ジムに通った。入門して三ヵ月が過ぎた頃だった。

「朝五時に来いよ」

プロの選手がロードワークをする大高《おおだか》緑地公園に誘われ、一緒に走り始めた。すっかりボクシングにのめり込み、周囲も佐野の熱心さを認めてきた。厳しい環境下のジムでの練習、早朝の走り込みなどで「ふるい」にかけられ、痩せ細った小学生がしっかり残っていった。

一九九三年十二月二十三日。薬師寺が辺丁一《ピョンジョンイル》を破り、WBC世界バンタム級王座に就いた瞬間を、小学六年の佐野はジムの雑用係として会場で見ていた。その後、松田ジムには入門希望者が殺到し、練習生の数は一気に膨れあがる。ジムの出席表はめくってもめくってもジム生の名前が書いてあった。小さなジムに約三百人の練習生が詰めかけた。佐野は駐車場や空き地で黙々と練習を積んだ。プロボクサーがいない時間を探し、なんとかジムで動けるように心掛けた。

図抜けたセンスがあったわけではない。だが、真面目な佐野はジムから重宝された。世界チャンピオン薬師寺の防衛戦になれば、必ず声を掛けられ、雑用係としてリングサイドにいた。そして、誰よりも間近で日本ボクシング史に刻まれる「世紀の一戦」を目撃する。

一九九四年十二月四日、名古屋市総合体育館レインボーホール。WBC世界バンタム級王者の薬師寺と暫定王者の辰吉丈一郎が相まみえる日本人同士による初の王座統一戦は、戦前から盛り上がりをみせていた。

試合の数日前、松田ジム会長の松田鉱二は警察から呼び出された。

「チケットが売れすぎて観客が入りすぎるから、ある程度は払い戻してくれ、と言われてね。そうしないと試合を中止にするとなったんだよ。定員を遥かに超える一万人（主催者発表＝九千八百人）に達しとったからね」

中学一年生の佐野はこれまでの薬師寺の世界戦と同じく、ジムの手伝いで会場を訪れ、リングサイドにいた。辰吉が入場すると、大歓声と辰吉コールで熱気は一気に沸点に達した。薬師寺の入場の際にはこれまでにない大音量の叫び声と歓声が聞こえてきた。

佐野は明らかに興奮していた。

「レインボーホールにこんなに観客が入るのか、しかもボクシングの試合にこんなに人が来るのか、と驚きましたね。あれは異常でしたもん。お客さんの入り、雰囲気、あの熱狂。会場が揺れていて、夢の中にいる感じ。こんなところで試合をしてみたいなと思いましたね」

異様な雰囲気にのまれまいとリングに集中する。佐野には薬師寺のパンチ数とヒット数を把握し、ラウンドごとにテレビとラジオの放送席に伝えるという大役が与えられていた。リング上を凝視し、カウンター計を両手に持ち、パンチを放てば左のカウンター計を押す。当たれば右も押す。ラウンドが終わると、黒電話のようなトランシーバーで連絡し、パンチ数とヒット数を報告した。日本中が注目する試合で間違いは許されない。佐野もパンチを見極め、両手に神経を注ぎ、必死に闘っていた。薬師寺が二─〇の判定で勝ったときには、喜び以上に仕事を終えた安堵感が全身を包んだ。

中学生になってもボクシング中心の生活は変わらない。修学旅行を除いて、ジムワークは一日たりとも休んだことはなかった。

船越比呂孝《ひろたか》は佐野の実家から一つ家を挟んだ隣に住んでいた。同い年で自然と仲良くなり、佐野を「さんちょ」と呼んだ。気が付けばいつも佐野家に遊びにいっていた。他のきょうだいの物は雑然としているのに、佐野の机だけは綺麗に整い、本がきちんと並んでいたのを覚えている。

「さんちょは真面目できっちりとした性格でしたね。だけど、変わっている。芯が強いのか、無骨というのか。大勢の友だちと群れるのが好きじゃない。遊ぶときはいつも二人きりでしたから」

小学五年になってすぐだった。「周りには絶対に言わないでね」と前置きされ、こう告げられた。

「俺、ボクシングやるからさ」

その日を境に「さんちょ」と放課後に遊んだ記憶はない。だが、交流はずっと続いていた。

船越は懐かしんで言った。

「普通の子どもなら遊びたい時期なのに、さんちょはボクシング一筋でしたね。やんちゃな中学校だったんですけど、別にボクシングをやっています、という感じを出すわけでもないし、公言もしていなかった。ただ、ヤンキーたちは、さんちょがボクシングをやっていることを知っていたから、絶対にちゃかしたり、手出しはしなかったですね」

夜中になると、船越がこっそり佐野の自宅に忍び込み、二人でパンクロックを聴いた。洋楽ならセックス・ピストルズ、邦楽ならブルーハーツから始まり、毎日のようにミュージックビデオを舐めるように見ていた。ロックを聴く二人だけの世界だった。

「さんちょは他人と一緒なのが好きじゃない。当時、パンクを聴いている同級生はいなかったし、だから、そういう音楽にはまっていったんだと思う」

船越から見て、佐野には群れない、独自の世界観があった。

中学三年になったばかりのある日のことだった。

佐野がジムでいつも通り練習していると、会長の松田から思いがけない提案を受けた。

「おまえ、ボクシングしかないというくらいの気持ちでずっと頑張っているな。沖縄の高校に行ってみないか。面白いから金城《きんじょう》先生のところに行ってこいよ」

松田は小学五年の入門以来、ジムワークを休まず、黙々と練習する佐野に目をかけ、沖縄の名伯楽・金城眞吉《しんきち》に預けようとしていた。

夏休みになると、佐野は山梨で開催されている高校総体（インターハイ）に行き、初めて金城に挨拶した。その後、父と一緒に沖縄の練習場兼選手寮を訪ね、一泊二日で体験入学した。これまでも応援してくれた父は一切反対しなかった。むしろ「いいな。俺がボクシングをやりたいくらいだ」と言ってくるほどだった。

いきなり目の前に現れた沖縄へのボクシング留学。十四歳の佐野にはピンと来なかったが、迷いはなかった。

「松田会長はとにかく一生懸命練習する選手が好きでしたから、僕にチャンスをくれたんです。それに、僕も会長のことを信頼していた。当時、アマチュアは沖縄県勢がトップ。しかも、金城さんに教えを請うために行くんですからね。強くなってやろうと思いました」

金城は具志堅用高、渡久地隆人、名護明彦ら延べ約四十人の全国大会優勝者を育て、ボクシング王国・沖縄の礎《いしずえ》を築き上げた。高校の教え子でなくても、浜田剛史、平仲信明ら沖縄出身のボクサーなら誰もが指導を受けている。佐野は沖縄尚学高へのボクシング留学を決めた。

「高校でチャンピオンになるまでは家に帰ってこないから」

家族にそう言い残し、名古屋を去る。「チャンピオン」が明確な目標になった。

恩師との出会い

沖縄県那覇市首里石嶺町にある練習場兼選手寮。金城の自宅も兼ねており、一九八五年六月に完成した、築十一年の立派な建物だった。先に入寮していた大山朝之は、鋲を打った革ジャンを羽織り、パンクロッカーのような奇抜なファッションの男が立っているのを見て驚いた。三月半ばといえば、沖縄ではみんなTシャツ、短パンの服装だ。

大山が苦笑交じりに述懐する。

「佐野の最初の印象は服装ですね。沖縄にはいないですよ。これは名古屋からとんでもないヤツが来たと。でも、話し方は、はきはきしていて、真面目な感じなんですよね」

同級生は当初六人。練習が厳しく、一人はすぐに逃げ出した。県外から来たのは佐野だけだった。上の学年でも二年生に一人、大阪出身の先輩がいただけで、あとは沖縄出身の生徒ばかり。

大山は県外から来た佐野の孤独と覚悟のようなものを感じた。

「部でも学校でも沖縄出身が多いんです。だから、もしかしたら佐野にはアウェーという気持ちがあったかもしれない。『内地（本州）から来たからって馬鹿にされないぞ』、『絶対にここで天下を取ってやる』。そういう気概を感じました」

当時、金城の教え子は興南高から沖縄尚学高に移行する過渡期で、三年生の先輩は興南高、二年生と一年生は沖縄尚学高というういびつな関係だった。違う高校のボクシング部の生徒たちが同じ寮に住み、一緒に練習する。三年には国体のバンタム級を制す根間仁《まさし》、二年には高校三冠となる翁長吾央《ごお》と、のちにプロでOPBF東洋太平洋王座に挑む中真光石《こうせき》ら猛者が揃っていた。

共同生活はいかにも体育会系で、寮で一年生にあてがわれたのは二段ベッドが三つ並んだ大部屋だった。佐野は部屋の壁に黒いマジックで「具志堅用高」、のちにピューマ渡久地のリングネームで日本王者になる「渡久地隆人」とサインのように名前が書いてあるのを見て、ボクシング部の歴史を感じた。上下関係は厳しかった。先輩のトレーニング着を下級生が洗濯し、三年生から「何か食べたいな」と言われれば、すぐに走って買い出しに行く。気の休まる時間はない。練習も激しかった。登校前には朝六時からロードワークがあり、最も辛かったのは実戦形式のスパーリングだ。軽く当て合うのではなく、火花が散った。先輩は手加減をしない。三年の根間は国体のバンタム級決勝でのちに世界王者となる内山高志から勝利を収めた強者だった。佐野は階級が下にもかかわらず、よく相手をさせられた。

「根間さんはストレートもボディーも巧かったし、メキシコのリカルド・ロペスみたいなボクシングをするんです。高一のときのスパーリングで鼻を潰されました。先輩たちは後輩を倒して『おい立てよ、こら』みたいな感じなんです。僕はむかついたんで、意地でも倒れてたまるかと思っていましたね」

大山も佐野の強い相手に向かっていく負けん気、一発食らわそうとする反骨心、どんな状況になっても最後まで諦めない気持ちの強さを感じ取っていた。

「上の学年とスパーリングをするとき、佐野は表情からして意地になって闘っているんですよ。上級生だけどリングの上では関係ない。一泡吹かせてやる、そういう意気込みは同級生の中で一番ありました。だから、根間さんは可愛がっていたし、翁長さんも一目置いていたと思います」

佐野は根間や翁長のような天才肌の選手ではなかった。「雑草みたいなもん」と自身のボクシングセンスを分析する。佐野の気合を感じ取り、厳しく指導したのが金城だった。松田ジムの先輩ボクサーから見よう見まねで盗んだフォームは通用しない。半身の姿勢からしっかり脇を絞り、最短距離で人差し指と中指のナックルを直線的に打つ。当たる瞬間に拳を握る。打ったらすぐに戻す。そうやって右ストレートを徹底的にたたき込まれた。

「監督からは『相手に分からないように打たないと当たらないよ』『相手を騙せ』とよく言われました。なので、気配を殺すことを意識しました。左ジャブをしっかり打っておいて、右は気配を消しておく。不意打ちを意識して、最短距離で打つ、ということですね」

佐野は右ストレートを磨き上げた。

「松田ジムでやってきたからっていい気になるなよ」

手を抜こうものなら、すぐに金城の大きな声が飛んでくる。技術を大切にしつつ、それ以上にハートの強さを重視する指導者だった。弱気な表情を浮かべると「もっと前に出ろ！」と怒号が飛ぶ。試合だけではなく、練習でも同じ。闘志むき出しのボクシングが好まれ、気持ちの弱さから防御の体勢になれば叱られた。

佐野には怒られた思い出しか残っていない。

「監督のことはもちろん怖い。でも、悪口を言う人は誰一人いないし、すごく信頼していました。俺は監督が言うこと以外聞かないぞ、となっていました。もう宗教みたいに、それくらい人を惹きつける、カリスマ性がありましたね」

練習場の壁には「敵に勝つ前に己に勝て」と金城の妻・清子の達筆で格言が書かれていた。佐野は少しでも心が揺らぐとその言葉を見て、気持ちを奮い立たせた。

金城から目をかけられた佐野は三年生になるとキャプテンに指名された。

高校生活の集大成となる夏のインターハイ準々決勝。一九九九年八月五日、佐野の相手は新潟・興農館の選手だった。会場にいた大山は衝撃を受けた。今なお脳裏に焼きついている試合だ。

「佐野がバシーンと右ストレートを決めた直後です。レフェリーが相手のダウンをとって、その選手はリング中央でただ呆然と立っているんです。おかしいな、という感じでレフェリーもきょとんとしている。相手選手がロープに向かってすたすたと歩いていったらロープに正面からボンとぶつかって、反動で後ろにバタンと倒れたんです。あれは凄いKO勝ち。それくらい佐野の右ストレートは切れていたんです」

一回一分五十六秒KO勝ち。この日、行われた最軽量のモスキート級から最重量のミドル級までの全四十試合で唯一のKO勝ちだった。しかし、佐野には宿敵がいた。熊本・開新高の工藤密《ひそか》。佐野より身長が十センチほど高いサウスポーでアウトボクサー。九州大会、全国大会と、どうしても工藤に勝つことができなかった。インターハイの準決勝で宿敵とぶつかり、またも敗れた。三位に終わり、佐野の高校生活は終わった。

「チャンピオンになるまで帰らない」

そう言い残して名古屋を去った。佐野は盆も正月も本当に一度も帰郷しなかった。沖縄の生徒の中には、毎週末、寮から帰宅する選手もいる。頑なな態度は部員の中で際立っていた。送り出した松田ジム会長の松田は金城と話すたび「あんなヤツ、おらん」と言われたという。

松田の回想。

「沖縄の人間でも休みの日に帰る。地方から憧れて入学しても、厳しくて途中で辞めてしまうくらいの練習量ですよ。佐野は正月も夏休みも全然帰ってこない。金城先生は『アイツの頑張りは確かですよ』と言っていました。僕が考えている以上に気持ちが強かったんじゃないかな」

初めて名古屋に帰ったのは、三年の秋。進路を決めるためだった。

プロになるか、大学に進学するか。高校で一度も「チャンピオン」になれなかった敗北感、挫折感が大きく、佐野には次なる目標が見つけられなかった。

「プロに行くより大学へ行ったほうがいい。周りはみんなそう言うんです。五輪を目指したほうがいいとか、将来のことを考えると大学に行っといたほうが安全だよ、とか」

沖縄へのボクシング留学を決めたときのような野心はない。意志もなく、他人の意見に流された。佐野と大山、国体でウエルター級を制した与座孝の同期三人は翁長、中真のいる東洋大に進学した。

プロ初黒星の直後、父の死

東京都文京区にある東洋大の小石川合宿所で過ごし、練習は埼玉県の朝霞キャンパスまで通う。だが、佐野が想像していたような大学生活ではなかった。東洋大は当時、関東大学ボクシングリーグの二部に属し、しかも下位争いを演じていた。部員それぞれが練習に励む「愛好会」のような雰囲気が部全体を覆う。加えて、佐野の心の中で無意識の変化が起きていた。

大山は「それは『あるある』なんですよ」と解説する。

「東洋大は練習もみんな別々。確かに、大丈夫かなという感じはありました。それに興南高、沖縄尚学の選手は金城先生から離れると、みんな緩んでしまう。佐野も同じで、話すたびに『監督がいないと駄目だな』と言っていましたから。僕は大学一年のときに目をけがして、気持ち的に落ち込んだ。試合に出られないなら退学しますと、そこで終わりました」

大山と佐野の濃密な関係はここで一旦終わる。大山が最後に目にした佐野の印象は決して芳しいものではなかった。高校時代の負けず嫌いな性格、尖った態度、ボクシングへの情熱からは想像できない、新しい環境に馴染めず、ボクシングに対してどこか冷めたような姿だった。

佐野は内心忸怩《じくじ》たる思いがあった。

「練習熱心ではない先輩もいて、流されてしまった。その時点で駄目なんですけどね。『アイツは大学行ったらチャンピオンになる』と言われていたのに、がーっと落ちて、勝たなあかん奴にも負けだした。金城監督からは『自分で考えるんだよ。俺が強くするんじゃない、自分で強くなるんだよ』と言われてきました。でも、実際は金城監督に頼りすぎていて、いないと身が入らない。ああ、このままボクシング辞めちゃうのかな、なんか嫌だなと思っていました」

小学五年から八年間、心の中はボクシング一色だった。邪心がない真っ白な心に、墨滴を落としたかのように澱《おり》がにじんでいく。熱が入らず、ただ一日を過ごすだけ。墨滴の落ちるスピードが速くなり、黒色に染まっていく。徐々に体力が落ち、これまでできていた動きができなくなった。向上心も失われ、悪循環に陥った。物事が終わるときは、こういうものなのかもしれない。

佐野は大学三年で退部し、寮を出た。あれだけ好きだったボクシングに別れを告げる。アマチュア戦績は六十六戦四十七勝（二十三ＲＳＣ・ＫＯ）十九敗。チャンピオンになるため、厳しい鍛錬に耐え、泥臭く練習に明け暮れてきた。だが、夢はついえた。しばらく絶望したまま生活を送っていた。

このままボクシングを中途半端に終わらせていいのだろうか。心が墨滴の黒色で埋め尽くされる寸前、抗う気持ちが芽生えてきた。小学五年から中学卒業まで通っていた松田ジムで一からやり直そう。しかし、大学を卒業するため、月曜日と火曜日は授業に出席しなくてはならない。名古屋からの夜行バスで月曜の朝に東京に着き、大学の授業を終えると漫画喫茶で一晩過ごす。火曜日の授業を受けて、再び夜行バスで名古屋に帰る。そんな生活を一年間続けた。

ボクシングは甘くない。大学に入ってからの練習不足が影響し、スタミナがなくなっていた。松田ジムのトレーナーからは「二ラウンドまでは世界チャンピオンだな」と笑われるほどだった。

プロデビュー戦は二〇〇四年二月二十九日、タイのランカーに六回判定勝ち。三戦目では、のちに東洋太平洋王者となる長縄正春にドローと苦しんだ。「駄目なら辞めよう」と挑んだB級トーナメントは二試合連続KO勝ちでフライ級を制す。引き分けを挟んで十連勝で一歩一歩階段を上ってきた。そして迎えた二〇〇八年四月六日、名古屋国際会議場。タイの国内ランカー、タミンカオ・ソーターンティップ戦。ボクシングを始めたときからずっと応援してくれた父・友春は体調を崩し、車いすで会場を訪れた。

「父は酒の飲みすぎかなと思っていたんです。調子が悪くて手術したと聞いていた。救急車で運ばれたわ、と言って家に戻ってくるケースが結構あったんです。三日前にも倒れて運ばれて、とりあえず病院から戻ってきましたという感じで会場に来ていました。本人は『大丈夫』と言うんですけど、全然大丈夫に見えないんです。すごく苦しそうでしたね」

松田ジムを探してくれた父。沖縄の体験合宿に一緒に行ってくれた父。「俺がボクシングをやりたいくらいだわ」と後押ししてくれた父。

早く父を家に帰してあげたかった。焦る気持ちがリング上で表れ、相手の様子も見ずに体ごと突っ込んでいった。はやる気持ちが空回りを生み、早く倒すどころか三度ダウンを喫し、まさかの〇―三判定負け。プロ初黒星を喫した。

約一ヵ月半後の五月三十一日。病院から連絡があり、「皆さん、集まってください」と告げられた。病室に入り、ベッドの横で立ち尽くす。父が少しずつ弱っていく。あの元気で恰幅の良かった父が衰弱していき、動かなくなった。五十二歳の若さだった。

「目の前で父がだんだん死んでいく様を見ていました。実は大腸がんでそれが転移して肺がんとなっていたと知ったんです。父が『黙っておけ』と母に言ったらしく、知らされていなかった。元々酒飲みだったんですけど、僕たちに分からないようにと、苦しいのを酒で誤魔化していたらしいんです。すべては死んでから知ったことではありますが……」

父に見せた最後の姿は負けた試合。そのことが悔しかった。

その後、引き分け二試合を挟んで六連勝。二〇一一年八月十六日、プロ八年目、二十一戦目で遅すぎた感もある初の日本ライトフライ級タイトルマッチに挑む。会場は川崎市とどろきアリーナで、王者黒田雅之の凱旋試合という位置づけだった。試合は黒田の一発をとるか、それとも佐野の手数か。接戦となり、際どい一―二の判定負け。長らく夢見てきたチャンピオンにあと一歩及ばなかった。敵地で好試合をしても勝たなくては意味がない。チャンピオンの座は近いようでなかなか届かない。

「僕が弱いから負けたんです」

実はそれだけではない。

佐野は長らく、ある問題を抱えていた。

不吉な黒いチョウ

私が松田ジムを訪れ取材をした翌日、佐野から電話が掛かってきた。

「昨日はありがとうございました。なんか心の整理ができましたよ。溜め込んでいたものというか、すごくすっきりしました。本当に話せてよかったです」

御礼の連絡だった。私は安堵した。敗れた試合について聞いたのに、少なくとも不快感は与えていない。佐野の言葉をそのまま受け取れば、喜んでもらえている。これからも佐野と連絡を取ろう。何か口籠もっていたことも含め、もっと知りたいと思った。

佐野も事あるごとにメッセージをくれた。近況報告の電話が来ることもあった。

「もしご迷惑でなければ住所を教えていただけないでしょうか？　年賀状を送りたいので」

そう言われたとき、記者として信用してもらえたのかもしれないと思えた。同時に、直接言葉に出さないものの、佐野はまだ何か伝えたいことがあるのでは。私はそんな空気を感じ取った。

新型コロナウイルス禍となり、二〇二〇年春から幾度となく、行動が制限された。その際にはオンラインをつなぎ、佐野と飲みながら何時間も話した。

松田ジムの練習生がプロデビューする際にはよほど嬉しかったのだろう。電話から聞こえてくる声が弾んでいた。

「小さい頃から見ているボクサーなんです。すごくいい選手ですから。一度見にきてください」

そして、佐野はいつも同じ言葉で締めた。

「チャンピオンにもなっていない僕の話を聞いてくれてありがとうございました。何かあったらいつでも言ってください。何でも協力しますから」

最初の取材では、私に言えないこと、言いづらいことがあったに違いない。だが、それはもうなくなっていた。聞けば、包み隠さず、すべてを明かしてくれた。

私は佐野の話を聞くうち、学生時代、後楽園ホールでアルバイトをしたときのことを思い出した。試合後、敗れたボクサーの控え室に行き、グローブを受け取る。汗をたっぷり吸い込み、重くなったグローブ。あの、ずしりと手に伝わってくる感覚が蘇る。なぜか、勝者よりも重く感じた敗者のグローブ。勝者だけでなく、敗者にも物語がある。

井上の強さを隈無《くまな》く描きたい。何が凄いのか、どこが優れているのか。リング上で何が起こっているのか。体感した井上とはどのようなボクサーだったのか。対峙した相手にしか分からないことを多くの人に伝えたい。

だが、佐野と交流していくうち、もう一つテーマができた。あのグローブの重み、敗者の汗が染みこんでいく物語を書きたい。井上戦に至るまで、佐野が歩んできた道のりを——。

「奥さんのことも取材させてもらえますか？」

私は佐野にそうお願いした。


二〇一一年の年末。出会いは名古屋市中区大須にある珈琲専門店「カフェセレーサ」の忘年会だった。

「この方は佐野さんで、ボクシングの日本ランキング一位なんですよ」

さおりは店長からそう紹介された。

テレビで世界タイトルマッチを観戦するなどボクシングは好きだったが、そこまで詳しくはない。聞けば、佐野は日本タイトルマッチで惜敗し、再起戦を行ったばかりだという。話の流れで佐野から「今度一緒に食事をしましょう」と誘われ、一度飲みにいった。後日、佐野から連絡があり「相談があるので」と呼び出された。

佐野は二年間、恐怖と戦っていた。

初めて違和感を覚えたのは二〇〇九年秋。十一月二十二日、小野心《しん》とのプロ十六戦目、額にバッティングを受け「骨が見えた」と言うほど深い傷を負った。相手の頭が当たった瞬間、顔面に電流が走り、青い光が見えた。形容しがたい衝撃だった。負傷箇所は額で目は関係ない。だが、ずっと青い光が目に残っているような感覚があった。

試合後、練習を始めると、突然、目の前に小さな黒い点がちらちらとした。右目に蚊が飛んで見える。あまりに近いので思わず手で払う。だけど、蚊は消えない。様子がおかしい。嫌な予感がする。ボクサーが最も恐れるのは強い対戦相手でも、厳しい練習でもない。突如目に映る、だけど、決してつかむことのできない「蚊」だ。ボクサーの職業病と呼ばれる「網膜剝離」の文字が頭をよぎる。

当時、日本ボクシングコミッション（JBC）のルールでは「医事規則上、網膜剝離を罹患したボクサーはライセンス失効（引退）」となっていた。世界では一九八〇年代に世界五階級制覇王者のシュガーレイ・レナード、日本ではオリンピックメダリストからプロに転向し、世界タイトル挑戦目前だった田辺清や森岡栄治も患い、引退した。佐野が憧れ、ボクシングを始めるきっかけとなった鬼塚勝也も網膜剝離により、リングを去った。

視界の右上に蚊より大きな黒い「チョウ」がひらりと飛んでくることもあった。網膜剝離なのか。いや、これは気のせいだ。飛んで見えるのはたまたまではないか。不吉な蚊やチョウはすぐに姿を消すこともある。佐野は「おかしいな」と思いつつ、心の中で「網膜剝離」を必死に打ち消した。

「子どもの頃から右目が眩しいなと思っていたんです。思い返すと、写真では右目ばかり瞑っている。それでプロになる前に検査をしたら、『まだ表には出てきていないけど、白内障の兆候がありますよ。そのうち出てくるかもしれません』と言われていたんです」

白い雲が浮かんで見える日もある。白内障が症状として現れたのか。それとも、もっと深刻な病なのか。練習で打ち合いになれば、パンチをもらうのが嫌なのではなく、右目の症状が悪化するのではと考えてしまう。毎日が怖い。あの病名ではないかと心が折れそうになる。

「本当は絶対に駄目なんですけど……。長い間、誰にも言いませんでした。いや、正確に言うと、誰にも言えませんでした。医者にも行かなかったです。というよりも、これは医者に行ったらボクシング人生が終わると思っていました。網膜剝離なら引退じゃないですか。別に目が見えているからいいや。病院に行かなければ診断名もないですから。気持ちでカバーするような感じで『大丈夫、大丈夫』とずっと自分に言い聞かせていました」

もう二年も怯えながら心の奥に隠していた。だが、視界の右上に突如現れる黒い蚊は、黒いチヨウとなり、赤色のチョウに変わっていた。視界が真っ暗になることもある。もう一人では抱えきれなくなっていた。

ある日、幼なじみの船越が試合のチケットを取りにきたとき、雑談の中でふと漏らしたことがあった。

「実は誰にも言っていないんだけど、右目がさあ、なんか少しおかしいんだよね」

「そうなんだ……」

ボクシングに詳しくない船越は事の重大さを把握していなかった。何も助言できない。ただ、これは絶対に胸にしまっておかないといけない秘密なんだろうなと察知した。

船越は申し訳なさそうに回想した。

「さんちょの家の前で話していたとき、目の話になりました。辞めてちゃんと治してほしかったけど、僕みたいな中途半端な奴が何も言えないなと思ったんです。それから何度も二人で会うこともあったけど、目の話を聞いたのはあのときだけ。僕はずっとあの言葉が心にあったし、心配していました」

最初の症状が現れてから六試合をこなし、たびたび飛んでくる「蚊」や「チョウ」の恐怖に疲れ果てていた。

そんなとき、母が看護師で医療に詳しい、さおりと出会ったのだ。

初めての意思表示

年が明け、二〇一二年一月。名古屋市南区の居酒屋で待ち合わせをした。周囲は騒がしく、楽しそうな声が聞こえてくる。さおりはすぐに佐野の真剣な表情を見て取った。

佐野が切り出す。

「実は目の調子が悪いんです。右目に黒い点が見える。視界が欠けるときもあれば、ぼやけて暗いときもあって。でも、目は選手生命にもかかわることだから……」

さおりは深刻な話に息をのんだ。心の中で思った。

「ずっと誰にも言えなかったんだろうな、そんな重要なことを話してくれるなんて、きちんと受け止めないといけない」

症状やボクサーとしての熱い思いをすべて聞き終え、さおりは冷静に言った。

「うん、話は分かった。不安なのも分かる。でも、今の医療技術なら良い方向にいくかもしれないし、ボクシングを続けられる可能性だってあるかもしれない。一つ言えることは、時間が経てば経つほど、対処できなくなるということ。だから、すぐに受診したほうがいいと思うよ」

「そうか、じゃあ、一度検査を受けてみようかな。次の試合が終わったら行くわ」

佐野はそう言うと、肩の力が抜けていくのが分かった。これまでずっと一人で抱えてきた悩み。それを打ち明けられた解放感。さおりの見立て。「蚊」が現れて以来、初めて前向きになれた。


意を決して、名古屋市南区にある小さな眼科医を訪れる。ボクサーということもあり、高度医療が可能な大きな病院を紹介された。佐野は覚悟した。相反するように「それでもボクシングを絶対に続けてやる」と頑なな考えもあった。医師が検眼機で右目をのぞき込む。いつもより時間が長く感じる。検査を終えると、診察した医師は険しい表情で告げた。

「症状的には網膜裂孔が悪化しています。網膜剝離に近いと言ってもおかしくありません」

網膜裂孔とは、文字通り網膜に小さな穴や傷ができることだ。それを放置しておくと、穴の部分から硝子体の水分が入り込み、網膜剝離を引き起こす。失明につながることもある。

佐野は恐る恐る医師に尋ねた。

「診断名は何になりますか?」

「網膜裂孔ですが、まあ、だいぶ悪化しているので網膜剝離と言うこともできます」

すぐに懇願した。

「ボクシングを続けたいんです。網膜裂孔ならこれからもボクシングができるんです」

ボクシングの神様は佐野を見捨てなかった。

網膜裂孔の段階では自覚症状がない人もいる。網膜剝離になって初めて気付くボクサーもいた。ひらひらと現れる蚊やチョウは佐野に「早く病院に行きなさい」と知らせてくれた。しかも、症状が出てから二年、進行はゆっくりだった。奇跡に近かった。

だが、医師は厳しい表情で言葉を続けた。

「すぐに入院して手術が必要です。まずは眼圧を下げる手術。その後に本格的な網膜裂孔の手術。これから長い期間、入院になるでしょう」

即入院とはいえ、ボクシングができる。未来が見える。高校入学前から抱いてきた「チャンピオン」の夢を描ける。佐野は現役を続けられることに、ただただ安堵した。

しかし、二度にわたる手術は壮絶だった。

「しばらく倦怠感が残るかもしれない。それで復帰が遅くなったり、影響したら困る」

佐野は全身麻酔を拒み、局部麻酔を選択した。麻酔が切れると、しばらく激痛が収まらない。目が痛いのか、頭が痛いのかさえ分からなかった。吐き気をもよおすこともあった。痛みや吐き気よりも辛かったのは、うつぶせの体勢から一切動けなかったことだ。術後二十四時間は監視され、無意識に寝返りを打とうとすれば、看護師に「下を向いてください」と体を戻される。それを何度も繰り返した。頭を動かしてはいけないことがこんなに辛いのか。動いてはいけないことがこれほどまでの苦痛を伴うのか。体を動かさないと、むしろ体中が痛くなってくる。

その後もトイレや食事以外は絶対安静で、ずっと下を向いていなくてはならない。食欲はなく、栄養ゼリーを無理矢理口に入れる。動けるようになっても、リハビリは頭を固定したままエアロバイクを漕ぐくらいだった。病院内で、できる限りのことをするしかない。移動はエレベーターを使わず、階段を上る。こっそり筋トレもした。退院まで三ヵ月もかかった。

その間、毎日お見舞いに訪れたさおりは佐野の様子を見ているだけで辛かった。

「病院に行くと、元気な振りをしてくれるんですが、かなり痛みに耐えているのが分かったし、きつかったと思う。ずっとうつぶせの状態。スポーツ選手の筋力は一日動かさないと、戻すまでに何倍も時間がかかるといいますよね。ずっと動けないので、次に試合をするにしても元の状態に戻るのかどうか。目の症状や痛みだけでなく、精神的な不安もすごくあったと思うんです。私にはそういう姿を一切見せなかったので、自分で乗り越えたんだと思います」

右目はうっすらと雲がかかっているようだったが、チョウも蚊もいなくなった。視力もいくぶんか戻った。なにより、もう網膜剝離の恐怖に怯えなくていい。それが心を穏やかにさせた。

退院後、松田ジムで練習を再開した。ところが、やはり三ヵ月の入院は大きかった。筋肉は削げ落ち、もう一度体を作り直すための基礎トレーニングから始めた。

復帰への強い気持ちと同時に、心のどこかで別の不安が襲ってくる。

「プロ八年で日本王座に一度しか挑戦していない。本当にタイトルマッチのチャンスがくるのか。マッチメイクされるのだろうか」

さおりは佐野が本音を話せる唯一の相談相手になっていた。週一回会い、佐野の悩みに耳を傾ける。不安な胸の内を吐露されることもあったし、ボクサーとしての夢を聞くこともあった。その口ぶりはずっとボクシングを続けるかのようだった。

ある日、しびれを切らしたように「はっきり言うね」とさおりが切り出した。

「目のことがあるでしょ。次にやる試合が最後になると思うの」

佐野は落ち着いた口調で言い返した。

「いや、俺はどんな状態であれ、ボクシングを続けるよ。チャンピオンになるんだから。そのためだったら、リングの上で死んでも本望だから。死んでもいいから続けるよ」

さおりは首を振った。

「その気持ちは分かるけど、そんなことはそうそう起こらないよ。レフェリーが止めるのも早くなっているし。昭和の頃のように最後まで試合をやらせるなんて、ないんだから。スポーツ選手は引退してからの人生のほうが長いでしょ。失明したら、ボクシングと関われなくなるかもしれない。どこかで区切りをつけたほうがいいんじゃないかな」

区切りをつける――。佐野にとって、それは夢であるチャンピオンの座を射止めること。イコール、日本タイトルマッチを意味した。

さおりは退院後の佐野の話を聞くうち、医師から「次、大きな打撃を受けたら網膜剥離になるかもしれない。失明の可能性もある」と宣告されたことを知っていた。誰かがはっきり言わなくてはならない。

「次が最後の試合だと思って、松田ジムに大きい試合を組んでもらえるようにお願いしたほうがいいよ。自分からはっきりと言ったほうがいいよ」

さおりは諭すように続けた。

「ボクシング人生をやりきるつもりで、最高の試合をお願いするべきじゃないかな」

プロ二十三戦。佐野はこれまで一度もジムに意見を言ったり、試合の要望をしたことはない。ジムのマッチメイクにただ素直に従ってきた。

「選手がそんな偉そうなことを言っていいのだろうか?」

佐野には躊躇があった。だが、黙って頷いた。

さおりが回想する。

「あの人はすごく優しいし、我慢強い人なんです。どちらかというと、人にモノを言うのは得意じゃないんですよ。わがままを一切言わない。退院してから話を聞いていたけど、ボクシングの話ばかり。情熱が凄いんです。だから彼の場合、このまま試合をせずに終えることはないなと。最後に試合をするなら、大きい試合のほうがいいじゃないですか。私ははっきり言うタイプなんですよ。自分の人生だし、ジムに言ってみて駄目なら仕方ないじゃん、と思ったんです」

翌日、佐野はいつも通りジムに行くと、さおりの助言に従った。勇気を出して、会長の松田に告げた。

「もしかしたら現役生活はそう長くないかもしれません。だから、消化試合のような相手とはやりたくないんです。タイトルマッチ、もしくは大きい試合をやらせてください」

ボクシング人生で初めての意思表示だった。

日本人対決へ

二〇一三年、底冷えするような一月の半ば。松田ジムのマネジャーで、会長の息子である松田鉱太の携帯電話が鳴った。画面を覗くと大橋ジムの関係者からだった。

「尚弥の対戦相手を探していてね。なかなか決まらないんだ。誰かいないかな」

鉱太は頭の中で「井上尚弥」の名前を反芻《はんすう》した。

井上尚弥。高校一年時のインターハイ決勝で、のちにWBC世界ライトフライ級王者となる三年生の寺地拳四朗に十五ポイント差をつけて圧勝するなど一年時にインターハイ、国体、選抜の高校三冠を達成。それに加え、高校三年時には国際大会のインドネシア大統領杯を制し、シニアが集う全日本選手権でも高校生ながら優勝した。アマチュア計七冠を引っ提げ、プロ入り。「百五十年に一人の天才」と呼ばれた大橋ジム会長の大橋秀行が「井上は自分の比ではない。彼は怪物」と名付けた逸材だった。

プロで赤城武幸以来となる二十五年ぶりの八回戦デビューを果たし、ミニマム級のフィリピン王者クリソン・オマヤオを四回、左ボディーで倒した。電話をもらう数日前にはプロ二戦目でライトフライ級のタイ王者ガオプラチャン・チューワッタナに一回一分五十秒、左フックのカウンターでテンカウントを聞かせたばかり。アマチュアの実績だけでなく、プロでもアジア強豪国の現役王者をあっさりKOし、センセーションを巻き起こしていた。

鉱太は察知した。井上は日本ライトフライ級六位で、佐野は日本ランク一位。その座を狙いにきたのだ。多くの世界ランカーから対戦を断られたという話も聞いていた。どうやら井上側はマッチメイクを急いでいるようだった。

「分かりました。佐野戦ですよね。一日だけ待ってもらえますか」

鉱太はそう言って、電話を切った。

ジムワークに来た佐野の姿を見ると、すぐに伝えた。

「井上尚弥から対戦オファーが来たから」

佐野はその名前を聞いて胸が高鳴った。井上のプロ二試合をテレビで見ていたのだ。

「こいつはやべーな。相手の外国人は咬ませ犬ではないし。すげー勝ち方をしていたな」

もし決まれば、間違いなく注目される試合になる。

その日、佐野がジムから提示された選択肢は三つあった。一つ目は井上戦を受諾する。二つ目は日本ランク一位を維持しつつ、ライトフライ級の日本タイトルを狙う。だが、いつチャンスが来るのか分からない。三つ目は階級をミニマム級に落とし、日本タイトルを目指す。

一通り、ジムの意向を聞き終え、決定権は佐野に委ねられた。期限はたった一日しかない。

翌朝九時頃、佐野は今後の方向性を相談するため、さおりの自宅を訪れた。井上戦を受けるか。それとも高校時代からの夢であるチャンピオンを狙い続けるか。午後六時には松田ジムへ練習に行く。それまでに結論を出さなくてはならない。ゆっくり考えている時間はなかった。

佐野が語り始める。

「井上尚弥からオファーがあったんだよね」

さおりは井上の名前をなんとなく聞いたことがある程度の知識しかなかった。

「井上さんってどういう選手なの？　何か条件とかあるの？」

佐野は井上のアマチュアでの実績、衝撃的なプロ二戦の試合内容を伝え、付け加えた。

「井上はプロに入ったときの契約で『強い相手としか闘わない』とジムにずっと言い続けている選手なんだ。それにテレビで全国放送されると思う」

さおりは井上の「強い人と闘いたい」という姿勢に感銘を受けた。

「それって友樹のことを強いと思ったからオファーが来たんじゃないの？ すごく光栄なことなんじゃないの？」

そして佐野の顔をじっと見て、続けた。

「いつ来るか分からないタイトルマッチを待つより、全国放送もあるし、取材も来るだろうし、佐野友樹の名前が知れ渡るかもしれない。そっちのほうが良くない？」

話しながらさおりは佐野の心中を察していた。

「あまり多くを語る人ではないんです。でも、あのときはすごく迷っていたし、葛藤があったと思う。やはりチャンピオンが夢。例えば『元日本王者』という肩書があるのと、ランク一位で終わるのとでは全然違いますから。でも、『いつかタイトルマッチ』の『いつか』がいつ来るのか分からない。その『いつか』より今のチャンスをとったほうがいいと思ったんです。もちろん、目のこともある。私はこれが最後の試合と思っていましたから。それで井上戦をゴリ押ししたんです」

話し合いは八時間に及び、結論が出たのは夕方五時頃だった。さおりは佐野の表情が変わるのが分かった。気合の入った顔つき。鋭い目に切り替わった。

「よし、井上とやろう」

日本ライトフライ級一位の佐野と六位の井上。

だが、一般的にみれば、この試合の主役は井上だろう。佐野はスターの引き立て役、この世界で言う「咬ませ犬」だった。それは自分自身分かっている。しかし、咬まれるつもりはさらさらない。井上が生まれる前からボクシングを始め、チャンピオンを夢見て、汗水垂らしてきた。

「もう三十一歳だし、待っていてもなかなかチャンスは来ない。ボクサーは何を目指しているかというと、最強を目指している。井上君がスパーリングでバンバン倒してみんな対戦を逃げていると聞いていた。僕だって怖い。だけど、逃げたくない。僕には井上君にはないキャリアがある。これはある意味チャンスだ」

名のある井上を食えば、一気にジャンプアップできる。佐野にも野心がある。もしかしたら、手術明けで約一年ぶりの試合は、最後の闘いになるかもしれない。この試合に人生を賭ける。熱い思いが心の中でほとばしる。

さおりに佐野の思いが伝わってきた。その瞬間、初めて思った。

「私もすべてを賭けよう。井上さんに勝ってくれれば、引退してもいいし、万が一、この試合で右目に何かがあったとしても後悔はしない。絶対に二人でやりきるんだ」

かくして、井上尚弥がプロで初めて日本選手と対戦することが決まった。

井上のテレビ中継は、二〇一二年十月二日のプロデビュー戦が深夜の二時五〇分から、一三年一月五日の二戦目は午後三時から、いずれもＴＢＳ系列で放送された。ここに来てフジテレビが独占放送権を獲得。一三年四月十六日、東京・後楽園ホールで行われる佐野―井上戦は、一九九二年に渡辺雄二がヘナロ・エルナンデスに挑戦した世界戦以来二十一年ぶりにフジテレビがゴールデンタイムでボクシングを生中継することになった。しかもそれがノンタイトル戦とくれば、いかに井上が注目されていたか分かるだろう。井上のための試合であり、井上のためのテレビ中継だった。

二〇一三年二月十九日、佐野は自身のブログに「4月16日」と題し、試合への思いを綴った。

〈次の試合は僕が今までした試合の中で、タイトルマッチ以上に注目が集まるビッグマッチだと思います！　注目は対戦相手の井上選手に集まっているのもわかります。ですが、僕にとってもチャンスだと思っています！　僕はボクサーのサラブレッドでもなければ、幼少時に英才教育を受けたボクサーではありません。小学五年生の時にプロボクサーに憧れ、かってにジムに行き、先輩の練習を見てマネしてボクシングをして練習してきました。ボクシングに恵まれた環境ではなかったかもしれませんが、自分の生きて来たボクシングの道に誇りを持っています。自分の全てをだし切り、プロボクサー佐野友樹としての生き様を見せます！　そして、勝ちに行きます！〉

雑草と怪物

独特で温かみのある関西弁は相手をリラックスさせ、安心感を与える。

ＶＡＤＹジム会長の高嶋穣はジムこそ違うが、佐野との結びつきが強かった。日本タイトルに挑んだ黒田戦の入場前、円陣を組み、「いくぞー」と声を張り上げたのは高嶋だった。

高嶋が佐野のことで印象に残っているのは井岡一翔、宮崎亮とのスパーリングだ。井岡が日本王者になる前年のことだった。試合を控え、井岡は兵庫県神戸市長田区にある高嶋のＶＡＤＹジムに練習に来ていた。そこにちょうど居合わせたのが佐野だった。

「おい、佐野、井岡とスパーリングできるか？」

高嶋が問い掛けた。高校六冠の鳴り物入りとベテランの佐野。お互いの刺激になるのではと考えた。だが、佐野は試合の予定がなく、まだ本格的な練習に入っていなかった。

「やります、やらせてください。四ラウンドくらいでしたら大丈夫です」

「うーん、あっちは七～八ラウンドを希望しているんだよ。おまえのほうがランキングで格上だしな。やってくれないか」

ボクシングの常識でいえば、いきなりスパーリングを七～八ラウンドこなすのは無謀だ。しかし、高嶋は内心「佐野は意外とやるんちゃうか」と思っていた。実際、まずまずのスパーリングだった。佐野は別の機会に井岡ジムを訪れ、二度目の手合わせをした。

高嶋はその様子を鮮明に覚えている。

「佐野と『こうしようか』というのがうまくはまったんです。スパーリングに勝ち負けはないけど、すべてのラウンドで互角以上。向こう（井岡）は凹んでしまった。お父さんに怒られていましたわ。僕はここぞとばかりに佐野を褒めあげて、この調子でやれよと言いました」

二〇一二年六月、ＷＢＣ王者井岡は、ＷＢＡ王者八重樫東《あきら》とのミニマム級王座統一戦の前に佐野をスパーリングパートナーとして呼び寄せた。明らかに佐野の力量を認めていた。

高嶋は「佐野の右は独特なんです」と説明する。

「先の尖ったものが当たるようなパンチで痛い。距離は短く、相手が右を打ってきたら、頭を反らしながら、ちょこんと出すだけ。強振しないんですよ。脇を締めて、ちょこんと当てる。あの右のショートでうちのジムの選手たちはバタンバタン倒されたんです。佐野は『沖縄尚学で金城先生に教えてもらった』と言うとりましたわ」

井上戦について、高嶋は松田ジムのマネジャー、松田鉱太から電話で相談を受けていた。

「おう、井上戦ですか。それはもうやったらいいんちゃいます？」

「じゃあ、また佐野を練習で行かせますんで、よろしくお願いします」

佐野は試合約一ヵ月前の二〇一三年三月十八日から六日間、神戸のＶＡＤＹジムを拠点にスパーリング合宿を敢行した。

初日。高嶋は佐野の動きを見るや否や「あれ？」と異変を感じた。一年ぶりの試合。これまでと明らかに違う。言葉では説明しづらいが、何かがおかしかった。

「佐野の動きが悪くなっていたんです。実際はあまり（目が）見えていなかったのかな。彼は昔気質のボクサーですからね。痛い、かゆいは絶対に言わない。ただ『大丈夫です』と言うだけ。私には精神状態もあまり良くなかったように感じました。それで鉱太君と話したら、『白内障だったんです』って言うから『あら、ほんまかいな』と。本人に聞いたら『そういう問題もありますけど、大丈夫です』って言ってましたわ。まあ、そういう状態だったんです」

佐野は網膜裂孔を伏せ、周囲には白内障と伝えていた。

高嶋は佐野を車に乗せて、井岡ジムに行き、WBAミニマム級王者の宮崎と五ラウンド、別の日にはWBAライトフライ級王者の井岡と五ラウンドのスパーリングを重ねた。以前の動きには戻らない。だが、少しずつ調子を上げていき、表情も研ぎ澄まされていく。充実した神戸でのスパーリング合宿を終えた。

佐野は高校時代、ボクシングと真摯に向き合ってきた自負がある。それでも一つもタイトルを獲れなかった。対する井上は高校時代に計七冠を獲得した。同じアマチュア経験があるとはいえ、「雑草」対「怪物」だ。

「井上君は高校時代にヘッドギアを着けて、プロより大きなグローブでばたばたと倒している。普通なら高校生の体でそんなに倒せるパワーはないんです。ましてやフライ級とかライトフライ級であんな倒し方はできないんですよ」

恐怖心を必死に打ち消す。井上のプロ二戦に対し、佐野は二十三戦十七勝十二KO二敗四分け。相手は最長四ラウンドまでしか闘ったことがない。佐野にはプロでのキャリアとスタミナがある。歴戦を重ねてきた自負心が脈打つ。

試合八日前、スパーリングを打ち上げた。約一年ぶりの試合。少しでも試合勘を取り戻そうと、計二百十ラウンドのスパーリングをこなした。普通のボクサーは百ラウンド前後だが、佐野は二倍の量を消化した。佐野は右目の手術を経て、計画通りの練習を完遂した。試合に向けた闘争心が湧き上がってくるのが分かった。

「動きを読まれている」

試合当日の四月十六日、東京・後楽園ホールにはお祭りムードが漂っていた。

会場には大きなスクリーンが三ヵ所設置され、テレビカメラは十一台。フジテレビが午後七時から二時間にわたり生中継し、全国で放送される。

沖縄尚学高から東洋大へ一緒に進んだ大山は、沖縄県浦添市の自宅でテレビにかじりついていた。

「おおー、井上尚弥が相手かと思って『凄い試合が決まったな。応援しているから頑張れよ』と事前にメールはしていたんです。相手は『怪物くん』で、佐野のほうがランキングでは上位だけど、『咬ませ犬』的な役割じゃないですか。テレビの前で中継が始まる前から緊張というか、ずっと落ち着かない気分でしたね」

ロンドン五輪ミドル級の金メダリスト、村田諒太の公開プロテストが終わり、メインイベントの佐野─井上戦を迎える。会場を埋め尽くした観衆千八百五十人のほとんどが「井上がどんな勝ち方をするのか」を見にきている。佐野の応援団約百五十人は、その雰囲気を感じ取っていた。

「佐野が負けるわけねーだろ！」

幼なじみの船越はいらだちを感じ、井上ムードを打ち消すような野次を飛ばした。

「あまりに井上ファンが『勝って当たり前』みたいな応援をしていたんです。僕はボクシングに関しては素人なので、『さんちょは勝てるんじゃないの。試合なんてやってみないと分からない』と思っていました。ちょっと変な野次になってしまい、会場が変な空気になったんです。でも、僕はさんちょを信じていましたから」

佐野の入場曲、フロッギング・モリーの「Black Friday Rule」が大音量で轟《とどろ》いた。その瞬間、さおりは「この曲、この曲」と心の中でリズムをとった。アップテンポで鳴り響くアイルランドの民族音楽をバックに、佐野コールが起こる。

「すごく格好いいし、この曲なら絶対に気持ちが盛り上がるよね」

二人でそう話したことを思い出す。曲に乗って、佐野がリングインする。

「悔いのないように、やりきってほしい」

さおりは心の底からそう思った。出会い、右目の相談、手術、井上戦の後押し。濃密なここまでの道のりが一瞬にして、頭を駆け巡った。

レフェリーが二人をリング中央に呼び寄せ、佐野と井上は向かい合った。観客から尚弥コールが沸き起こり、負けじと佐野コールがこだまする。それをねじ伏せるかのように、さらに大きな尚弥コールが発生した。会場のボルテージが一気に上がる。

佐野は気持ちが熱くなってくるのが分かった。井上の表情をちらりと見る。何も変わらない、平然とした顔だった。

「こんな注目されているのに、凄い度胸だな。緊張もしていないだろうし、周りのことは全然気になっていないんだろうな」

開始のゴングが鳴る。

ファーストコンタクトは、井上が上体をかがめ、左のボディージャブから入ってきた。佐野も左を突く。互いにジャブ、ワンツー、ボディーで探り合う。井上のスピードに驚嘆した。

試合はすぐに動き出す。開始一分二十秒。佐野が上体をわずかに下げた瞬間だった。ダイナミックで天高く突き上げる左アッパーが飛んできた。この試合で井上が初めて放ったアッパー。網膜裂孔の手術をした右目に直撃し、右まぶたをカットした。この一発で佐野に異変が起きた。

「試合であのアッパーが一番効いた。パンチをもらった右目だけでなく、あまりの衝撃で左目まで見えなくなったんです。『バン!』と打たれて両目とも見えなくなったんです」

パンチを浴びた反対の目まで見えなくなる。そんなことが起こりうるのか。一発のアッパーで視神経までやられたというのだろうか。もちろん佐野には初めての経験だった。

「右目は見えないし、まぶたが切れたのも分かった。左目は喩えるなら目に指が入ったときのように曇ってしまった。視界がぼやけているような感覚です」

視力が落ちていた右目は視界を失い、左目には曇りガラスがかかっているかのようだった。

その瞬間、思ったことがあるという。

「最初の一分くらいで距離を把握され、動きも読まれているなと感じました。要するに僕がこう動くと分かっていて、あのアッパーを打ってきたんです」

井上にはすぐに距離感をつかみ、瞬時に相手の動きを見抜く、類い稀な能力がある。佐野もまた開始一分余りで「動きを読まれている」と体感したのだった。

「井上っちゅうのは華があるな」

コーナーから見つめていた会長の松田は、井上に目を奪われた。一瞬、二十年近く前、愛弟子の薬師寺と対戦した辰吉を思い出す。あの日もコーナーから見た対戦相手にオーラを感じた。

「まあ、辰吉のオーラはもっと上だったけどな。華というのは、お客さんが自然とリングに吸い付くようになっちゃうんだな。会長やトレーナーが教えられるものじゃない。生まれ持ったもの。大きい試合をやるたびに倍増していくもんなんだよ。はっきり言えば、お客さんからしたら相手なんて誰でもいいんだ。リングに上がって闘えばそれで十分。それだけで絵になる。敵ながら辰吉や井上にはそういう雰囲気があったね」

だが、同時に思った。

「日本人相手は違うよ。佐野は井上がこれまでやってきた外国人とはハートが全然違うから。アイツには意地がある。おい佐野、目一杯やってこい!」

二回。五十秒過ぎ。井上が左のボディーアッパーを打つと見せかけて、左を瞬時に顔面へのフックに切り替えた。もの凄いスピードとともにパンチが飛び込んでくる。異次元のコンビネーションだった。佐野は頬にまともに食らい、吹き飛ばされた。ダウン。

「しまった、と思った瞬間にはもう食らっていました。パンチは全然見えていないです。本当に一瞬でガツンともらった。僕は倒れたときに休むのが嫌いなんです。だから休まず、すぐに立ったんです」

立ち上がり、試合を再開すると、右ストレート、左フックを浴び、よろめいた。自然とコーナーに下げられる。左、右と次々パンチが飛んでくる。ボディーワークを使い、必死に反応した。井上の右ストレートに対して上体をかがめて避けた瞬間、ゴツンと頭部に当たった。佐野はさほど衝撃を感じなかったが、このときアクシデントが起こっていた。井上が右拳を痛めたのだ。佐野は左を三発突き、井上をリング中央に戻す。一呼吸置く間もなく、今度は視界の外から左フックが飛んできた。

まるで嵐の中にいるような三分間が終わった。

万が一、失明したとしても……

佐野がダウンした直後、セコンドの高嶋は身を乗り出した。二回終了のゴングが鳴り、コーナーに戻ってきた佐野を迎え入れる。

「おう、どうだ？　大丈夫か？」

「はい、大丈夫です」

はきはきした佐野の口調から深いダメージは感じられなかった。高嶋は少し笑いながら、井上のほうを見て佐野に尋ねた。

「あれ、強いか？」

「強いです」

「ボディーを狙っていこか」

佐野も同じことを考えていた。腹がちょっと弱いかもしれないと感じていた。

「さっき、佐野が打ったら『ウッ……』と少しうめいていたろ。腹に打ってみ」

独特の関西弁でそう言って送り出した。


高嶋の指示通り、三回、佐野は左のボディージャブから入った。距離を探り合う。右拳を痛めた井上は三回以降、左手一本で闘うことになった。左ジャブ、伸びる左ストレート、左フックから左アッパーのコンビネーション。豪快な左フックのトリプルまで飛んでくる。佐野は寸前で躱《かわ》す。それだけで場内が沸いた。

佐野が回想する。

「井上君の左は多彩で一発一発のタイミングが違うんです。ジャブが来ると思ったら来なかったり、来ないと思ったら、また出てきたり。ジャブの軌道のはずが途中から急にフックになったり。そう思ったら、ボディーに来る。動きが柔らかくて、パンチに伸びがあるというのかな。全身がバネという感じ。闘っていて、これはむちゃくちゃ練習しているんだろうなと思いました」

一瞬たりとも気を抜けない。毎ラウンド必死に食らいついていった。


マネジャーの松田はセコンドで止血をするカットマンを務めていた。初回に切った右まぶたの傷の長さは五センチ。その上にもうひとつ二センチの傷口ができていた。噴き出てくる血を必死に止める。「大丈夫。まだ佐野の目は死んでいない。気合の入った目だ。よし、佐野、行け！」

四回。流血が激しくなった。右目は見えない。左目にはまだ曇りガラスがかかっている。佐野が右ストレートを放った。その瞬間、なぜか左フックを浴びていた。平衡感覚を失い、ふらつき、連打を浴びた。二度目のダウン。初回のアッパーとともに「衝撃だった」と振り返るシーンだ。

「僕が右ストレートを打ったら、そのパンチを体と顔を引いて避けながらカウンターの左フックを打ってきた。あれはびっくりしました。これまで見たことのない動き。あんなカウンターを打つ発想自体がなかった。『避けて、打つ』のではなく、『避けながら打つ』なんてあり得ない。同時に二つのことをする。もう規格外ですよ。（世界五階級制覇の）ドネアでしか見たことがない。今考えると、僕が右ストレートを打ったのではなく、完全に右を打たされたのだと思います」

井上が得意とする「後出し」の左フックのカウンター。佐野はまるで操られたかのように右ストレートを放ち、気が付くと左フックからの連打を浴びて倒れていた。

意地で立ち上がった佐野はコーナーの高嶋をちらりと見て、少し笑みを浮かべた。「ここが勝負」とみた。それは高嶋も同じだった。この局面で井上が必ず仕掛けてくるであろうラッシュ。井上の右に対して、コンパクトで切れのある得意の右を合わせる。それまで右の気配は消しておく。佐野とセコンドの高嶋、二人の頭の中でイメージが一致した。

井上は駆け足で距離を詰めてきた。佐野はニュートラルコーナーまで下げられる。左のブローが上下に打ち分けて飛んできた。井上のパンチが止まらない。

佐野は不思議な感覚に陥っていた。予想通り、井上はラッシュをかけてきた。左のパンチは嫌というほど飛んでくる。だけど、とどめを刺すような大きな右のパンチを繰り出してこない。井上の軽い右に対し、カウンターの右を合わせた。高校時代に磨いた、得意の右。狙い通りだ。この試合で唯一、クリーンヒットに見えるパンチだった。

「相手がもっと力んで倒しにくると思っていたら、右を打ってこなかった。すごく落ち着いているんですよ。僕が狙っているのがバレているんだなと。このとき、井上君の右に合わせて、僕の右ストレートがきれいに当たったように見えるけど、もうあと拳一個分距離が足りなかった。あっちが右を打ち込んでこないんです。踏み込んでこないんです。危険を察知する能力、洞察力が凄くて、これ以上いったらまずいな、という距離には絶対来ない。普通の選手なら、どこかに隙ができるのに、ないんです。これは当たらんな、と思いました」

佐野も高嶋も、井上が右拳を負傷していることにまったく気付いていなかった。

井上のプロ最長ラウンドとなる五回以降、リング上では「井上の物語」と「佐野の物語」が交錯する。左手一本で試合を組み立てる二十歳の怪物。視界を失い、血だらけになりながらも強打に向かっていく三十一歳のベテランファイター。「左だけで倒してやる」。「咬ませ犬になってたまるか」。二人の熱き魂がぶつかり合う。

佐野は打たれながらも、エンジンがかかってきた。

「だいぶスピードにも慣れてきて、序盤より闘いやすくなってきた。井上君も五回以降、少し息が上がってきているのが分かったし。やっぱり初の日本人対決で警戒心や緊張感があったはず。それに僕が打たれ強くてびっくりしたと思う。『なんで倒れないんだろう』と少し困惑しているのが分かりましたから」

ダウンを奪われようが、ポイントで大差になろうが、佐野は決して諦めなかった。意地と反骨心、そして勝利への執着心。佐野の覚悟が会場の雰囲気を少しずつ変えていく。井上の怪物ぶりを見にきたはずの観客から次第に佐野コールが沸き起こった。「佐野の物語」が厚みを増していく。

ここから井上は少し足を使う。左は巧みだ。ジャブがストレートのように伸びてくる。続けて左フック、アッパー、左のダブルを顔面に浴びても、佐野は何食わぬ顔で受け流した。むしろ、向かっていく。六回に二度目のドクターチェックが入った。ここで試合を止められてたまるか。

「大丈夫。できる」

佐野は力強い口調でそれだけ言った。

「お願いだから止めないで。やらせてあげて」

さおりは観客席から祈るような目で見つめていた。リング上の佐野の気持ちと重なり合う。ダウンをしたときも「立ってくるから大丈夫」と心に乱れはなかった。あの人が途中で試合を投げ出したり、テンカウントを聞くことは絶対にない。だが、レフェリーに止められることはあるかもしれない。かつて、さおり自身が否定した感情が心を覆う。

「たぶん、あの人はこの試合で死んでもいいと思っているんだろうな」

その気持ちが初めて分かった。さおりも覚悟を決めた。

「どうなったとしても、やりきってくれればいい。万が一、失明したとしても……。最後まで悔いなく闘い尽くしてほしい」

もう一度、心の中で祈り、リング上を見つめた。

「咬ませ犬」への声援

七回、二十秒過ぎから井上は珍しくサウスポースタイルにスイッチをしてアクセントを付けてきた。大きくステップを踏み、足を使う。左フックはショートにロングに、上下へと展開し、左手一本で試合を組み立てていく。

佐野は相手の戦術を理解できないでいた。

「右を打ってきてほしいんだよ……。こっちはそこに右のカウンターを合わせるしかないんだ。グイグイ攻めていた過去二試合と違って、なんでアウトボクシングなんだ」

井上の右拳の負傷に気付いていない佐野は左でアウトボクスされていると感じていた。しかも、意図的に気配を消している佐野の右の存在を井上は感じ取っている。これでは右は効きやしない。

セコンドの高嶋も同じことを考えていた。

「佐野の右を警戒して、あえて右を打ってこない。井上っていうのはこの若さで老獪《ろうかい》だな」

高嶋が苦笑いして振り返る。

「本当なら『井上君が右拳をけがしているのを分かっていましたよ』と言ったら格好いいんだけど、全然分からんかったです。佐野の右を評価して、右を打ってこないと思っていました。佐野の右は短いから、相手が右を打ってこないと生きないんですよ。『ああ、井上君はうまいなあ』と、ちょっと過大評価していましたね。アマチュアのときのビデオを見たり、プロ一戦目、二戦目が凄かった。うわあ、もう出来上がっている、もの凄い選手が出てきたなと思っていましたから」

佐野と高嶋には井上のプロ二試合、ビデオでじっくり見た動きが残像として頭にこびりついていた。井上には「あえて右を出してこない」と思わせる、これまでのイメージと強さがあったのだ。

佐野の右目は元々の視力に加え、初回のアッパーと流血が重なり、もう完全に見えなくなっていた。その後も右目の周辺を狙われ、井上が放つ左のパンチをもう判別できなくなり、浴びるシーンが増えてきた。左目もまだうっすらとぼやけたままだ。だが、佐野の耳には「ハア、ハア……」と井上の荒くなってきた息づかいが聞こえてくる。

井上の呼吸を耳にし、ギアが上がり、前へ出る。佐野の闘争心に衰えはない。パンチを浴びながらも、向かっていった。

試合前、井上ムードを打ち破るかのような野次を飛ばした船越の涙腺は試合が進むにつれ緩んでいった。「さんちょ」の殴られても立ち向かっていく姿に胸が熱くなる。右目のことを聞いていた。だから、他の人とも感じ方が違う。被弾するたび不安が襲う。小学五年からボクシングに打ち込んできた「さんちょ」の姿。涙が溢れ、こぼれ落ちそうになる。

「試合が始まれば、相手がすごく強いというのは素人の僕でも分かりました。僕は目のことを知っていた。だから、パンチをもらうたびに『あっ！』となるんです。これはもう昔から見てきたさんちょのボクシング人生の終わりが近づいている、ああ、倒される、ああ、もう本当に終わってしまうと思っていました」

でも、終わらない。佐野は倒れない。


八回、佐野が打たれると、会場に万雷の佐野コールがこだました。声のボリュームから考えると、明らかに佐野の応援団だけではない。「怪物が日本人をどう倒すか」を見にきていた観客が佐野コールを煽動している。血を流し、顔を腫らしても向かっていく闘志と勇気。佐野の勝負を諦めないファイティングスピリットに心を揺さぶられ、「佐野！」と叫んでいる。聖地に集まった目の肥えたファンが「咬ませ犬」と思われたボクサーを応援しているのだ。

しかし、佐野は左アッパーを浴びた。大きな左フックが立て続けにくる。時折飛んでくる右も的確に当てられた。なんとか致命傷だけは負わずに避け続ける。

九回になっても井上のスピードは衰えない。手数も多い。井上のパンチで佐野のあごが跳ね上がるシーンも目立ってきた。ラスト一分。右アッパーをあごに被弾し、一瞬、体が沈む。続けて左フックが飛んできた。会場には悲鳴が起こる。井上のラッシュだ。耐える、しのぐ。

佐野の回想。

「よくあれだけ全部フルスイングで打てるなと。左はまっすぐが速い。ジャブがストレートのように伸びてくる。とにかく基本のレベルが高いんです。こっちはもう血がたくさん出て、目も見えないし、技術うんぬんではなく精神力に頼る試合になっていた。自分ではダメージがないつもりだったし、スタミナ的には大丈夫。とにかく、もうその瞬間、瞬間を必死になって闘っていました」

採点上では、九回終了時まで一方的な試合展開だった。だが、観客が感じているのはそれだけではない。佐野の頑張り。負けてたまるか、試合を捨てるか、ベテランの意地が見てとれる。

「佐野の物語」になっていた。

「佐野、倒れるな、倒れるな！」

沖縄の自宅にいる大山はテレビ画面に向かって大声で叫んだ。高校から大学へと一緒に過ごした同級生の奮闘に我を忘れる。普段、家では見せないあまりに真剣な顔つきに一歳の娘が驚いているのが分かった。妻も引いている。でも、構いやしない。

「佐野は東洋大で一回気持ちが落ちていった。でも、プロでキャリアを重ねて戻ってきた。『相手は怪物で、俺は咬ませ犬。だけど、絶対に倒れないぞ』とあいつらしい気持ちの入った闘い。

高校のときと同じ、強い先輩に意地でも一発食らわしてやるという、あの表情じゃないか」

大山の頭の中で高校時代の根間対佐野、翁長対佐野のスパーリングがオーバーラップした。大山が知っている、あの熱い佐野だ。

「あと少しだから判定までいけ！」

リビングに響き渡る大きな声でもう一度叫んだ。


最終の十回。

両者歩み寄り、両手のグローブでタッチを交わす。

井上のスピードが速い。なんとか食らいつき、佐野も懸命にパンチを繰り出す。

一分過ぎ、ジャブで佐野のあごが跳ね上がった。

佐野が踏ん張る。だが、ついにこの瞬間が訪れる。左フックでわずかによろめき、ワンツー、左フック、左フック、左フック。レフェリーが両者に割って入る。右手を大きく左右に振り、試合を止めた。

十回一分九秒、佐野のＴＫＯ負け。

「止めないでよ！　なんで……なんで止めるのよ！」

観客席からさおりが叫んだ。泣き声に近かった。

試合をストップされ、佐野がコーナーに戻るとき、レフェリーの中村勝彦から耳元でひと言言われた。

「佐野君、ごめんな」

今でもずっと残っている言葉だった。

「もっと闘いたい、ＫＯされることなく闘い抜きたい。その気持ちをレフェリーも分かってくれていたんだと思います。まだ、できたと思う。でも、あの展開なら仕方ないですよね」

佐野の人生を賭けた闘いが終わった。

さおりと一緒に後楽園ホールを後にした。

春の夜風が気持ちいい。水道橋駅までの道のりをゆっくりと歩く。

「コンビニ寄っていいかな？」

途中でさおりが声を掛けた。店内にある応急手当てのキット、ガーゼを買い込んだ。タクシーに乗り、宿泊ホテルに戻った。佐野はベッドに横たわり、さおりは右まぶたの手当てをする。二ヵ所ではなく、三ヵ所もカットしていた。ガーゼと氷を患部に当てながら、さおりが心の底から吐き出すように言った。

「最高の試合だったよ」

佐野は黙って聞いている。

さおりがゆっくりとした口調で続けた。

「私はあれを負けた試合だと思っていないから」

佐野は治療を受けながら、アドレナリンがまだ出ているのが分かった。傷口の痛みを感じない。まだ興奮している。しかし、さおりの言葉を聞くと、何かがすーっと引いていき、心が落ち着くのが分かった。黙って、何度も頷いた。

「神様」から褒められた

一夜明け、新聞各紙には「井上、左手一本でデビュー三連続ＫＯ」と見出しが躍った。途中で右拳を負傷しながら、多彩な左を使い十回ＴＫＯ勝ちを収めた怪物ぶりを称賛する記事だった。ところが佐野の周辺では予期せぬことが起きていた。ブログにコメントが殺到し、ジムの電話も鳴り響いた。佐野の粘り、頑張りに胸を打たれたテレビの視聴者から多くのメッセージが届いた。

〈負けた試合で「感動した！」と言われても、複雑な心境だとは思いますが、本当に感動いたしました。途中からは熱いものがこみ上げてきました。何度も立ち上がり、立ち向かっていく、佐野選手の闘志と勇気に敬意を評《ママ》します。〉

〈涙が出ました。凄かったです。今あたしは病気で何度も死にたいって思ったりしてます。けど、生きてたらこんな感動をもらえるんやって勇気を頂きました。ありがとうございました！〉

佐野のブログには、これまで一日二、三件しか来なかったメッセージが百二十件以上も書き込まれている。

「何が嬉しかったかというと、僕の試合を見て『感動しました』『泣きながら試合を見ました』と書き込みがあったり、ファンレターが来たことです。結果として、僕はチャンピオンになれなかった。高校でもプロでもチャンピオンになれると言われたのに、それが叶わなかった。だけど、もしかしたら人を感動させることって、チャンピオンになるより、難しいことかもしれない。強くて凄いボクサーはたくさんいる。でも感動させられるボクサーはなかなかいない。それができただけでも良かったなと思うんです。井上君とやって良かったなと思うんです」

試合に敗れたが、倒れても前へと向かっていく姿は観ている者の心に刻まれた。勝者は輝き、敗者の物語もまた人々の胸を打つ。稀有な試合だった。

高嶋はしみじみ言った。

「それはね、やっぱり相手が井上という化け物だからなせる業《わざ》なんでしょうね」

佐野はその後一試合をこなし、のちに井上が挑戦するWBC世界ライトフライ級王者アドリアン・エルナンデスから世界挑戦のオファーが届いた。だが、会長の松田は佐野に伝えることなく断った。小学五年から預かるジム生を無事に健康な状態で家族の元へ返す。ジムの会長としての責任があった。

佐野は直後、網膜剝離と診断された。

井上戦をテレビで観戦した医師から叱られた。

「こっち（右目）ばかり打たれて。何やっているんですか。本当にヒヤヒヤしましたよ」

そして宣告される。

「もう失明しますよ。ボクシングは辞めてください」

右目は四度の手術を経て、視力を失わずに済んだ。

「金城監督の調子が悪いから、一度会いにいったほうがいいぞ」

知人から連絡を受け、二〇一六年六月十日、沖縄に飛んだ。那覇空港には大山が車で迎えに来ていた。高校時代三年間を過ごした金城の自宅兼選手寮であり、練習場へ。その日はちょうど金城が退院した日だった。佐野と大山は三階にある金城の自宅へと向かう。

「おー、来たか。座れ、座れ」

金城は佐野の顔を見るなり、三年前の井上戦のことを語り出した。

「井上尚弥な、あいつは本当に強いな」

佐野は恩師がボクサーを手放しで褒めるのを初めて聞いた。金城の眼力にかなう井上の凄さを改めて感じる。すると、金城はぽつりとつぶやいた。

「あんな奴とよくあれだけやれたな」

あの激闘は恩師の心にも届いていた。

金城の見舞いに来たはずだった。励ますつもりが、金城からそう言われた瞬間、佐野の心は沖縄の澄んだ空のように晴れ渡った。

「あの闘いは監督の教えです。気持ちの強さ。どれだけセンスがなかろうが、諦めるな。あの試合は、金城監督の教えなんです」

直接言うことはできなかった。だけど、話を聞きながら、心の中でずっと思っていた。

金城の顔を見たのはこの日が最後となった。

「自分にとって監督は『ボクシングの神様』です。その人から褒められましたからね。負けた試合だけど、初めて認めてもらえたようで嬉しかったです。本当に監督には感謝しています」

それから一年五ヵ月後の二〇一七年十一月十六日、金城は天に召された。

まだ「モンスター」ではなかった

これが何度目の取材になるのだろうか。

私は松田ジムを訪れ、トレーナーの佐野が指導をする姿を見つめていた。小学校高学年のジム生が佐野の持つミットをめがけて、コンビネーションを打ち込む。洗練された動きに驚いた。

「凄いでしょ？」

佐野はミット打ちが終わると、私の元へやってきた。佐野も小学校五年からこのジムに通った。

「どう？ 佐野さんの小学校時代もあんな感じの動き？」

私は冗談交じりに聞いた。

「もう全然……。僕は本当に鈍くさかったですよ。センスもなかったし。だからトレーナーになってから、才能はなさそうだけどすごく練習する子を見ると、つい応援したくなるんですよね」

井上との試合から月日が経った。

あの日、佐野は試合後の控え室で、日本人ボクサーに呼びかけた。

「みんな、井上と闘うなら今しかない。来年、再来年になったらもっと化け物になる。歯が立たなくなるぞ」

当時、ボディーを打てばうめき声が聞こえ、試合後半になれば息づかいが荒くなり、経験値でも攻略の糸口があった。

「僕との試合が井上君にとって初の十ラウンド。彼には経験がなかった。最後のほうはかなり疲れていましたもんね。精神的な部分で揺さぶるしかないと思っていたし、『若いな』と思う部分もあったんです。正直、あのときはまだ『モンスター』ではなかったですよ。対戦オファーをみんなが断っていると聞いていたので、今しかやれんぞ、これでキャリアを積んだら、誰も太刀打ちできなくなる、だから『やるなら今しかないぞ』と思って言ったんです」

すぐに「だけど……」と言葉を紡いだ。

「あのコメントは外れていますよね。正直、ここまで強くなるとは思わなかった。もう日本人の誰も手が届かないところに行ってしまった。（世界六階級制覇の）デラホーヤとかスーパースターのレベル。あんなことを言ってしまって、ちょっと恐縮しています」

そう言って苦笑いを浮かべた。

「度胸が凄いんだよなあ」

独り言を漏らし、続けた。

「闘っていると分かるんですよ。人間性が見えるというのかな。井上君はパワー、スピード、距離感、技術、柔軟性、目の良さ……全部素晴らしかった。でも、一番凄いのは心だと思う。あのとき二十歳ですよね。あれだけ注目されても周りのことは一切気にならない。格好をつけること

ジムの事務所の入り口には井上戦のポスターが貼られている

もしない。自然体なんですよね。落ち着いているんです。それって実はすごく難しいことだと思う。あんなふうには誰もできないですよ」

　佐野は感服するかのように言った。

「心・技・体でいうと、技と体が凄いのに心が弱いボクサーって多いんです。井上君は試合中に心の揺らぎがなかった。どんなときでも平然としていた。心がしっかりしているから、あれだけのパフォーマンスができる。僕は闘ってみて、ハートがモンスターだと思いました」

　二十八分九秒という長い時間、対峙した者にしか分からない「井上尚弥像」だった。それはリング上のことだけを言っているのではない。日々の鍛錬を想像させた。

「強い心から全部作り上げていると思う

んです。日頃の練習から自分にすごく厳しい課題を課して、そこをちゃんと乗り越えて。僕はそれができなかったので……。井上君は日々、自分と闘って克《か》っていると思うんです。メンタルが強いから、自分に克てるんです」

佐野は「僕はできなかった……」と言った。私はそのことを尋ねた。

「できない時期がありました。いかにボクシングを大事にしてきたか。練習だったり、気持ちだったり。僕はちょっと生活とか、流されたこともあったので。そこがチャンピオンになれた人となれなかった人の差じゃないですか。もちろん、運もありますけど」

大学時代、ボクシング一色だった心が黒く澱んでいった。佐野の物差しで言えば、ボクシングを大切にし、全うした者だけがチャンピオンベルトを巻ける。

私は佐野と交流を続けるうち、感じることがあった。別れ際、もしくは話が終わるとき、「チャンピオンでもない僕の話を聞いてくれてありがとうございました」と言うことが多かった。「チャンピオン」と「到達できなかった者」。そこに明確な線引きをしていた。

「やっぱり目指すところがそこだったんで……。ただね、チャンピオンになれなかったけど、人を感動させる試合をできた。それができただけでも良かったかな」

佐野は引退後、「おくりびと」と呼ばれる納棺師の仕事に励み、夕方から松田ジムでトレーナーを務めている。家に帰れば、妻となったさおりがいる。

「嫁さんがいなかったら、まだ目のことを黙ってボクシングをやっていたでしょうね。もう死ぬまでやってやろうと思っていましたから。やるならそこまでやりきろうと。でも、嫁さんと出会っちゃったから、ボクシングを辞めてからの人生があってもいいのかな、と思えるようになりました。それで今がある感じです」

拳を交えた井上に伝えたいことがある。

「試合をしてくれてありがとうございました。誇りに思っています。こんな凄い選手と試合ができて良かった。しかも日本人で僕が最初ですもんね。あのとき、僕ができることはやりきった。一生、忘れられません」

井上との人生を賭けた闘い。記録として残るのは佐野の一敗。だけど、それは勲章であり、さおりとともに挑んだ試合でもある。

「本当にあの試合をやって良かったな」

佐野はそうつぶやき、頬を緩めた。敗者の誇りを胸に、これからの人生を歩んでいける。視界に曇りはなく、未来が見える。

その表情は晴れやかだった。

他の敗れたボクサーにも話を聞いてみたい。この取材を続けていいのではないだろうか。

佐野の横顔は私にそう思わせてくれた。

第二章

日本ライトフライ級王座戦

Ryoichi Taguchi

vs. 田口良一

（ワタナベジム）

2013年8月25日　神奈川・スカイアリーナ座間　10ラウンド　判定3-0

日本ライトフライ級王座獲得

井上の戦績 4戦全勝3KO

「本気で殺しにきている……」

多くの練習生が手を止め、一歩二歩とリングに歩み寄ってきた。腕を組んで見つめるトレーナーもいる。離れた場所から視線だけ向けているジム生もいた。

田口良一《りょういち》は開始のブザーが鳴る前、注目されているのを感じた。

二〇一二年五月二十二日、東京・五反田のワタナベジム。

これからスパーリングが始まろうとしていた。

約二ヵ月前の三月十二日、田口は初めて日本タイトルマッチに挑んだ。デビュー九連勝の後、初黒星を喫し、再び七連勝でようやく巡ってきたチャンス。ライトフライ級王者の黒田雅之と対戦し、惜しくも一―一のドロー。あと一歩で王座に届かなかった。引き分けは王座防衛でチャンピオンの勝ちに等しい。田口から見れば、負けも同然だ。以降、なかなか気持ちが入らない。これまで週六回通っていたジムにも、週三回ほどしか足が向かなくなっていた。

そんなとき、スパーリングのオファーがあり、トレーナーの石原雄太から相手を伝えられた。

「井上尚弥君だから」

その名前に聞き覚えがあった。

「アマチュアにとんでもない選手がいるらしい」

噂は耳に入っていた。井上は高校を卒業し、十九歳になったばかりだという。

田口は日本タイトルマッチの後、これが初めてのスパーリング。だが、日本ランク一位の自負がある。プロ十八戦をこなし、六年目の二十五歳。過去には世界王者の井岡一翔、八重樫東ともスパーリングで拳を交えたことがある。

ウォーミングアップを終え、試合の八オンスよりも大きい十四オンスのグローブを着けた。久しぶりの感覚だ。ヘッドギアをかぶり、四ラウンドの約束で開始のブザーが鳴った。

対峙するや否や、井上が猛然と襲いかかってくる。

「うん⁉」。一瞬の戸惑い。まるでダッシュをしてきたかのように距離を詰められた。ジャブから右ストレート、ボディーにもパンチが伸びてくる。相手の手が止まらない。その一発一発が経験したことのない重さだった。

「そう、いいよ！」

井上のコーナーから父・真吾の少し甲高い声が聞こえた。

田口は防戦一方になった。そして、ボクシングをやってきて初めて思った。

「俺のこと、本気で殺しにきている……」

殺気を感じた。

再びワンツー、左フック、またもワンツーを食らう。攻撃に間がない。まさに間髪を容れず、パンチが飛んでくる。浴びるままに崩れ落ち、田口は尻餅をつくようにリング上を転がった。

ダウン。

何事か。有望選手がアマチュア選手に倒された。ジム内はざわつき、視線が田口に集中する。

「おい、大丈夫か？」

コーナーにいた石原は歩み寄り、田口に声を掛けた。これまで試合はもちろん、スパーリングでもダウンを喫したことがなかった。初めての事態だ。

ダウンを奪った井上は特に驚く様子もなく、自身のコーナーに戻り、相手がダメージから回復するのを待っている。

田口は立ち上がると、少しリング上を歩き、両手でロープをつかんで背筋を伸ばした。距離を詰められ、戸惑っているうちに、三分間全力で殴られているような感覚に陥った。一瞬の隙もない。圧倒され、一ラウンドが終わった。

第二ラウンド。

試合以上と言ってもいい、激しい打ち合いになった。井上の左アッパー二連発で田口のガードはこじ開けられた。ワンツーから左フックをもらい、後ずさりする。その瞬間、すぐに距離を詰められ、連打を浴びた。もうガードで精いっぱいだ。

「ストップ、ストップ！」

石原が大きな声で叫んだ。

スタンディングダウン。

田口はコーナーに向かって歩き、ゆっくりと首を回した。

第三ラウンドも同じような展開だった。ヘッドギアをしているとはいえ、田口のダメージは蓄積しているように見えた。

「田口、もうやめよう」

石原が言った。

「やります。やらせてください！」

田口の言葉に、石原は首を振った。

四ラウンドの予定が三ラウンドで打ち切られた。こんなにやられるとは想像さえしなかった。相手は六歳年下。プロデビュー前の選手に倒された。驚いた。悔しかった。しかも大勢のギャラリーが見ている。恥ずかしい……。

ヘッドギアとグローブを外すと、田口は石原にぼそりと言った。

「ちょっとトイレに行ってきます」

この場から一刻も早く去りたかった。練習場のフロアを出て、階段の踊り場へ。誰もいない。一人になれた。すると、涙が溢れてきた。

「俺はこんなにコテンパンにやられて、今後どうなってしまうんだろう。彼がプロに来たら、俺はもう上に行けないじゃないか。きっと無理だ。もう終わりだ。日本タイトルにも挑戦したばかりだし、もうチャンピオンになるのは無理だ……」

「絶望」の文字が浮かんでくる。未来は閉ざされた。

何分いただろうか。

しばらく踊り場で泣いていた。

根性の人

細身で優しい顔立ちと穏やかな口調。外見や少し話したくらいでは、誰も田口が拳の世界の人とは気付かない。引退後、田口がトレーナーを務める東京・四谷のボクシング・フィットネスジム「ＫＯＤラボ」。その近くにあるファミリーレストランで、私は食事をしながら田口と向かい合っていた。

現役を退き二年が過ぎていた。体形をキープし、三十代半ばの年齢より若く見え、顔つきも変わらない。リングに上がっていた頃のままだった。

「体重は五十四キロとか五十五キロなんで現役のときよりも痩せているくらいです。当時は五十七～五十九キロくらいあったんで。よく引退してから太る選手がいるじゃないですか。みんなから『太ったな』と言われたくないんで節制しているんですよ」

実際、田口はスパゲティだけ口にし、「水でいいです」とコーヒーや炭酸飲料が飲めるドリンクバーは注文しなかった。話が井上とのスパーリングに及び、私が映像を持っていることを告げると、田口の声が大きくなった。

「見たいです、見たいです！」

私はスマートフォンを取り出し、動画を再生した。

田口は画面の中に入っていき、映像を見終えると、少し首をかしげた。

「うーん……。左フックで倒された気がしたんですけど、全然違いましたね。ちょっともう一回いいですか？」

　そう言って、もう一度、ダウン前のシーンまで戻した。

「ああ、これかな。たぶん倒される前の左フックが効いていたんだよな。これで『うわー』と思った記憶があるから。ずっと左フックで倒されたと思い込んでいたんだな」

　淡々と振り返り、そう解説した。それだけ井上の左フックは強烈だった。

「この頃ね、将来への不安がものすごく大きかったんです。友人はみんな正社員で働いている。自分はボクサーとして日本タイトルで引き分けてベルトを獲れなかった。このまま自分はどうなっちゃうんだろう、ってね。すごくネガティブだったんです。でも、みんなが思っている以上に負けず嫌いで強気なところもあったりして。なんか言っていることがよく分からないですよね？」

　照れ笑いを浮かべて、私に顔を向けた。


　田口の内面は幼い頃から「弱気」と「負けん気」が混在し、行ったり来たりしていた。だけど、負けず嫌いのスイッチが入ると、アクセルを踏んだかのように走り出していく。

　小学校のクラスで背が一番低くて、物静かだった。六年生のとき、いじめに遭った。仲間はずれにされ、同級生四人からは無視された。わざと聞こえるような距離で悪口を言われる。気弱な少年は何も言い返せない。たまに「やめて！」と大きな声で叫ぶ。しかし、わずかな抵抗はあっさり跳ね返され、すぐに元の状態に戻ってしまう。そんな状態が半年も続いた。強さへの憧れが初めて芽生えた。

中学ではバスケットボール部に入り、部活動に励んだ。三年の秋、「スポーツ祭り」のチラシが学校で配布された。そこには「ボクシング教室」と記されている。会場は東京・大田区総合体育館。自宅からさほど遠くない距離だった。

田口はボクシング漫画「はじめの一歩」が好きだった。小学生の頃、薬師寺保栄―辰吉丈一郎戦をテレビで見て、父と一緒に薬師寺を応援した。中学に入ると、元WBA世界ミニマム級王者の新井田《にいだ》豊や元世界二階級制覇王者の畑山隆則の試合を見ては熱くなった。田口少年は友人とともに「スポーツ祭り」に足を運んだ。そこでボクシングを体験すると二週間に一回のボクシング教室に勧誘され、通うことになった。

高校に入ると、俄然興味を持ち、夏休みに憧れの新井田と畑山が所属した横浜光ジムに入門した。だが、誰からも相手にされない。一人で黙々とシャドーボクシングをしてサンドバッグを叩くだけ。しばらくすると、スパーリングの機会に恵まれた。プロ選手がディフェンス練習をする相手役だった。

一ラウンド終えると、トレーナーから聞かれた。

「よし、もう一ラウンドやるか」

「いや、もういいです」

田口はあっさり首を振った。三分間ステップを踏んだら足の裏が痛くなった。スタミナも切れていた。強くなりたい。だが、弱気が顔を覗かせ、遊びが優先されるようになる。自然とジムから足が遠ざかり、ボクシングからフェードアウトしていった。

二〇〇五年五月、十八歳のときだった。電車から見えた東京・五反田のワタナベジムに通い始めた。入門二日目。シャドーボクシングをしていると、韓国人トレーナーの洪東植《ホンドンシク》から声を掛けられた。

「おまえ、何かスポーツやっていたのか？　リーチは何センチあるんだ？」

いきなり洪に腕をつかまれ、会長室に連れていかれた。

「会長、この子、僕が強くしますんで」

突然のことに驚いた。以前のジムでは一人でサンドバッグを叩いていただけで、話し掛けられることもなかった。きっとセンスがないんだろう。ずっとそう思っていた。それなのにトレーナーが「強くする」と宣言している。褒められているようで嬉しくなり、一気にのめり込んだ。

その日から週七回ジムに通った。偏頭痛になっても、気分が悪くて吐いたとしても必ずジムに行く。十八歳からのスタートは決して早くない。焦りがあった。週六回は相手と軽く手合わせをするマス・ボクシングをして実戦感覚を養う。練習は一年以上休まなかった。

二〇〇六年七月十九日、プロデビューを果たし、一回ＫＯ勝ちでスタートを切った。

デビューから七連勝でライトフライ級の全日本新人王を獲得した。だが、強烈なインパクトは残せていなかった。

「田口のことはね、漠然と覚えていたくらい。アマチュアの経験もないし、新人王でもＭＶＰとか賞はもらっていない。なんとなく新人王になった感じ。ただね、ときどきスパーでカッとなる、気が強い選手だとは聞いていたんですけどね」

ワタナベジム会長の渡辺均は田口のプロ序盤をそう振り返る。

深く印象に刻まれたのは、全日本新人王に輝いた直後、初の六回戦でシシドジムの須江伸太郎と対戦したときだった。田口は試合前にヘルニアを患い、明らかに構えがおかしくなっていた。腰が曲がっている。まるでぎっくり腰のまま練習をしているようだ。渡辺はその姿に目を疑った。しかし、田口は試合をキャンセルしないという。腰が痛いまま試合に臨み、六回フルラウンドを闘い抜き、判定勝ちを収めた。

試合を見届け、渡辺は田口に目を付けた。

「あれは凄い根性だよ。腰が曲がったまま闘っていたもん。普通なら動けない。でも田口は六ラウンドやって勝ったんで、こいつは気持ちが強いぞと。ここから上がっていくと思ったね」

プロ十戦目、技巧派サウスポー瀬川正義にプロ初黒星を喫した。この頃までは弱気が心を占めることが多く、試合が近づいてくると眠れなくなり、睡眠導入剤や精神安定剤を飲むこともあった。

この後、五連勝を飾り、日本の上位ランカーがトーナメントで争う「最強後楽園」にエントリー。十連勝中の久田哲也に判定で勝ち、元アマチュア全日本王者でのちの世界チャンピオンとなる木村悠を相手に六回ＴＫＯ勝利で優勝し、ライトフライ級の日本タイトル挑戦権を手に入れた。

だが、日本王者の黒田に挑み、接戦の末、判定一－一の引き分け。落胆した日本王座戦から二ヵ月後、井上とスパーリングで拳を交えたのだった。

渡辺がジムに到着したとき、手合わせは終わっていた。「田口が倒された」と聞いても、さほど驚きはなかった。

「井上は評判が良かったから。アマチュアで凄いのがいると知っていたからね」

その後、再び井上が両親とともにワタナベジムへ練習にやってきた。まだ大橋ジム所属に決まる前のことだ。渡辺は会長室に両親を招き、頭を下げた。

「もし良かったら、うちのジムに来ていただけませんか？　将来的には弟さん（拓真）も一緒に。良かったら来てください」

井上の両親は明言しなかったが、その場の雰囲気では既に水面下でどこかのジムに決まっているようだった。

「井上選手と試合がしたい」

井上とのスパーリングを最も間近で見ていたのは石原だった。トレーナーの洪がジムを去り、田口とコンビを組んで四年目。ヘルニアの手術後、田口の体の動きを改善させ、腰痛を克服した。緻密な戦略家で、田口の信頼も厚かった。

黒田戦の後、石原から見ても田口は落ち込み、ボクシングに没頭できず、どこか上の空で練習をしていた。これではハイレベルな練習を課しても身にならないと察し、石原はジャブやワンツーの基礎を反復させ、土台を作り直そうと考えていた。

そんなとき、井上がスパーリングに来たのだ。

「あの井上君のスピードとテンポの速さとパンチ力。田口はもう付いていけない状態でした。田口は打たれ強いのに、ダウンした。井上君は凄いと噂は聞いていたけど、あそこまでとは思わなかった。田口も初めて人前で倒されて悔しかったと思う。でも、あの日を境に変わりましたよね」

石原は田口の心と技術の成長を感じ取った。明らかに練習中の集中力が増した。三分間のシャドーボクシングやミット打ち。ボクサーはどこかで一瞬気を抜いてしまう。だが、田口はそれがなくなった。まるで少しでも緩めたら「その瞬間、井上のパンチをもらってしまう」と思っているかのようだった。一発ももらってはならない。絶えず神経を研ぎ澄ませていた。

技術的にも、ディフェンスの意識が高まった。これまでは打たれ強さを自覚していたため、多少パンチを食らっても大丈夫という慢心があった。だが、井上を通じて、いいパンチを浴びたら倒されると悟ったようだ。

実際、田口は「絶望」から少しずつ気持ちを取り戻してきた。

スパーリングから約二ヵ月後の二〇一二年七月十一日。井上はプロテストを受験した。田口が引き分けた日本チャンピオンの黒田を実技試験で圧倒し、合格した。黒田と拳を交える姿を見て、井上の強さを再確認する。すぐにでも日本ランク上位に上がってくるに違いない。次第に田口の「負けん気」が顔を出し始めた。

「あのときは週三回とか適当な感じでジムに通っていた。ちゃんと準備すれば分からない。死に物狂いで練習して臨めば、勝負になるかもしれない」

田口はタイ選手に一回ＫＯ勝ちで再スタートを切った。黒田が世界挑戦に伴い日本ライトフライ級王座を返上し、再びタイトルマッチのチャンスが回ってきた。

二〇一三年四月三日、東京・後楽園ホール。日本ランク三位の知念勇樹との王座決定戦。相手は十三戦全勝六ＫＯ。田口より六センチ長身、百七十二センチの技巧派だ。

控え室で準備をしていると、ジムの関係者から耳打ちされた。

「井上君が見にきているよ」

約二週間後、井上は初の日本人対決となる日本ランク一位の佐野友樹戦を控えていた。もうその先の日本タイトル挑戦を見据えているのだろう。

田口は「勝ったら言おう」と決心した。試合はジャブでリズムをつかんだ。右ストレート、左フックで主導権を握り、中盤は左ボディー、終盤は右ストレートで知念のあごを跳ね上げた。最大七ポイント差をつける完勝で、日本チャンピオンに輝いた。

控え室での記者会見。記者の一人が尋ねてきた。

「井上選手が観戦していましたが」

田口はここぞとばかりに言った。

「井上選手が（佐野に）勝ったら、僕はやりたい。知名度を上げるためにも井上選手と試合をしたいです」

会見で田口の両隣に座っていた渡辺と石原は驚いた。スパーリングで倒されたではないか。

渡辺は横目でちらりと田口を見ながら言葉を濁した。

「田口の次戦はどうなるか。世界ランカーの角谷《かくたに》（淳志《あつし》）選手もいる。井上選手が佐野選手に勝ち、ランク一位になると仮定して、田口が闘いたいと言うのであれば……」

渡辺には別の思惑があった。田口は日本王者になり、WBAの世界ランク三位。世界王座への挑戦資格を手に入れた。しかも、減量がスムーズで一階級下のミニマム級まで落とすことが可能だ。井上の挑戦を受けずに日本王座を返上し、ライトフライ級もしくはミニマム級で世界タイトルマッチを組みたい。井上が世界王座を獲る前に田口が奪ってしまおう、という考えだ。

ジムの会長として、渡辺には信条がある。選手にできるだけチャンスを提供する。ルールに抵触しなければいい。「チャンピオン」の称号を一人でも多くのボクサーに与えたい。世界チャンピオンの可能性が少しでもあるなら、挑戦の場をつくりたい。

渡辺は二十歳の頃からジム経営に興味を持っていた珍しいボクサーだった。ミドル級で最高位は日本三位。戦績は十五戦七勝六敗二分け。現役に執着せず、二十四歳で引退し、地元の栃木に「今市ジム」を開設した。三十一歳で東京に進出し、五反田にワタナベジムを開く。老舗ジムに対抗するには、アイデアで勝負するしかなかった。プロ志望者だけでなく、ダイエット目的の女性やフィットネス感覚の幅広い層に門戸を広げ、平日の朝や日曜日にもジムを開けた。当時としては画期的な手法だった。五反田駅のホームから、練習風景がうっすらと見えるのも、いい宣伝になった。一九九〇年代後半には会員数は八百人に増え、人気ジムの地位を確立した。多くの日本王者、女子の世界王者も輩出した。だが、男子の世界王者だけが生まれない。絶対に男子の世界王者を――。人当たりが柔らかく、温和な渡辺の心の中には野心があった。

ジム創設三十年、渡辺が六十歳のとき、ついにスーパーフェザー級の内山高志がジムに初めて世界のベルトをもたらした。河野公平もＷＢＡ世界スーパーフライ級王座を獲得したばかりだ。二人の王者に田口が加わり、トリプル世界戦の興行が打てるのではないだろうか。

「いろいろ言う人はいますよ。『あの選手が世界タイトルはなしだよ』とか。でも、ルール上問題なくて挑戦資格があるなら、会長としての仕事を頑張る。それはチャンスをつくることだよ。田口には悪いけど、井上とやったら負ける可能性のほうが高い。井上戦を避けて日本王座を返上して、世界戦に挑んだほうがいい。あわよくば世界チャンピオン、そういうスケベ根性がありましたよ」

ボクサーとジムの会長では立場も考え方も違う。

渡辺なりの親心だった。

ボクサーの矜持

田口は後楽園ホールを訪れ、佐野―井上戦を観戦した。井上は十回ＴＫＯでクリアし、日本ランク一位になるのは確実だった。

「やっぱり凄いな。自分だったら、ああいうかたちで佐野さんを倒せない。でも徹底的に鍛えて必ず食ってやる。勝って自分が上に行く」

気持ちを新たにして会場を後にした。

日を改めて、田口の今後の方針を巡り、話し合うことになった。

渡辺が切り出す。

「次どうする？　田口は世界挑戦できるし、俺は世界タイトルマッチをやらせたい。日本タイトルは返上しよう」

「僕は井上戦を避けて上に行くつもりはないです」

渡辺が別の提案をした。

「ミニマム級でも世界挑戦できるんだぞ」

田口はなおも首を振る。

「やっぱり『逃げた』と思われたくないです。誰よりも井上尚弥に『逃げた』と思われるのは絶対に嫌です。逃げないし、やりますよ」

ボクサーとしての矜持。「負けん気」がアクセルを踏む。

石原もどちらかと言えば、渡辺の意見に近かった。世界ランク三位。無理してまで井上と闘う必要はない。もう少し経てば、世界タイトルマッチの指名挑戦者になるかもしれない。

田口は周囲の反対意見を押し切り、井上戦を主張した。

「彼に勝ったら人生が変わる。そういうチャンスなんです。逃げて王者になっても、それじゃあ、みんなが認めてくれないですよ」

「田口、おまえ、いい根性しているなあ。見た目は優しそうなのに、本当に気が強いんだな」

渡辺は最終的に選手の意見を優先させる。それもまた信条だった。

今回に関して言えば、会長としての邪心もあった。当時、ワタナベジムの興行で田口が日本タイトルマッチを行ったとして、ファイトマネーは百万～百二十万円。井上戦となれば、大橋ジムの興行でゴールデンタイムでのテレビ中継もあり、ファイトマネーは三百万円。日本王者としては破格の額だ。しかも渡辺は興行を打たないで済む。営業、販売、試合の準備などの責任を負うことはない。田口は高額の報酬を得て、渡辺は興行面での苦労がなくなる。

正式に井上戦へと動き出した。すると、「マジか」「分が悪い」という声が聞こえてきた。だが、田口は動じない。井上戦へ腹を括ったのだ。

「それまではスパーリングのことがあって絶望していたし、時間が経ってもモヤモヤがありました。でも、日本王者になって本当に切り替わった。気合が入った。自分自身を信じられなかったら、どうしようもないじゃないですか。向こうも日本王座が標的かもしれないけど、こっちも井上君が標的。井上君を食って評価を上げる、人生を変える。そういう気持ちが強かったですね」

もう「絶望」から這い上がり、立ち直っていた。標的が目の前にいる。逃げるわけにはいかない。

試合は二〇一三年八月二十五日に決まり、二ヵ月前となる六月二十五日、日本タイトルマッチでは異例となる記者会見が行われた。東京・後楽園飯店には多くのメディアが駆けつけた。主役は肩からベルトを提げている田口ではない。挑戦者の井上だった。二十戦十八勝八ＫＯ一敗一分けの田口に対し、井上は三戦三勝三ＫＯ。デビュー四戦目で日本タイトル獲得となれば、平仲明信（本名・信明）、辰吉丈一郎の日本最短記録に並ぶ。興行は大橋ジムが主催し、井上の出身地である神奈川県座間市の協力を得て、会場のスカイアリーナ座間を確保した。会見には座間市長が同席し、「井上尚弥は市民のヒーロー」とアピールするほど熱が入っていた。

「井上君は本当に強い選手。勝てば上に行ける」

田口はまるで挑戦者のように意気込みを語った。もう、井上戦に向けて全力を尽くすしかない。石原と徹底的に井上を研究し、対策を練り、作戦を共有した。

石原は佐野戦を参考にした。井上は左フックを打つときにあごが上がり、大振りになる。ガードが空くこともあった。そこを狙い、井上の左フックに田口の左フックを合わせる。相打ち覚悟でいい。当たれば展開は変わる。長丁場の経験が少ない井上は後半ペースが落ちてくるかもしれない。ラウンドのラスト三十秒は全力で闘い、ジャッジの心証を良くし、ポイントを取ろう。そして前提として、井上の実力を遥か上に設定しておこう。そうすれば本番で慌てることもない。

石原は井上戦への練習過程で田口が難題を克服していることに気付いた。

「選手の意識としてスパーリングで倒された相手に向かっていくのは怖いんです。試合のグローブはスパーリングよりも小さくなるので倒される恐怖心がある。でも、それを乗り越えているな、というのがありましたね」

ボクシングは命の危険も伴う。闘いの場に上がるのは怖い。だが、田口にはそれを上回るモチベーションがあった。周囲の期待も高かった。試合を中継するフジテレビの事前番組では喫茶店で働く田口が、か細い声で注文をとる姿が放送された。不良に絡まれた経験があることも明かされた。どこにでもいるような優男のチャンピオンとして描かれ、感情移入した視聴者やファンから田口のブログにはこれまでにない数のコメントが寄せられた。

「周りの人とか知り合いから『絶対に勝ってくれ』と言われたんです。あのときは、まだ井上尚弥という存在が『ポッと出』に映っていたんでしょうね。あの若いアマチュアエリートに負けるな、と言ってくる人が結構いたんです」

日々の練習はやりきっている。だが、田口の心の中では絶えず「弱気」と「負けん気」が闘い続けていた。練習がうまくいかないと「勝てるんだろうか」と弱気に逆戻りし、倒されたときの残像が波のように押し寄せてくる。試合六日前、最後のスパーリング。村中優《すぐる》と拳を交わした。これまでの試合で一番いい状態で終え、本格的な練習を打ち上げた。

負けん気が上回っていた。


フジテレビが午後七時からのゴールデンタイムで異例となる二元中継をすることになった。座間から田口―井上戦が放送され、続いて東京・有明コロシアムでのロンドン五輪金メダリスト村田諒太のプロデビュー戦を生中継する。村田の相手は田口と同門ワタナベジムの東洋太平洋ミドル級王者の柴田明雄だった。

同日二興行の注目度は高く、試合の前々日となる八月二十三日には世界タイトルマッチ並みの記者会見が設定された。金屏風の前に柴田、村田、田口、井上が並ぶ華やかな舞台。これまで見たことのない報道陣の数だった。田口は明らかに緊張していた。話している最中に内容が飛び、言葉に詰まる場面もあった。

前日計量では田口、井上ともにライトフライ級リミットの四十八・九キロでクリアした。

「多くの人が見てくれる。これぞボクシングという打ち合いをしたい。勝つイメージはできている」

田口はそう、きっぱりと言った。

気持ちでは負けなかった

試合会場の神奈川・スカイアリーナ座間に到着した。あのスパーリングから一年三ヵ月。普段の生活をしているときも頭の片隅にはいつも井上がいた。ついに試合で対峙するときがやってきた。前座が始まった。控え室から出て、場内を覗いた。思っていた以上に広く、多くの観客で埋め尽くされていた。気が引き締まる。

開始のゴングが鳴った。

井上が左ジャブを突いてきた。パンチもある。だが、動きが硬いのか、少し様子を見ているのか。間髪を容れずに距離を詰めて襲ってきた、あのスパーリングとは違う。田口は右のガードを高く上げ、ジャブを放つ。独特のノーモーションで見えづらいはずが、ぎりぎりの距離で躱された。そのシーンを目の当たりにし、セコンドの石原は思わず唸った。

作戦通り、井上の左に合わせ、田口が左フックを打つ。手応えがあった。最後はロープ際で右ストレートを当てる。一ラウンドを終え、コーナーに戻った。

「いい感じだな」

石原が穏やかな言葉遣いで言った。

「ジャブが当たっているじゃん。井上尚弥は怪物じゃないぞ。できる、できる！」

これは試合前からセコンド陣で考えていた言葉だった。一ラウンド終了後のインターバルでは、当たったパンチを具体的に挙げて「相手は怪物ではない」と田口に伝える。励まし、自信を持たせて第二ラウンドへ送り出そう。

「怪物じゃないぞ」

田口の心にその言葉はすーっと入ってきた。

「相手を大きく見たらそう思っちゃうし、考え方次第。怪物じゃない、怪物じゃない……」

セコンドの言う通りだ。田口は自らにそう言い聞かせて、リングへ飛び出した。

二回。リングの下から見ていた石原は驚いた。作戦の左フックがもう見破られている。いつもなら井上が左フックを放つタイミングなのに、打ってこない。これでは田口が左フックを打てないではないか。井上はワンツーを放ち、距離をとった闘い方をしてきた。

「こっちの狙いが分かっているのか……。作戦がはまらないな」

田口が左フックを打ったと思ったら、今度はパンチを見切られ、あっさり首だけで避けられた。すかさず、井上の右ストレートが顔面に飛んでくる。井上の対応力に、石原は感嘆するしかなかった。

三回に入り、井上の動きがほぐれてきたようだ。攻撃のテンポが速くなる。右ストレートからボディー、左アッパーのコンビネーション。決して田口にダメージはない。しかし、二、三歩下げられた。その瞬間だった。途端にグッと距離を詰められる。矢のようなパンチが次々と飛んでくる。こちらが後手に回ったときの井上のラッシュはやはり脅威だ。

「下がったらすぐに来るな。こうやってパンチをまとめられたら対応するのは難しい」

これではジャッジへの見栄えが良くない。クリンチ間際には井上のボディーを食らった。効いた……。第三ラウンドはポイントを取られたことを悟った。

井上の動きが徐々に加速していく。四回。右ボディーからの左アッパー。恐ろしいコンビネーションだった。攻め込もうと思った田口は、仰け反った。

「強いのは分かっている。想定内の強さだ。あのスパーと比べたら、うまく闘えているな」

そう思って自身を鼓舞した。ラウンド終了間際、田口はギアを上げた。ワンツーの右ストレートが入った。井上をロープに押し込む。三人のジャッジ全員が田口に振ったラウンドとなった。

六回、田口は接近戦を挑んだ。ラウンド途中、左目をカットした。だが、必死に井上に向かっていく。屈んで近づき、左アッパーを突き上げた。全体的な試合の流れは挑戦者ペースで変わらない。しかし、食らいつく王者の頑張りに場内の雰囲気が変わってきた。ハイレベルで緊張感溢れる日本タイトルマッチになってきた。

インターバルとなり、田口はコーナーに戻った。場内アナウンスが流れる。

「ただいまの田口選手のカットはヒッティングによるものです」

田口は首を振ってセコンドに言った。

「いやいや、違う、あれ、バッティングですよ」

リングアナウンサーの声がきちんと聞こえるくらい冷静だった。

終盤に入り、意地がぶつかり合う。長丁場の経験が一試合しかない井上はスタミナが切れるかもしれない。田口はガードを固めて井上に飛び込む。上下、左右と左フックを放つ。だが、井上の左ジャブで突き放され、すかさず左フックが飛んできた。

「残り三十秒！」

セコンドから大きな声が聞こえた。作戦通り、ギアを上げた。ラスト十秒を告げる拍子木が鳴った後は特に手数を出し、攻めきって、ラウンド終了のゴングを聞いた。

八回が終わると、田口はこれまでにない感覚に見舞われた。もう二ラウンドしか残っていない。コンディションによって、一ラウンドの感じ方は違う。調子が良ければ三分よりも短く感じ、悪いときには一ラウンドが五分くらいに感じるときもある。この日は気が付いたらあっという間に八ラウンドが終わっていた。好調で集中できている証しだった。だが、ポイントで劣勢なことは分かっている。判定決着になれば難しい。残り二ラウンドで大きな見せ場を作らないといけない。

九回。井上は足を使ってきた。そうかと思えば、一気に距離を詰め、接近戦になる。

「あっ、これ絶対に倒しにきているな」

田口は相手の心情を察した。なかなか倒せないことに苛《いら》ついているのではないか。地元だし、倒して勝ちたいと思っているに違いない。焦っているのが見てとれた。井上もプレッシャーを感じているのだろう。倒そうと攻めが単調になってきた。ボディーを打つと「ウッ……」とうめき声が聞こえた。疲れているのも分かった。

九回が終わり、採点では明らかに負けていた。石原の採点では、振り分ければ多くのラウンドが井上に流れる。インターバルで石原が言った。

「田口、打ち合いは強いんだから。そうなったらチャンス。同時に打っていこう」

最終ラウンド。ここまで揉み合う場面は少なく、二人の小気味良い動きが続いている。好ファイトに会場が沸く。ワンツーで前に出る。王者の意地だ。気持ちでは負けていない。最後まで気力を振り絞り、左右のフックを打ち続けた。

試合終了のゴングが鳴った。

あの日、四ラウンドの約束がダウンを奪われ、三回で打ち切りになった。「殺しにきている」と思うほどの恐怖心に襲われた。それがこの日、一度も倒されることなく、集中して十ラウンドを闘い抜いた。倒された相手に向かっていき、気持ちでは負けなかった。「やばい」と思った瞬間は一度もなかった。

セコンドの石原も試合を通して、田口の進化を感じた。最後まで動きは落ちず、練習でやってきたことをほぼ出せた。だが、石原の計算では、田口は二ラウンドしか取れていない。

判定は九七―九四、九八―九二、九八―九三、三―〇で井上の手が上がった。田口は日本王座を失い、ベルトは井上の元へ移動した。

田口はその瞬間、思った。

「また井上君とやりたい」

悔しさが込み上げてくる。もう少し違う展開にできたのではないだろうか。闘い方によっては、勝てたんじゃないか。

リング中央ではテレビ中継の勝利者インタビューが始まった。井上はプロ四戦目での日本王座戴冠で日本最短タイ記録となった。だが、内容に満足していないのか、表情は冴えなかった。

「嬉しいですけど、まだまだ未熟です」

これが第一声だった。そして、田口を称えた。

「チャンピオンの意地が凄くて、課題ばかりです」

敗者の田口もリング上でインタビューを受けた。日本では異例のことだ。

「まだまだ強くなって、また井上選手と闘いたいです」

そう言って、自陣のコーナーに戻った。

すると会長の渡辺が体を寄せてきた。

「いい試合だったぞ。世界戦やらせるからな」

田口にとって、思いがけない言葉だった。気持ちが一気に上がる。敗れてもなお、前を向くことができた。

渡辺の言葉は用意していたものではなかった。感情を揺さぶられる試合で咄嗟《とっさ》に出た。ボクシングの指導者となり三十八年。長年の勘が働いたのかもしれない。

「凄い試合だったからね。井上と闘って数ポイント取っているんだから。田口を腐らせてはいけない。そう思って、ピンと来たんだ。田口はいずれ世界戦をやるかもしれない。ここで下を向かせちゃいけない。あの言葉はもちろん本心であり、選手を育てるテクニックですよ」

世界戦を前に二度目のスパーリング

田口は試合後しばらく経っても、井上戦が頭から離れなかった。闘いようによっては、もっとどうにかなったのではないか。この感情が強くなり、悔しさは勝つまで晴れない。そう思うようになっていた。約四ヵ月後となる二〇一三年の大晦日、再起戦でライアン・ビトに判定勝ちし、翌年七月には元ＩＢＦミニマム級王者を退け、二連勝。ＷＢＡの世界ランクに入った。

ここで渡辺が動く。

ＷＢＡが世界ライトフライ級暫定王座を四度防衛中でペルー出身のアルベルト・ロセルを正規王者に昇格させるや否や、対戦オファーを出した。

「当時、日本では暫定王者に挑戦できないですから。私から見たら、田口が一番闘いやすいチャンピオンがロセルだった。対戦できれば、田口なら絶対に勝てる。だから、どうしても挑戦させたかった。正規王者になったタイミングですぐに連絡を取りました」

どの王座なら獲得しやすいか、どのチャンピオンになら勝てるか。渡辺は主要四団体の世界チャンピオンを絶えず研究していた。田口に当てはまるのが、まさにロセルだった。

渡辺が言う。

「大切なのはボクサーを見る目ですよ。いつもいろんな人たちと情報交換していますから。ロセル陣営にはライトフライ級王者では破格の十万ドルでどうだ、と。相場は二、三万ドルですよ。

でも、田口はやれば絶対に勝てるんですから」

　タイミングも良かった。渡辺には資金があった。渡辺プロモーションはボクシング部門と不動産部門の二つに分かれている。五反田駅の東口にあったワタナベジムのビルを購入時の倍以上の額で売却できた。収益をボクシングに回せる。ロセルを他の挑戦者に横取りされまいと毎日のようにマッチメイカーに連絡し交渉を依頼した。国際電話の料金が月額十万円を超えるほど、頻繁に話し合った。

「世界戦やらせるからな」

　井上戦の後、リング上で田口と交わした約束。必ず守らなくてはならない。できれば、いい相手を与えてあげたい。

「それとね、私の欲ですよ。世界チャンピオンを絶対につくるんだと。不動産の利益をそのまま年末のボクシングにぶちこんだんです」

　ロセル陣営は破格のオファーに飛びついてきた。二〇一四年十二月三十一日、東京・大田区総合体育館でＷＢＡのトリプル世界戦が決まった。スーパーフェザー級王者内山は九度目の防衛戦、スーパーフライ級王者河野は初防衛戦、そして田口が王者ロセルに挑むライトフライ級タイトルマッチだった。

　初の世界戦が決まり、田口はスパーリングを重ねた。石原が課した相手は当時無敗のローマン・ゴンサレス、八重樫東ら強豪揃いだった。そんなとき、井上陣営から連絡があった。

「田口選手とスパーリングをお願いしたいんですが……」

話を聞いた石原は快諾した。

最初の手合わせから二年半、試合から一年四ヵ月が経っていた。当時よりハイレベルなスパーリングになるのではないか。田口が成長を実感すれば、初の世界戦へ向け、メンタル面でいい刺激になると考えた。井上は既にWBC世界ライトフライ級王者となり、初防衛に成功。王座を返上して一気に二階級上げ、WBO世界スーパーフライ級王者オマール・ナルバエスに挑戦することが決まっていた。ナルバエス－井上戦は、ロセル－田口戦の前日となる十二月三十日に予定されていた。

スパーリングの話を伝え聞いた渡辺は驚いた表情で言った。

「おい、石原よ。田口が井上のところに行くって、おまえ、正気で言っているのか？　まあ、行くなら仕方ないけど」

大事な世界戦の前に、井上と拳を交えるのはけがの恐れもある。ダメージを負うかもしれない。自信をなくすかもしれない。さまざまなリスクがあった。

田口は万全を期して準備を整えた。試合以上に壮絶な殴り合いを覚悟する。かつて、井上の師である大橋ジム会長の大橋秀行が言っていた話を思い出した。

「『スパーリングの尚弥』と言ってね、減量前の尚弥はとにかく強いんだよ。ポテンシャルをいかんなく発揮できるから、試合と比べてもすごく強い」

確かにそうだった。田口は「スパーリングの尚弥」を体感していた。それに加え、多くの噂を聞いていた。上の階級の選手が井上と拳を交え、あばら骨を折った、眼窩底《がんかてい》骨折を負った……。

田口はまた井上との差が開いているのではと不安が募った。一方で久しぶりの手合わせで何か得ることがあるのではという楽しみな気持ちもあった。石原とともに横浜市の大橋ジムへと向かった。

スパーリングは五ラウンドの予定だった。

田口は試合のときのように集中していた。左ジャブが飛んでくる。しっかりとガードで受け止めた。だが、あまりの重さに驚いた。ハンマーで殴られたような、これまで感じたことのない鋭さと重みのあるジャブだった。二階級上げる井上のパワーは明らかに増していた。内心焦る。田口も世界戦が決まっている。けがをして帰るわけにはいかない。

さらに集中力を上げた。田口の左ジャブが当たった。独特のリズム、他の選手とは微妙に違うタイミングで、井上も少しやりづらそうにしている。

コーナーで見守る石原は、目論見通り田口の成長を感じ取った。

「田口がプレスをかけて、自分の距離でジャブを突いていく作戦ができている。ジャブがしっかり当たる場面が少しあったんです」

五ラウンドを全うした。やりきった。

田口が充実感を漂わせ、振り返る。

「このときは特にボコられるというほどではなかった。ポイントも完全には取られていないだろうけど、振り分けるなら井上君という感じでした。まずまずだったと思います」

ヘッドギアとグローブを外すと、田口はスマートフォンを石原に渡し、井上に歩み寄った。

「写真撮りたいんでお願いできますか？」

リングを背景に、田口と井上が並んでファイティングポーズを取る。二人で初めて写真を撮った。来るべき世界戦へ健闘を誓い合い、大橋ジムを後にした。


「井上戦があったから」


初の世界タイトルマッチを翌日に控えた二〇一四年十二月三十日。

田口は計量をクリアし、帰路に就いた。テレビをつけて、画面に映る井上を見つめた。WBO世界スーパーフライ級王座を十一度防衛中の王者ナルバエスと向き合っている。

ゴングが鳴った。井上が距離を詰める。

「あっ、これだ、これだ」

田口はテレビに向かって言った。「絶対に仕留める」という殺気。あのとき感じた恐怖が画面から伝わってくる。減量苦から解放された井上は世界戦で計二十七度防衛の王者を四度倒して、二回KO勝ち。田口が経験した一回目のスパーリングと画面の試合が重なって見えた。

「もう『ここだ』となったら、ガッと来るんです。ここで倒すんだ、終わらせるんだというのがすごく似ていました。あの殺気は恐ろしい」

あの日のことを思い出し、眠りについた。

田口が控え室で世界タイトルマッチの準備をしていると、井上がやってきた。前日に試合をしたとは思えない、傷一つない綺麗な顔だった。

「田口さん、頑張ってください」

そのひと言が嬉しかった。

試合は王者ロセルに対し、一回から丁寧にジャブを突き、前に出続けた。圧力をかけ、技巧派王者のリズムを崩す。田口は身長で十三センチ、リーチで十センチ以上上回るメリットを生かし、中間距離になれば的確にパンチを当てる。四回、ボディーに打ち込むと、王者のうめき声が聞こえた。八回と九回に左ボディーでダウンを奪った。田口は最後まで主導権を渡さず、十二ラウンドが終了した。ロセルを日本に呼んだ渡辺が思い描いた通りの試合展開だった。

採点が集計され、リングアナウンサーが読み上げる。

「勝者、新チャンピオン、田口良一」

ボクシングを始めた頃からの夢が叶った瞬間だ。しかも、会場は中学のとき、ボクシング教室で通った大田区総合体育館だった。三人のジャッジ全員が五ポイント差以上をつける圧勝。レフェリーから世界チャンピオンとして手を挙げられた。リングサイドのカメラマンがシャッターを切る。

だが、田口は険しい顔で左右に首を振った。

「井上君なら、ロセルを倒していただろうな」

リング上でロセルと拳を交え、同時に頭の中で井上とも闘っていた。もし、井上ならこの相手にどういう勝ち方をするか。きっとKOしていたはずだ。だけど、自分は倒しきれなかった。

井上に負けた。勝ち方で負けた。それが悔しかった。しかも、前日、井上は世界に名を轟かせる鮮烈な勝ち方をしていた。

「やっぱり井上君って凄いな……」

石原は田口がそうつぶやくのを聞き逃さなかった。

「田口は世界チャンピオンになったんだし、二度ダウンを奪って勝っているんだから『素直に喜んでいいんじゃないの』と思ったんですけど。それくらい井上君だったり、井上君との試合が支えになっているんだと感じましたね」

田口が戴冠した瞬間を思い起こして言った。

「階級は違っても、あの頃は井上君をすごく意識していました。世界チャンピオンになったらめちゃくちゃ嬉しいんだろうなと思っていたけど違いましたね。なぜか井上君のことを思っちゃって……。井上君と闘っていなかったり、出会っていなかったら普通に喜んでいたと思います。いろんな人から、応援してくれたファンのためにも『チャンピオンになったときくらい喜ぶべきだよ』と指摘されて、『確かにその通りだな』とすごく反省しました」

田口は世界戦のリングに上がるたび、強くなっていった。

初防衛戦では元ミニマム級王者のタイ選手を五度倒して圧勝するなど三試合連続ＫＯ防衛を果たした。四度目の防衛戦はメインイベントで登場し、元ＷＢＡ世界ミニマム級王者でランク一位の宮崎亮との日本人対決をほぼ一方的な展開で制した。

井上尚弥よりも強いはずがないんだ。どんな相手と対峙しようと、気持ちは楽だった。あの経験以上のことはない。対戦相手に対し、萎縮することなく向かっていける。井上とのスパーリングと、判定までいった日本タイトルマッチが心の支えになっていた。

サポートする石原も同じ思いだった。

「やっぱり井上君とやったときの気持ちに持っていけば、百％の力を出せるし、誰が相手でも勝てる。そう考えられるのはメンタル的に大きかったですね」

田口はどんな対戦相手からも逃げることはなかった。相手を選ぶこともない。練習でもそうだった。石原は田口の弱音を一度も聞いたことがなかった。厳しいメニューを課しても、強いスパーリングパートナーを呼んでも泣き言を言わず、立ち向かっていく。

六度目の防衛戦はランク一位のロベルト・バレラとの指名試合。九回、右ストレートで倒し、プロ三十戦目をＴＫＯ勝ちで飾った。

井上との間接的な闘いはずっと続いた。

田口はＷＢＡ王者として、ＩＢＦ王者ミラン・メリンドとの二団体王座統一戦を迎えた。二〇一七年大晦日のメインイベント、チャンピオン同士の大一番だった。

試合中、少し劣勢になると、インターバルで石原が言った。

「尚弥君よりは強くないだろ？　パンチもスピードもないだろ？」

すると、田口は力を発揮した。井上と殴り合ったことを思い出し、刺激が入る。

「ほら、あのときみたいに、もっと自信を持って闘えば絶対にいけるから」

石原は、井上の話をすれば、田口が必ず次のラウンドで盛り返すと分かっていた。田口にとって井上戦は財産であり、後ろ盾になっていた。

「どんな相手であっても、試合前に必ず一回は恐怖心が襲ってくるときがある。そのときに『大丈夫かな』と弱気になるんですけど、最終的には井上戦が頭に浮かんだりして『いやあ、大丈夫だろう』と、そういう気にさせてくれるんです」

メリンドとの打撃戦を制し、三―〇の判定勝ち。ジャッジ二人が六ポイント差、一人が四ポイント差をつける完勝だった。WBA王座七度目の防衛を果たし、日本人三人目となる二団体統一王者に輝いた。

「ボクシングを始めた頃の夢が世界チャンピオンで、王者になってからの夢が七度防衛と統一王者。両方とも叶って嬉しい」

次戦で元ミニマム級王者のヘッキー・ブドラーにジャッジ三人とも一ポイント差の〇―三で僅差判定負け。王座から陥落した。その後、一階級上げ、フライ級でWBO王者の田中恒成に挑み、判定で敗れ、引退を決意した。戦績は三十三戦二十七勝（十二KO）四敗二分け。アマチュアでの経験がない「たたき上げ」が、名チャンピオンとして日本ボクシング史に名を刻んだ。

引退会見でしみじみ言った。

「井上戦があったから世界王者になれたと思います」

報道陣から質問が飛んだ。

――いじめられっ子から世界王者になった。今いじめられている子どもに掛ける言葉はありますか？

「自分がいじめられたときは誰にも知られたくなかった。特に親にばれたらショックを受ける。絶対に隠そうと親のいないところで泣いた。今思うのはちゃんと伝えればよかった。一人で抱え込まず、親じゃなくても信頼できる友だちにでも言ってほしい。絶対に一人ではないんで」

負けん気のチャンピオンから、昔の自分のような子どもたちへのメッセージ。

田口らしい引退会見だった。

石原は井上戦からしばらく経ち、田口に伝えた。

「よくやったよ。一番ボクシングで大事なこと、気持ちで負けなかったのは本当に凄いよ」

石原から見て、リング上で井上と対峙した三十分だけでなく、試合に向かっていく中身にこそ意味があったという。

「結果はともかく、井上戦に向けて必死でやった。その練習過程が素晴らしかった。今後こうやっていったら強くなるんだ、というのを田口は理解したと思うんです。その後もリングに上がる際には、あえて相手を大きく見て、相手がすごく強いとイメージした。そうすると最悪の状況を想定しながら練習できるんです。それを井上戦で学んだと思う」

分岐点は倒されたスパーリングの後、自ら井上を指名し、試合に臨んだことだとみている。

「会長は反対だったし、自分もその意見に近かったけど、田口は逃げたくないと言い張った。今考えると、あそこで逃げなかったというのが大きい。結果、その後の世界戦でも逃げずに闘えたというのがあると思います」

二〇一三年八月、田口—井上戦。判定に持ち込んだものの、セコンドの石原には「怪物」の片鱗もしっかりと見えた。

「当時の井上君はまだ荒々しい部分がありましたよね。だから、田口のパンチが当たるかなと思ったけど、対応力が凄かった。試合の中で一ラウンドごとに闘い方を変えてくる。左フックも二ラウンドから見切られて、首だけ振って外していましたから。それと足の使い方もそうなんですけど、全部が〇・五秒くらい速いんです。例えば、普通なら『ワン・ツー』とワンとツーの間に『・』が入るじゃないですか。だけど、井上君は『ワンツー』という感じで間がない。全部のスピードにおいて、そうなんです」

井上と判定までいった男

ファミリーレストランでの取材。私は田口と長い時間向き合っていた。田口は食事が一段落すると言った。

「正座になっていいですか。子どものとき、正座でご飯を食べていたんで定期的に正座したくなるんです」

靴を脱ぎ、両足を畳み、椅子に座り直した。

グローブを吊るした今だからこそ振り返ることができる。田口が体感した井上とはどういうボクサーなのだろうか。

「全部がハイレベルすぎるんです。ディフェンス、オフェンス、パンチの当て勘、スピード、フィジカル……。戦力のグラフを作るとしたら、全部の項目が十で大きい。七とか八がないんです。すべてが必殺技くらいのレベル。試合の後、スパーリングしたじゃないですか。『ジャブがハンマーみたいだった』って僕は言いましたよね。でも、本当はよく分からない。だって、あんなパンチを経験したことがないから、喩えようがない。他にそういう人がいないんですよ」

現在、ボクシング・フィットネスジム「ＫＯＤラボ」でトレーナーとして指導する。

「日本王者、東洋王者と来て世界王者。世間では東洋と世界の間に境界線があって、こっちに来られたのは大きいなと思うんです。箔がついたというか、肩書があっての指導は違いますね」

ジムに通う人たちはボクシングに詳しい人ばかりではない。ダイエットやストレス解消が目的の人、女性の会員も多い。元世界チャンピオンの看板は指導でも役に立つという。

「自分のことを知らない人に、取っ掛かりとして『この人、世界チャンピオンだったんだ』と思ってもらえる。興味を持ってくれたら、最初はやりやすいですからね」

こっちに来られた。あのとき、日本王座と世界タイトル挑戦の分かれ道にいながら、田口はあえて日本王座で井上の挑戦を受けた。目の前にぶら下がっている世界挑戦という「にんじん」に見向きもせず、厳しく、険しい道へと進んでいった。

田口は「逃げたくなかった」と言った。スパーリングより小さなグローブを着け、ヘッドギアを外し、「殺されるかも」と思った相手と闘った。

私はもう一度聞いた。

「よく井上戦を選びましたよね。しかも自分から」

「いやいや、それではみんな認めてくれないですよ」

ボクサーたちはみんな知っている。誰がどんなオファーを受けたか。誰がどういう選択をしたか。噂は広まっていき、肩書とは別の評価を受ける。

「あれだけやられて逃げるのは簡単。でも、『ああ、逃げたな』と思われるのが絶対に嫌で、特に井上君に『逃げた』と思われたくなかったんです」

「逃げた」と思われてベルトを巻くくらいなら、欲しくない。過酷な道を歩んでいき、途中で気付いた。この遠回りと思われた道は、実は近道だったんじゃないか、と。

「僕、すごく運を持っていると思うんです。タイミングとか、運ってあると思うんです」

現役生活を振り返ると、大きなターニングポイントが二つあったという。

「まずは井上君とのスパーリングです。その前と後では全然違う。あれは大きかった。その後もずっと気持ちの中で闘っていたというか、それくらい大きい存在というか。世界チャンピオンになるきっかけとなった人。そういう感覚です」

衝撃的な初対面で「絶望」に陥り、涙が溢れた。もう一つのターニングポイントは自ら選んだ井上戦。田口が神妙な顔つきで切り出した。

「たぶん、あの試合をやったからまた運が巡ってきた。いい運が来たのかなと思うんです。あの試合をやっていなかったら、世界チャンピオンになっていないと自分では思っています。あのスパーと試合はそれほど大きかったですね」

生まれた時代、同じ階級に誰がいるか、そのときのチャンピオンは、あと一年ずれていたら世界王者になれていたのに……。ボクサーにはさまざまな「たら・れば」がある。

「二〇一二年三月、日本タイトルの黒田戦がドローだったじゃないですか。もし、あのとき日本王者になっていたら、井上君とは対戦していなかったかもしれない。でも、巡り巡って井上君と試合をすることになった。井上君がいなかったら……」

井上と同じ時代で良かった。死に物狂いで練習して試合に向かい、その後は「井上より強い奴はいない」と後ろ盾になった。井上がいたから世界王者になり、七度も防衛できた。

「失礼ながら、井上戦の前、ここまでの名チャンピオンになるとは想像していませんでした」

私はそう告げた。世界王者になってから、ここまで強くなったボクサーも珍しい。

「自分でも思わなかったです。親もトレーナーも会長も、誰も想像できなかったですよ」

「井上に倒されなかった男」として評価が上がったという

井上はライトフライ級、スーパーフライ級、バンタム級、スーパーバンタム級と四階級で二十五戦を刻んだ。その中でダウンを喫していないのは田口だけだ。

田口は笑いながら言った。

「今はとんでもなく上に行っちゃって、意識もしていないですけど、『井上戦でダウンしていない男』『判定までいった男』はいい称号だなと思います」

井上が圧倒的な試合をするたび、なぜか知らないところで自分の評価が上がっていくという。

「あのときは、よくある判定負け。だけど、井上君の試合が終わるたび、LINEとかで周りから『田口さん、凄いね』『あのとき、よくやったよ』って連絡が来るんです」

そう言って話を続けた。

「『初めまして』の場面があるじゃないですか。知り合いから『元世界チャンピオンですよ』と紹介されたら『凄い』となるんです。でもね、その後に『井上尚弥と判定までいったんですよ』と付け加えられたら、もっと驚かれるんです。世界チャンピオンより上なんですよ」

世界王座より上の箔を得た。それは負けん気があったから。そして、逃げなかったから。

田口は帰り際、私に向かって言った。

「井上君との写真見ますか？　今でも携帯の中にあるので、後でLINEに送っておきますね」

食事を終え、ファミリーレストランを出た。

しばらくして、私のスマートフォンが鳴った。田口からのLINEだった。

そこに映し出されたのは、三度目の「闘い」の後に撮ったツーショットの写真。

わずかに微笑む井上の横で、田口は疲れたような、だけど、やりきったボクサーの表情でファイティングポーズを取っていた。

第二章

世界への挑戦

Adrian Hernandez

vs. アドリアン・エルナンデス
（メキシコ）

2014年4月6日　東京・大田区総合体育館　6ラウンド　2分54秒　TKO

WBC世界ライトフライ級王座獲得

井上の戦績 **6戦全勝5KO**

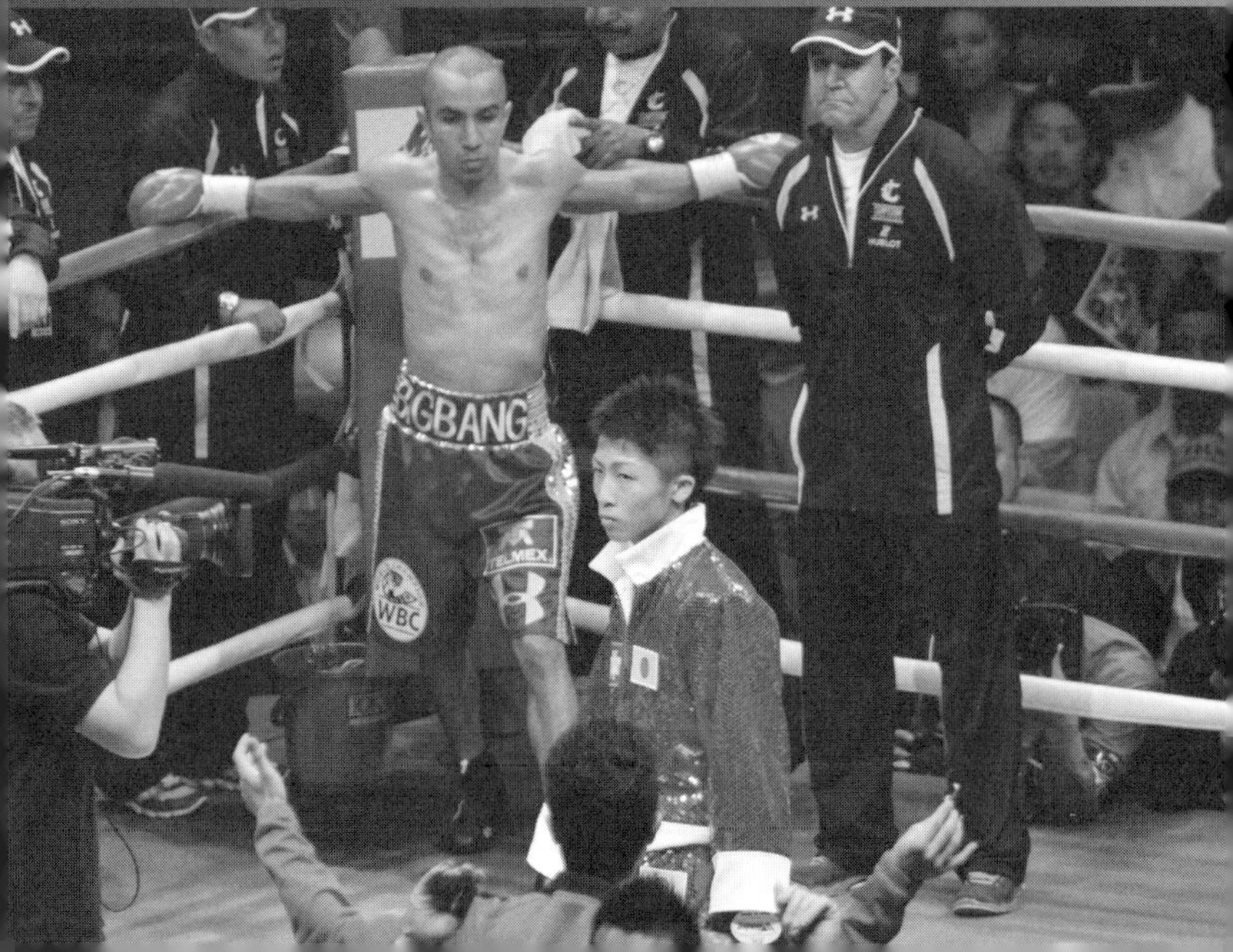

メキシコの高地トルーカへ

取材を進めていくと、汗の染みこんだグローブの重みを感じることが多かった。後楽園ホールでのアルバイトの頃とは少し違う、しばらく経っても忘れられない、心に残る重みだった。その汗はボクサーだけのものではないし、試合中だけのものでもなかった。

「蚊」の恐怖に怯える佐野友樹がさおりとともに闘いへと歩んでいく姿。

一度は倒された田口良一が反対を押し切って井上尚弥戦を主張する場面。

試合を振り返るボクサーの心の揺れ動きは臨場感に溢れ、井上と闘った者にしか表現できない言葉を口にした。

新型コロナウイルス禍でフラストレーションが溜まり、不安が募ったとき、私は佐野や田口の生き様を思い出した。既に、井上と拳を交えた選手や周囲から話を聞くことは私のライフワークになっていた。

素朴な疑問が湧いてくる。

井上と対戦した外国人ボクサーはどうなのだろうか。日本人ボクサーとは別の見方や異なる感情があっても不思議ではない。試合へ向かう過程もそれぞれだろう。可能なら話を聞いてみたい。会社は休めても十日前後で、行けるとしても一、二ヵ国が限界だ。

メキシコ在住のボクシングコーディネーター、信藤大輔に連絡を取った。信藤はスペイン語が堪能で特に中南米に強いネットワークがあり、ワタナベジム会長の渡辺均がアルベルト・ロセル

―田口戦を依頼したマッチメイカーでもあった。

すぐに返答が来る。

「メキシコや中南米で希望選手がいれば連絡は取れますよ。取材したいボクサーがいたら教えてください。おおよその日程を聞いてみますね」

信藤は、親類が日本プロボクシング協会に在籍し、幼い頃からボクシングが身近な存在だった。大学でスペイン語を学び、卒業後、メキシコのグアダラハラ大学院に留学。そのままグアダラハラに住み、現在はマリスト大学院の講師として物理と数学を教えている。

二〇〇三年四月、WBC世界スーパーバンタム級王者オスカー・ラリオス―仲里繁戦に向け、ボクシング専門誌から依頼があり、メキシコ人チャンピオンのラリオスをインタビューしたという。それを皮切りにボクシングライターとして寄稿し、時には日本人の対戦相手の交渉役としてメキシコ、パナマ、アルゼンチン、ベネズエラといったスペイン語圏のマッチメイクを務めることも多くなった。中南米のボクシング界で最も顔が利く日本人の一人だ。

「ラリオスの取材でトレーナーをしていたレイノソと知り合ったのが大きかったですね。彼がビッグネームになっていって、その周辺で仕事ができるようになったので」

トレーナーのエディ・レイノソとは毎年クリスマスを一緒に過ごす。レイノソが育て上げたのが、今や世界で最も稼ぐボクサー、サウル「カネロ」アルバレスだ。信藤はカネロとデビュー前から公私にわたり親交があり、娘の誕生日会に呼ばれるほど。信藤も「チーム・カネロ」の一員といっていいだろう。

私は取材のコーディネートと通訳を兼ねて、信藤に旅の同行をお願いした。コロナ禍による出入国の制限が緩和された二〇二二年十二月中旬、まずはメキシコへと飛び立ち、メキシコシティの空港で落ち合った。

第一の目的地はメキシコシティの西、約六十五キロメートルに位置するトルーカだった。標高二千六百八十メートルで、富士山のおおよそ七合目にあたる高地。そこには井上がプロ六戦目で闘った、元WBC世界ライトフライ級王者アドリアン・エルナンデスが住んでいる。

通常ならメキシコシティからバスに乗り、約一時間半で到着する。だが、この日は仕事納めで翌日からクリスマス休暇が始まるため、帰省の交通渋滞に巻き込まれ、三時間もかかった。途中、バスはゆっくりと峠を越える。

信藤がスマートフォンのアプリを見ながら言った。

「いま標高三千メートルを越えましたよ。ここを上り切ってから少し下ったらトルーカです。着いたら少し走ってみてください。かなりの高地だって分かりますよ。すぐに息が上がりますから」

トルーカは、ボクサーやサッカー選手が心肺機能を鍛えるため、高地トレーニングをするような場所。私は少し早歩きをするだけで息が上がり、呼吸が乱れた。急に標高の高いところへ移動したため、倦怠感があり、夜には頭が痛くなった。

そんな場所でエルナンデスは育ったのだ。

初の世界戦の相手

信藤とともに待ち合わせ場所のトルーカ郊外にある大型ショッピングモールへ向かった。到着したのは約束の十五分前。モールは数ブロックのエリアに分かれており、指定された喫茶店にたどり着くと、茶色の革ジャンを羽織ったエルナンデスが既に店の前に立っていた。体形はさほど変わらず、鋭い眼光はボクサーそのもの。大きな荷物を持った日本人の二人組に気付き、相好を崩して手を上げた。

「約束の二十分前には来ていたよ。ほら、日本人は規律を重んじるからね。約束の時間より、早く来ないといけないと思ったんだ」

そう言って微笑んだ。時間にルーズな「メキシカンタイム」からはほど遠く、誠実さを感じさせる。コーヒーの注文を済ませ、木々に囲まれた店外の広いテラス席に移動しようとすると、エルナンデスは歩きながら両手を後ろに回し、顔を突き出した。この日の五日前、井上がポール・バトラー戦で見せたポーズだった。

「これまであああいう闘い方をしたこと、あったかい？」

私は「ノー」と首を振って、問い掛けた。

「今でもずっと井上の試合を見続けているんですか？」

「うん、見ているよ」

即答だった。

腰を下ろし、向かい合う。私は取材の意図を説明した。

「きょうはありがとう。井上尚弥と闘った選手を取材しています。井上戦に限らず、あなたのボクシング人生についてゆっくり話を聞かせてください。また、リング上で体感した井上のことも知りたいと思っています。よろしくお願いします」

柔らかな日差しが心地よい。そんな天候とは裏腹に、エルナンデスの表情は少し曇っていた。警戒心か、緊張なのか。テーブルに置いた右手の人差し指をずっと上下に動かしている。「コツ、コツ、コツ」と小さな音が鳴っていた。

「自分のことを目に留めてくれてありがとう。井上戦が終わってから、こうやってじっくり話すのは初めてなんだ。わざわざ日本から来たんだよね」

「えっ、初めてなんですか？」

私が問うと硬い表情のまま頷いた。

世界戦を九度経験し、ベルトを二度巻いた元チャンピオンが「自分のことを目に留めてくれてありがとう」と真っ先に言った。その言葉が引っかかり、少し違和感を覚える。

すると、エルナンデスのほうから自信なさげに尋ねてきた。

「井上は僕との試合でどんな印象を持ったんだろう。僕は彼にとってふさわしいライバルだったのかな。何か聞いたことはあるかい？」

私はその答えを持ち合わせていない。ただ、井上にとって初の世界戦であり、初めてベルトを巻いた試合でもある。

「聞いたことはないんだ。でも、試合を受けてくれたことに、とても感謝をしているのではないかな」

曖昧であり、憶測で申し訳ないと思いつつ、そう答えるのが精いっぱいだった。

「そうか……」

軽く頷くと、しばらく黙り込んだ。空気が重い。「コツ、コツ、コツ」とテーブルを叩く音だけが響いていた。

「井上戦のこと、ボクシングのことを聞く前に、まずは家族の話や幼少期の頃の様子を教えてくれないか」

私はメキシコの世界チャンピオンがなぜボクシングを始めたか、どのような家庭環境で育ったのか、どうやって王座までたどり着いたのか、それらについても深い関心があった。

エルナンデスの表情が少し和らいだ。

「オッケー。じゃあゆっくり話していこうか」

小刻みに動かしていた右手人差し指を止め、コーヒーを初めて口に運んだ。


エルナンデスは一九八六年一月十日に生まれ、幼少期はメキシコシティで過ごした。両親は菓子屋を営み、六人兄弟の賑やかな家庭で育った。メキシコで最も盛んなスポーツであるサッカーが大好きで、仲間たちとは「ルチャ・リブレ」と呼ばれるプロレスごっこをしてじゃれ合う。活発な少年は幼稚園の頃、転機を迎えた。

「住んでいたエリアで、いじめてくる体の大きな小学生がいたんだ。それに対抗するため、母のパウラに空手道場に入れられた。でも、空手にはあまり興味を持てなくてね。そんなとき、母からグローブと小さなサンドバッグをプレゼントされたんだ。ボクシングってなんだろう、と思って興味を持ち始めたんだよ」

父のライムンドがボクシングを好きだったこともあり、空手よりもボクシングに好奇心を掻き立てられた。グローブを着けて、サンドバッグを思い切り叩く。何度も何度も。技術的なことは分からない。ただ、闇雲にパンチを打つ。それが楽しく、パンチを打ち込んでいるとなんだか少し強くなったような気がした。次第に体の大きないじめっ子を恐れることもなくなった。

本格的に始めたのは十二歳のとき。家族でトルーカへ引っ越し、近くのボクシングジムに通い始めた。パンチングボールをどれだけ叩いていられるかを仲間たちと競い合う。遊びの延長で自然と没頭していった。だが、上達すると、二十歳前後の大人とのスパーリングが待っていた。

「トレーナーから『お互いにもっと強く打て』と指示が飛ぶんだ。だから相手も思い切り打ってくる。そこで大人の力を知ったし、ある意味、ボクシングの怖さも分かってきた。いつも血をにじませて腫れた顔で家に帰っていたからね」

高地トルーカでの生活はおのずと心肺機能を鍛えてくれた。練習で追い込めばなおさらだ。少しずつ強くなっていくのが分かる。大人からのパンチをもらうまいと防御も学んだ。年上との練習でテクニックと強靱なスタミナを手に入れた。

ボクシングに熱くなる一方、高校では勉強が疎《おろそ》かになり、欠席が増え落第した。足踏みしてなかなか進級できない。

十九歳のとき、メキシコでアマチュア最高峰の地域大会「グアンテス・デ・オロ」で優勝を飾った。かつてはカルロス・サラテ、リカルド・ロペスら元世界王者も制した由緒ある大会だった。そこで伝説的なボクサーと出会う。

「ルペ・ピントールがトレーナーをしているのを知ったんだよ。彼が教えている選手を見て『僕もこういうボクサーにしてくれたらな』と思ったんだ。ハードな練習をしているところにも惹かれた。よし、勉強よりもボクシングをやっていこうと、ピントールの元を訪ねたんだ」

ピントールは元世界二階級制覇チャンピオン。メキシコではいまだ語り草となる同門対決がある。一九七九年六月三日、WBC世界バンタム級王座を九度防衛中で人気のあるサラテへの挑戦。それまでサラテのスパーリングパートナーを務めていたピントールにとって、一世一代のチャンスだった。激しい試合は一進一退の攻防となり、十五回判定までもつれ込んだ。際どい勝負だった。下馬評を覆し、勝利の女神はピントールに微笑んだ。二度目の防衛戦では東京・日本武道館で村田英次郎を相手に十五回判定でドロー、七度目の防衛戦では愛知県体育館でハリケーン照《てる》を十五回KOで退けた。一九八五年にはWBC世界スーパーバンタム級王座を獲得し、二階級でチャンピオンの座に就いた。

強さだけではなかった。ピントールは貧しい家庭環境下で、幼い頃からアイスクリーム売りをして大家族を支えた。富と栄光に飢えたボクサーが黙々と練習に励み、節制を続け、世界王者となり大金をつかむ。誰もが憧れるサクセスストーリーを成就させ、多くのメキシカンの共感を得ていた。引退後、トレーナーとしても、メキシコのプロボクシング新人王にあたる「シントゥロン・デ・オロ」で四人のチャンピオンを輩出し、成果を上げていた。

エルナンデスは指導者となった名ボクサーに一目惚れした。

二〇〇五年、師弟関係が始まった。それまでエルナンデスはただ漠然とボクシングに取り組んできた。だが、ピントールに教えを請い、考えが変わる。

「おい、俺たちは大きな夢を目指しているんだからな」

毎日のようにそう励まされた。最初はよく意味が分からなかった。しかし、何度も繰り返して言われるうち、頭の中に染みこんでいった。

「ピントールとはとにかく練習をしたんだ、身を捧げるようにトレーニングしたね。それで初めて夢ができたんだ。プロになって世界チャンピオンになる。そのアイデアを与えてくれたのがピントールなんだ。ジムに行くたび、『大きな夢があるんだからな』と言われ、どんどん頭の中にインプットされていった。彼が僕に夢を与え、成長させてくれたんだ」

アマチュア戦績四十戦三十七勝三敗。好成績を引っ提げ、師とともにプロの道へと進んだ。

伝説のボクサーは語る

エルナンデスを取材した翌日、私はピントールからも話を聞くことになっていた。

待ち合わせ場所にはピントールの地元クアヒマルパのショッピングセンターにある中華レストランを指定された。私たちは六十七歳の殿堂入りチャンピオンを絶対に待たせてはいけない、という思いがあり、かなり早めに着いた。

ボクシング王国のメキシコでは各年代で時代を背負うボクサーが現れた。

一九六〇年代には世界フェザー級王座を七度防衛したビセンテ・サルディバル。七一年、ルーベン・オリバレスは金沢和良と「世紀の死闘」を演じた。歴代屈指のバンタム級ファイター、サラテは「KOアーティスト」と称され、八〇年代後半からフリオ・セサール・チャベスは世界的なスーパースターとなった。最軽量級のロペスは大橋秀行から王座を奪い、無敗のまま引退した。二〇〇〇年代にはマルコ・アントニオ・バレラ、ファン・マヌエル・マルケス、エリック・モラレスがマニー・パッキャオと名勝負を量産した。二〇一〇年代に入り、世界のボクシング界を牽引した「カネロ」ことアルバレスもいる。著名なチャンピオンの名前が次々と浮かぶ。

私は信藤にメキシコでのピントールの人気と評判を尋ねた。

「自分の印象が正しければ、メキシコを象徴しているような存在です。なぜかというと、顔立ちが先住民系だから。スペイン系、ヨーロッパ系とか白人系のメキシカンとはちょっと違いますよね。だから、みんなが親近感を持っている。ニックネームが『クアヒマルパのインディアン』なんですよ。見た目からして、メキシコ人を象徴している選手の一人と言っていいです」

メキシコでは強いだけでは愛されないという。

そんな話をしていると、ピントールが妻のビルヒニアと腕を組んでやってきた。

ピントールは肌つやが良く、浅黒い光沢をまとっていた。身長はさほど高くないが、足が長くて腰の位置が高い。細いスキニーのジーンズがスマートな体形をより際立たせる。十二歳年下の妻は顔立ちがはっきりしていてモデルのようだった。二人が現れただけで華やかな雰囲気になる。

「おお、待たせたね。わざわざ日本から来たのかい？　現役時代、日本人にはとても良くしてもらったんだ」

ピントールはそう言って、手を差し出し、私たちは握手を交わした。

中華レストランに入り、席に着くなり、ピントールは日本での村田戦について語り出した。一九八〇年、梅雨時の纏《まと》わりつくような気候が忘れられないという。

「日本の蒸し暑さは本当に大変だったよ。メキシコではここよりもさらに高地の場所でトレーニングをして肺活量を上げていったんだ。当時は直行便がなくてロサンゼルス経由で東京に入ったんだけど、日本独特の湿気に体調がやられたよ。用意していったものがすべて狂わされたんだ」

「逆に日本人がここに来たら、酸素が薄くてやられますよ」

私はそう言って、歩けば息が上がり、いまだ頭痛がすると伝えた。グラム単位の減量を伴うボクシングは、やはりホームが有利に働く。

テーブルには食べきれるのかと思うほどの料理が並べられた。

「よし、食べよう！」

ピントールの言葉を受け、私はやんわりとお願いした。

「食べながらでいいので、エルナンデスとの話を聞かせてもらえませんか？」

そう伝えると、眩しいくらい明るかったピントールの表情に一瞬、陰りが見えたのを私は見逃さなかった。

「もちろん、大丈夫だよ」

ピントールは平静を装い、五十歳の頃の出来事を思い起こし、一語一語丁寧に話し始めた。

エルナンデスを初めて見たときの衝撃を鮮明に覚えている。

「とても優れたボクサーで、とにかくパンチ力が凄かった。新人としては常識を超えていたね。原石のように磨けばまだまだ光る。パワーがあるから上の階級でも通用する。ライトフライから始まってフライ、スーパーフライ、バンタムと世界四階級制覇をできるんじゃないかと本気で思っていた。だから、彼を中心に素晴らしいチームを作っていこうと思ったんだ」

ピントールはエルナンデスの才能に一目惚れした。生まれながらのパンチ力がある。攻防の技術は教えればいい。あとは日々の鍛錬、積み重ねが鍵になる。

メキシコでボクサーとして成功するために、最も必要なものは「規律」だという。なぜなら、決められた時間に集合する、与えられたメニューを最後までやり遂げる、目標に向かって全力で挑む、自分を追い込む。そうしたことが苦手なメキシカンが大半だからだ。

ピントールは私に向かって諭すように言った。

「この国に規律というものはほとんどないと思っていい。日本とは別世界だよ」

「日本でも自分を律することはとても難しいですよ」

私がそう言うと、ピントールはすぐに打ち消した。

「いやいや、そういう次元ではないんだ。もちろん、人が来たとき、もてなしはできるし、楽しく話すこともできる。だけど、目標に到達するために力を注いだり、約束事を守れる人はなかなかいない。そこをしっかりすれば、メキシコでは他人と差をつけられる。規律は時間厳守から始まる。あとはお互いに約束したことを守ることだね」

だから、当初は時間を守れなかったエルナンデスに対して、何度も怒鳴った。

「馬鹿野郎、絶対に遅れるな。約束した時間にジムに来ないと駄目だぞ」

ボクサーの意識から変えていかなければならなかった。

ピントールが言う。

「ボクシングというのはさまざまなプロセスを経て、長い年月をかけて技術を磨き、選手に合ったスタイルを築き上げていくものなんだ。規律を守らなければ、毎日毎日のプロセスを踏めないし、計画通り進めることができない。すべての土台になるのが規律だよ」

二人は会話を大切にした。ピントールはボクサーとしての経験を伝え、持っているものすべてを授け、エルナンデスは師を信頼し、慕った。

技術面ではエルナンデスの構えから直し、基礎を丁寧に教えた。特にピントールが得意としていたボディーブローの大切さを説いた。何度もボディー打ちを反復する。右のボディーストレート、左のボディーフック。毎日毎日、動きが体に馴染むまで繰り返した。

強くなるのに秘密や秘訣はない。ただ練習をするだけ。その考えは二人で共有していた。

師弟関係は突然終わりを告げた

エルナンデスは二〇〇六年三月にプロデビューを果たし、一回ＴＫＯ勝利で飾った。

メキシコの新人王にあたる「シントゥロン・デ・オロ」の決勝戦も一回で仕留めて優勝。最優秀選手に選ばれ、賞金二万ペソとトロフィーを手にする。周囲からは早くも「世界チャンピオン候補」と呼ばれた。

七戦全勝六ＫＯで迎えたプロ八戦目、期待の新星として、日本のリングに招かれた。

ピントールが経緯を語る。

「確か、帝拳プロモーションからＷＢＣに『いいプロスペクト（期待の若手選手）はいないか』と要請があったんだ。ローマン・ゴンサレスがそうなったように、帝拳はもし可能ならば、外国人王者に育て上げて売り出す計画があったのだろう」

二〇〇七年五月三日、東京・有明コロシアムで行われたトリプル世界戦、ＷＢＣ世界バンタム級王者長谷川穂積《ほづみ》、ＷＢＡ世界スーパーフェザー級王者エドウィン・バレロ、ＷＢＡ世界スーパーフライ級王者名城《なしろ》信男の前座に登場。百十三ポンド（五十一・二五キロ）契約六回戦で韓国の孫京辰《ソンキョンジン》に大差判定勝ち。翌月には東京・後楽園ホールでフライ級六回戦に出場し、デスペラード泰《やす》に四回二分四十秒ＴＫＯ勝ち。将来を嘱望されたエルナンデスは二度の来日を果たし、注目度を高めていった。

ピントールが懐かしんで言った。

「彼にはとにかくトレーニング、トレーニング、トレーニングと言ってきた。世界チャンピオンになるというビジョンとボクシングに深い愛情を持つことが重要だったんだ」

師から見ても、エルナンデスは集中力がある。約束を守るようになり、自分自身に対しても厳しい。練習に打ち込む姿勢は人並み外れていた。規律を守り、ボクシングに没頭していった。

エルナンデスは毎朝六時に起床し、走ることが日課になっていた。ある日、起きてすぐにロードワークへ出かけた。なかなか日が昇らない。走り尽くして疲労困憊になり、家に帰って時間を確認したらまだ朝の四時だった。

「あまりにボクシングに熱中していたからね。とにかく起きたらすぐに走るものだと思っていた。それくらい四六時中ボクシングのことを考えていたんだよ」

ピントールとのコンビで順調にキャリアを重ね、プロ三年間で十三戦全勝十一ＫＯ。ＷＢＣの地域タイトルを次々と手にした。得意の接近戦では上下に打ち分け、特にピントールから習ったボディー打ちが冴えわたる。ここぞの場面では一気にたたみかけた。突出したパワーで軽量級とは思えないＫＯの山を築いた。

無敗で迎えた十五戦目。ＷＢＣの地域タイトルマッチだった。格下と思われたオスカール・イバーラに六回ＴＫＯ負けを喫した。

エルナンデスが苦々しい顔で振り返る。

「あの試合はカットして試合がストップされて負けたんだ。とはいえ、明白な負けだったと思う」

プロ初黒星をきっかけに、築き上げてきたものが崩れていく。負けたのは自分の実力不足ではない。きっと環境が悪いんだ……。

エルナンデスはピントールに切り出した。

「関係を解消してほしい。他のところに行こうと思っている」

しばらく二人の間に沈黙が流れる。

ピントールは努めて冷静に言った。

「よくよく考えて言っているのか?」

再び沈黙の時間が続いた。何も話さないことが返事と思ったのか、ピントールが口を開く。

「おまえがそういうふうに考えたのなら出ていきなさい」

そして念を押すように愛弟子に伝えた。

「その代わり、一度出たらもう戻ってこられないからな」

エルナンデスはその場を去り、別れを告げた。

これまで四年にわたり、二人三脚で歩んできた。いつも隣にはピントールがいた。だが、二人の師弟関係は初黒星をきっかけに突然終わった。

ピントールにとって、寝耳に水だった。

「私から追い出すようなことは一切言っていない。彼の決断だ。私との仕事に価値を見いだせなかったのなら残念だ。エルナンデスを私のある知人に紹介したんだ。最終的には彼がエルナンデスを奪うかたちになった。『他のところに行ったほうが強くなるよ』と入れ知恵したんだろうな。一つの負けをきっかけに、フラストレーションや気持ちをコントロールできずに離れてしまったのは本当に残念だよ。負けたときこそ一番重要で、これまでの仕事を落ち着いて見直す機会なんだ。エルナンデスの場合、敗戦と向き合わず、誰かのせいにしたかったんだろうな」

負けの責任をずっと付き添ってきた師に負わせたのだった。

ピントールはこれを機に、本格的なトレーナー業から手を引いた。情熱があり、引退後もボクシングにすべてを捧げてきた。だが、愛弟子からの決別宣言は大きなショックだった。

「エルナンデスはそれだけの逸材だった。実際、私が見てきた中で一番素晴らしい選手だった。生まれ持ったもの、他の選手にはないものを持っていた。そういうボクサーを見つけるのは大変だし、巡り会えたことに感謝している。だから、彼が出ていった時点で、誰かと一緒にトレーニングする意欲が失せてきたんだよ」

練習は厳しいが、ボクシングを離れれば、愛弟子を我が子のように可愛がる。大切な息子が急に去っていったような気持ちだった。

井上はあまりに幼く見えた

師に別れを告げた後、エルナンデスはトレーナーを次々と替えていった。元世界王者のホセ・ルイス・ブエノ、同じく元世界王者のセサール・バサン、名トレーナーのルディ・ペレスやナチョ・ベリスタイン、豪州から世界四階級制覇王者のジェフ・フェネックを特別コーチとして招いたこともあった。

再起から勝利を重ね、プロ二十三戦目。二〇一一年四月三十日、ＷＢＣ世界ライトフライ級王者ヒルベルト・ケブ・バースを十回ＴＫＯで倒し、念願の世界王座を獲得した。

「あれは本当に気分が良かったね。このスポーツをやり始めてから常になりたいと思っていた夢が叶った。すべてのボクサーが望むことだからね。とても幸せな気持ちになれたよ」

世界王者になり、多くの人が寄ってくる。だが、高いモチベーションは変わらなかった。標高二千六百八十メートルのトルーカで規律を守って練習に励み、さらなる高地合宿を組むことも多かった。

「近くに標高四千メートル超の雪山があるから週末はそこを走るようにしていたんだ。あとは試合前になれば、オトミでも集中的な合宿をやったね」

オトミとは、標高三千メートル超のセントロ・セレモニアル・オトミのことだった。メキシコシティの西にあり、チャベス、バレラ、モラレスらメキシカンボクサーがこぞって合宿をする山地だ。ジムとロッジしかなく、トレーニングに集中できる。メキシコシティやトルーカよりも高地のため、心肺機能が鍛えられ、たとえ長期戦になっても疲れない。エルナンデスもまた、オトミで合宿を積み、世界戦に臨んでいた。

二〇一一年十二月二十三日、ＷＢＣ世界ライトフライ級王座二度目の防衛戦。敵地タイに乗り込み、ランク三位のコンパヤック・ポープラムックと対戦した。序盤から激しい打ち合い。エルナンデスは左右のフックをボディーに決め、時にアッパーを突き上げる。挑戦者も負けじとクリーンヒットを量産し、応戦した。八回終了時の公開採点ではジャッジ二人がドローの接戦だった。だが、タイの暑さがエルナンデスの体力を消耗させていく。迎えた十回。連打を浴びて崩れ落ちるようにダウン。そのまま立ち上がれず、テンカウントを聞き、プロ二敗目を喫した。

「あのときは自分のコンディションが悪かったたし、タイの気候もあって、七回にスタミナを切らせてしまった。そうしたら相手がニヤニヤしながら『こいつ疲れてやがる』みたいな態度をとってきたんだ。それがとても悔しくて、本当に腹が立った。ある意味、個人的な怒りがあったんだ。だからプロモーターにどうしても再戦したいと頼み込んだんだよ」

敗戦よりも、相手に侮辱された悔しさが上回る。怒りをモチベーションに変え、練習に打ち込んだ。馬鹿にされたシーンが頭に浮かんでは「絶対に倒して勝つんだ」と闘志を燃やした。

約十ヵ月後の再戦は地元トルーカに王者を呼んだ。序盤から激しい打ち合いで、三回には左ボディーでダウンを奪う。六回にボディーを効かせてから、顔面に左フックをたたき込み、TKO勝ち。雪辱を果たし、王座に返り咲いた。


二〇一四年二月八日、四度目の防衛戦でキャリア十三戦のハニエル・リベラを三回であっさり仕留め、安定王者が見え始めてきた。その勝利からわずか五日後となる、二月十三日、五度目の防衛戦として井上戦が発表された。

試合間隔は二ヵ月もない、四月六日。場所は東京・大田区総合体育館。世界戦では異例となるタイトなスケジュールだった。

エルナンデスはプロモーターから告げられた。

「次はイノウエだよ」

初めて聞く名前だった。

「分かった」

短い返事をしただけだった。

「お願いしたタイ人との再戦も組んでくれたし、マネージメントに問題がないことは分かっていた。だから言われた通りの試合をやるだけだったんだ」

戦績を見れば、三十二戦二十九勝十八ＫＯ二敗一分けの王者に対し、ＷＢＣ世界ライトフライ級四位の井上は二十歳で五戦（五勝四ＫＯ）の経験しかない。前戦で地域タイトルの東洋太平洋王座を獲得したばかりだった。

脂の乗った二十八歳のエルナンデスには自信があった。得意の接近戦には磨きがかかり、この階級ではパワーも突出している。前戦は一方的な三回ＴＫＯ勝ちでダメージはない。練習の蓄積もある。

「自信過剰になったわけではないけど、これまでの経験を考えたら井上は僕のプロのパンチを感じることになる。こっちが有利な展開になると思っていた。たとえ厳しい試合になったとしても、最終的に勝つのは自分だと考えていたね」

メキシコ国内でも圧倒的に「王者有利」の雰囲気が漂っていた。エルナンデスの不利を予想する者は皆無に等しい。それどころか、「イノウエ」「モンスター」の名はまだメキシコに届いていなかった。

エルナンデスは井上のビデオを二試合チェックした。

「左のボディー打ちが巧いな」

その程度の印象しか残らなかった。

前戦から二ヵ月弱、予定通りの練習を消化し、万全の調整で日本へと飛び立った。これが三度目の来日。過去二度の将来を嘱望された六回戦ボクサーのときとは違う。今度は世界チャンピオンとして、日本のリングに上がる。

試合三日前、東京都内で行われた予備検診で、井上と初めて対面した。まだ二十歳のあどけない顔つき。こんな少年のようなボクサーと闘うのかと驚いた。

「正直言って、子どもかと思ったよ。見くびったわけじゃない。リスペクトを持ちつつ、だけど容姿や顔立ちが本当に子どものようだったんだ。あまりにも幼く見えたんだよ」

湿気のある日本の気候は微妙に最終調整を狂わせた。体重が思うように落ちない。減量がきつい。あと二百グラムに苦しんだ。試合前日、藁にもすがる思いで髪の毛を切る決断をした。

「父に相談したら『やれ』と言われたんだ。丸刈りにして、少しでも軽くなればと思ったね。焦燥感から何でもいいからとにかく体重を落としたかった。ウエイトオーバーでベルトを手放し、日本のみんなと約束した試合を台無しにすることだけは避けたかったんだ」

一方、プロ六戦目の井上は、井岡一翔の七戦目を抜く日本選手最短での世界王座獲得が懸かっている。

「何が何でも勝つ。チャンピオンになって歴史的な日にする」

そう意気込むと、減量は今回が一番きつかったことを明かした。そして、頭をきれいに刈った王者に視線を向け、冷静に言った。

「坊主（頭）にしても体重が変わるとは思わない」

両者は計量でリミットの四十八・九キロでクリアした。あとは試合を迎えるだけだった。

サプライズ

リングには通常の倍ものスポットライトが当たっていた。

試合を生中継するフジテレビは、日本選手最短での世界王座を狙う井上のために米ラスベガス仕様の照明をセットした。カクテル光線が交差する中、両者が入場すると、尚弥コールが沸き起こる。観衆は四千三百人。会場の大田区総合体育館は異様な盛り上がりをみせていた。

試合開始のゴングが鳴った。

井上の鋭い左ジャブが次々飛んでくる。接近戦を目論むエルナンデスは頭を振って、中に飛び込めるか気配を窺った。

開始一分、試合が動いた。

左ジャブがあごをめがけてきたと思い、それに意識を奪われた。次の瞬間、何が起こったのか分からなかった。何のパンチが飛んできたのか、一切見えなかった。エルナンデスは気が付いたら右のボディーストレートを鳩尾《みぞおち》に食らっていた。足がもつれ、一瞬よろける。

「あれはサプライズだった」

驚いたと同時に深いダメージを負った。

コーナーに押し込まれ、ボディーブローが伸びてくる。腹を防御すると、今度は顔面にパンチが来た。明らかにペースを握られた。接近戦で前に出るつもりが自然と下げられる。

腹が効いていた。「これ以上ボディーを打たれたら……」と思い、おのずとガードは下がる。すると顔面を刈るような左フック二連発が飛んできた。ロープを背負い、顔面のディフェンスを意識すると、左ボディーをまともに被弾した。試合前、ビデオでチェックした、あの警戒していたボディーブローだった。

腹に食らった右ストレートと、えぐるような左ボディー。

開始のゴングからわずか一分四十五秒で、強烈なダメージを負った。

ここからは回復するのを待つしかなかった。被弾を避け、ただ、時間が過ぎるのを待っていた。

「のっけからやられた。井上のボディーの強さを初回で思い知らされた。回復に時間がかかるなと思ったよ」

持ち味の接近戦で闘うプランは一気に崩れた。肉弾戦にいくどころか、腹には明らかなダメージがあり、井上の圧力が強く、自然と下がってしまう。一回を凌ぎ、次のラウンドも回復に費やすしかない。

第二ラウンドになっても腹の痛みは消えなかった。効いてしまい、何もできない。足を使い、ガードを固め、防御一辺倒になる。もうディフェンスで精いっぱいだ。

「どうしたらいいんだ……」

首を振ってコーナーに戻った。

「もっとプレスをかけるんだ」

インターバルでセコンドから指示を受けた。分かっている。だが、腹のダメージが消えず、接近戦に持ち込めないのだ。

三回。右ストレートを浴び、左目の上をカットした。深い傷だった。滴り落ちる血が気になる。

「出血で試合を止められるのが怖かった。挽回しないといけないし、三回が終わったくらいからボディーもようやく回復してきて、前に出られるようになったんだ」

次のラウンドが勝負だ。四回、ようやく接近戦になった。この試合で初めてのことだ。だが、強烈なパンチを食らった腹に意識がいき、ガードが下がる。顔面にパンチを浴びた。

二分過ぎ。めげずに井上を追い掛けて左フックからの右ストレートを放った。

「右の相打ちになってもいい。当たれば自分のほうに流れが来る」

しかし、倍になってスピードに乗ったコンパクトな連打が飛んでくる。ガードの上から浴びてもダメージがあった。四回終了時の公開採点はジャッジ三者とも四〇―三六。井上のフルマークだった。

「井上はスピードがあるし、パンチも的確。序盤からあらゆる面でサプライズを与えられたんだ」

五回。なんとか流れを引き寄せようと、がむしゃらに前へ出る。なかなかパンチが当たらない。だが、序盤と比べれば、接近戦に持ち込めるようになってきた。

一分四十秒過ぎ。初めての見せ場といっていいだろう。ロープに詰め、左右のフックを上下へ打ち分けた。その後も距離を縮めて攻勢をかける。たまらず場内から尚弥コールが起こると、少数のメヒココールも応戦する。

六回も続けて前に出た。右のフック、ボディーへの左右フック。作戦通りの接近戦だ。激しい打ち合い。井上も足を止めている。エルナンデスは「ここが勝負」とみた。

だが、二分三十秒過ぎ、右ストレート、左フックを顔面に食らい、少し下がった。井上の手数が多い。左アッパーは躱したものの、右ストレートがあごに伸びてくる。もう避けきれなかった。まともに被弾し、ひざまずくように前のめりに倒れた。

この試合、初めてのダウン。

カウント・スリーで立ち上がる。だが、ファイティングポーズは取らない。ラウンド終了まで残り十秒を告げる拍子木が鳴った。すると、井上に背を向け、そのままロープにもたれかかった。

レフェリーは試合ストップをコールした。

六回二分五十四秒ＴＫＯ負け。エルナンデスは王座から陥落した。

「ゴングが聞こえたような気がしたんだ。だからラウンドが終わったのかと思ってしまい、ロープに寄りかかったんだ。いずれにしても、あのときは深く傷ついていた。立ち上がって、足元は大丈夫だったけど、もう頭はフラフラだったから正常な判断ができていなかった。ボディーの被弾から始まって、完全に力尽きた感じだったよ」

井上は日本ボクシング史上最短の六戦目で世界王座を獲得した。両手を突き上げ、キャンバスに飛び込み、歓喜を表現した。父でトレーナーの真吾に肩車をされ、リングを一周する。テレビ中継の勝利者インタビューが始まった。

――今の巻いているベルトの重みというのは？

「どうですか、皆さん。似合っていますか、ＷＢＣのベルト！」

――最後は井上選手らしいノックアウトでの決着でしたね。

「すごく楽しかったです。こんな打ち合い、プロになって初めてだったので。途中で苦しい場面もあったのですが、小さい頃の夢、絶対叶えるという思いで闘いました」

新王者を祝福する大歓声が沸き起こる中、エルナンデスはリングから引き揚げた。

酒浸りの日々

インタビューをしている間、エルナンデスの右手人差し指がテーブルを叩く「コツ、コツ、コツ」という音は少しずつ速度を弱めていった。取材になのか、私に対してなのか、警戒心を抱いている。同時に、心の底から嫌がっているわけではないことも伝わってきた。私は矢継ぎ早に質問をせず、じっくり耳を傾けようと思った。極力、話を聞く。穏やかに相槌を打つよう心掛けた。エルナンデスの人差し指は、コーヒーが冷める頃にはもう動かなくなっていた。

「あの一ラウンドのボディーがすべてだった。あれがずっと尾を引いていたんだ。腹を意識してしまい、今度は顔面にパンチをもらう。それで左目の上をカットしたんだ。開始すぐにもらったボディーで勝負は決まっていたのかもしれない」

試合は第一ラウンド、開始一分の右ストレート、一分四十五秒の左フック、腹への数発で決着していたのだ。

「だけど……」と強調して続けた。

「四、五、六ラウンドは序盤と違って接近戦に持ち込めた。何発かいいパンチも当てられたと思うんだ」

中盤の接近戦こそが王者の意地であり、試合を思い起こしたとき、心の支えになっていた。

当時、井上の名はまだ世界に伝わっていなかった。エルナンデスは井上を、プロ六戦目、二十歳の若きチャレンジャーとして捉えていた。

「あの頃は、まだ『モンスター』ではなかったかもしれないね。ただ、とにかくリング上では驚かされた。スピードがあるし、パンチも的確。あらゆる面でサプライズを与えられた。僕自身はボクシングで『ボディー打ち』が一番大事だと思っている。井上はそれをすべてマスターしていた。あのレバーに被弾したボディー打ちはまるで交通事故のようだった。悔しいけど、明確に倒された。驚かされたという他なかったんだ」

向き合ってから一時間半が過ぎた頃、私にはどうしても聞いておきたいことがあった。

「井上は途中から左足をつった状態だったんです。試合中に気付いていましたか？」

エルナンデスが「うん？」と言って、私の目を見つめた。

逆に質問してくる。

「何ラウンドくらいから？」

「三ラウンドの終わりぐらいから、減量苦による脱水症状で足がつりそうになって……」

信藤が日本語からスペイン語に通訳すると、「えっ、本当なのか？」と明らかに愕然とした表情に変わった。

「マジかよ、知らなかった……」

試合から八年半後に知った事実。

狼狽するエルナンデスに、私なりの見解を伝えた。

「接近戦になったのは、あなたがボディーのダメージから回復したことに加えて、井上は足が使えなくなった。それが重なってあの展開になったと思う」

自分の闘いに持ち込めたと思い込んでいた。敗れたとはいえ、そこに誇りを感じていた。まさか要因の一つに井上のアクシデントがあったとは――。

エルナンデスはしばらく視線を合わせず、どこか遠くを見ていた。何か、思いを巡らせているようだった。

「そうか……。本当かい。まったく分からなかった」

プロ三敗目は完敗だったと改めて痛感した。

何か吹っ切れたのだろうか。心の中で頑なに守ってきた大事なものが溶けていくかのように話し始めた。

「試合後しばらくしてから、もう引退しようと思ったんだ。まだ二十八歳と若かったけどね」

続けて、これまで一切明かさなかった私生活を口にした。

「王座を失って酒を飲むようになったんだ。僕はボクシングを真剣にやると決めてから禁酒をしていた。だけど、井上戦後は好きなときに好きなだけ飲みまくっていた。節制していた食事は過食になり、体重もすごく増えた。以前のようなリズムで練習することもできなくなったんだ」

私は黙って聞いていた。

エルナンデスはまるで自白するかのように、次々と明かしていく。

「結婚を約束していた彼女とも別れたんだ。試合に負けてメンタルが傷ついて、体力もモチベーションも落ちて、ずっと大事にしてきた規律も失ってしまった。堕落した生活を送り、もう、すべてが嫌になってしまった。それで彼女と別れることになったんだ」

荒《すさ》んだ生活。それが半年続いた。

一つの敗戦で人生が変わる。心と体に大きな傷を負った。

プロ初黒星の際には、ピントールに別れを告げた。そして、今度はボクシングをするうえで最も大切にしてきた規律を乱し、酒浸りの日々になった。これまで長らく保ってきた緊張の糸がぷつりと切れる。堕落するのはあっという間だった。

「終わっちゃったな……。そういう意味では僕にとって、井上戦の負けはかなり難しい問題だったんだ」

　すべてを告白し、吐き出すように、ため息交じりに言った。

　再起を決意したのは、もう一度頂点を目指すためではなく、健康のためだった。練習を始めたが、以前のようには打ち込めない。井上戦から七ヵ月後に復帰戦を行い、中堅選手に二回KO勝ち。過去の財産で勝利を手にしたが、ボクシングは甘くない。次戦は左目をカットされTKO負け。その次はダウンを奪われ判定負けで二連敗を喫した。二〇一五年八月を最後にリングから遠ざかった。しばらく引退はせず、だからといって試合もせず、仕事に就くこともなく、ずるずると井上戦の敗戦を引きずった。何年経っても消化できず、ただ時間だけが過ぎていった。

敗戦に向き合えなかった

　中華レストランで次々と料理を平らげていたピントールの手が止まった。

　私が、井上戦の後、エルナンデスが自暴自棄になってしまったことを伝えたからだった。顔をしかめ、一呼吸置いて声を絞り出した。

「知らなかった。彼には真面目なイメージしかないから。そんなふうになったのは想像がつかない」

　ピントールは自身の現役時代を思い出す。世界王者になる前、アルベルト・ダビラに敗れた。悔しさにまみれながら、自信過剰になっていたこと、ボクシングの世界に弱い対戦相手なんていないこと、準備の大切さを痛感した。雪辱を期し、より一層練習に励んだ。再戦が新たなモチベーションとなった。世界王者となり、ダビラを挑戦者として迎え、判定勝ちしたときの満足感は忘れられない。チームの結束も固かった。みんなで一緒になぜ負けたのかを考え、立ち上がり、乗り越えた。次は勝とう、絶対に勝つんだと前へ進んでいった。

「例えば、エルナンデスが一回目に負けたとき、きちんと敗戦に向き合っていれば、井上に負けてもぐちゃぐちゃにならずに済んだのではないか。きっと感情的になって自分で自分を壊してしまったんだろうな」

そう言うと、メキシコのことわざを口にした。

「『En el pecado lleva la penitencia.（罪は苦行を導く）』。この言葉の通り、何か悪いことをしたら罰が当たる。それに例外はない。彼の気持ちは分かる。フラストレーションが溜まって、キャリアが終わってしまって、何も言えないだろう。やりきれない心情だろう。だが、間違いを犯したのは彼なのだ」

話が一段落すると、ピントールはじっと聴いていた妻の頬に軽くキスをした。

心のどこかに寂しさがある。悔しさがある。かつて深く愛情を注いだ息子のような存在。その息子が苦しんでいる。

決別後、ボクシング会場などでエルナンデスを何度も見かけた。挨拶を交わすことはあっても、それ以上の会話はなかった。次々とトレーナーを替えていく姿を見ては、「いい指導を受けていないんだな」と心の中で思った。妻のビルヒニアを通じて伝えられたことがある。「ピントールのチームから離れたことをすごく後悔しています」。エルナンデスは半分泣きながら「間違いだった、間違いだった」と何度も繰り返し、妻に過ちを悔いていたという。

だが、ピントールの心は揺るがない。

「もう戻ってこられないぞ」

あのとき伝えた言葉に二言はなかった。


「思い出してくれてありがとう」


エルナンデスは冷え切ったコーヒーを飲み干した。まるで憑きものが落ちたかのように饒舌になっていた。

二〇二一年十月、約六年半ぶりに復帰をしようと計画を立てていたときだった。

同世代で、ともにメキシコの軽量級を賑わせてきたモイセス・フェンテスがＴＫＯで敗れた後に倒れ、開頭手術を受けた。その後、リハビリをしていると聞いていたが、訃報が入ってきた。三十七歳だった。

「モイセスとは会えば挨拶をするし、若いときに対戦の話もあった。素晴らしいボクサーだと認識していた。だから彼が亡くなったときは本当にショックだった。それがきっかけで僕もボクシング人生に区切りをつけないといけないと思ったんだ」

中途半端な気持ちでリングには上がれない。ボクシングは命の危険も伴う。盟友の死によって、エルナンデスはようやく現役への未練を断ち切ることができた。

「では、ボクシング人生を振り返って、井上戦はどういう意味がありましたか」

私の問いに対し、エルナンデスからしばらく答えは返ってこなかった。じっと考え、悩んでいるようだった。

「何が良かったかと言えば、人を見くびっちゃいけないということを学べたことかな。闘う前も、井上のことは良い選手だと思っていた。だけど、リング上ではそれ以上のものを感じた。人を見くびっちゃいけない。それは人生の教訓になるんじゃないかな」

試合までの準備期間、相手の戦績や年齢、ビデオを見た印象、幼く見えた容姿。自分の心に少しでも隙がなかったか。井上を見くびっていなかったか。

ボクサーの一敗は重い。エルナンデスにとっても、それは例外ではなかった。井上戦で人生が変わった。

「一つの負けによって、いろいろなものが変えられてしまう。アルコール、過食、婚約者。すべてが終わっちゃったな。そういう意味では本当に厳しい負けだった」

そして、ボクシング人生を振り返ったとき、もう一つ悔いの残ることがある。

「思い返せば、ピントールの存在は本当に大きかった。その点は強調したい。父、母、家族、プロモーターの存在も大切だったけど、僕にとってピントールの教えは本当に重要だった。彼には借りがあるんだ」

師の元を離れ、しばらく経ってから過ちを犯したことに気付いた。だが、もう戻れない。現役時代、心の中でずっとピントールを追い掛けていた。この場面でピントールならどうするだろうか。何と言ってくれるだろうか。そんなことばかり考えていた。

「よく考えずに関係を終わりにしてしまったのは本当に馬鹿だったと思う。負けた後、一度休んでリフレッシュした後にどうするべきかを考えればよかった。彼と関係を続けて、その後もいろいろ教えてもらうべきだったなと思う」

稀にボクシングのプライベートレッスンで指導をする機会はあるが、定職には就いていない。

「これからの夢はありますか？」

私がそう問うと、しばらく黙り込んだ。考えた挙げ句、ようやく口を開いた。

「ボクシング以外でビジネスだったり、何か自分で仕事を手掛けられたらいいな」

特に具体性があるものではなかった。次の目標は決まっていない。まだ未来を描けていない。

まだあの一敗が尾を引いている。

あの日からずっと……。

「あとは結婚したい。結婚してファミリーをつくりたいんだ」

そこまで言うと、私に尋ねてきた。

「井上は結婚しているのかい？」

「うん、しているよ」

「子どもはいるのか？」

「うん、三人いるね」

エルナンデスは視線を落とした。長い時間黙っていた。右手の人差し指が小刻みに動き出し、

「コッ、コッ、コッ」と再び音をたて始めた。

予定の時間を遥かに超え、エルナンデスのインタビューは終わった。

「こんなに長時間、いろいろ話してくれてありがとう。メキシコまで来た甲斐があったし、あなたに会えて本当に良かったです」

私は感謝の言葉を伝えた。

すると、エルナンデスは「マサ、マサ」と私のファーストネームで呼びかけてきた。別れるのが寂しいのか、それとも久々の来客が嬉しかったのか、私には分からなかった。

「マサ、近くに美味しいお肉のお店があるんだ。まだ時間あるだろ？　一緒に行こうよ」

メキシコシティに戻るバスの時間まで少し余裕がある。ここからバスターミナルまでさほど遠くない。食事に誘われ、別のレストランへ移動した。

歩きながら「マサ、マサ」と肩を寄せてくる。人懐っこいというより、孤独から抜けだそうと助けを求めてくるような声だった。

エルナンデスは牛肉を頬張り、楽しそうに来日した際の話をしてくれた。とても綺麗な国だったこと。誰もが親切だったこと。チャンピオンとして訪れた三度目は、少しプレッシャーが掛かっていたこと。エルナンデスにとって、日本はいい思い出になっているようだった。帝拳ジムでスパーリングを交わした、元世界王者の木村悠、元東洋太平洋王者の松田直樹のことをいたく気に掛けていた。

「井上は今考えると素晴らしいというか、凄まじいボクサーだよな。百%、文句なしのチャンピ

著者（左）を食事に誘った頃には表情も穏やかに

オンだ。それに日本という綺麗な国、規律正しい国にふさわしいチャンピオンだと思う」

　そして、まるでジョークを言うかのように努めて明るく言った。

「井上のパンチが僕のことを、遥か彼方に追いやったんだ」

　決して冗談には聞こえない。エルナンデスはいまだ、あの敗戦を消化しきれていない。立ち直れていないのだ。

　メキシコシティ行きのバスの時間が近づいてきた。

「そろそろ行かないと」

　私がそう告げると、エルナンデスはカバンから財布を取り出そうとした。

「ここの食事代は出させてくれ」

「いやいや、そういうわけにはいかないよ。だって、インタビューの続きのようにいろいろな話をしてくれたじゃないか」

「じゃあ、ここまで車で来たから、バスターミナルまで送っていくよ」

駐車場に行き、決して片付いているとは言いがたい後部座席に私と信藤は座った。

車中で私はエルナンデスに伝えた。

「もしかしたら、負けた試合のこと、それに嫌なことを思い出させてしまったかもしれないね。もし、そうだとしたら申し訳なかった」

エルナンデスは運転をしながら、ミラー越しに私をちらりと見た。

「正直に言えば、最初はあの負けた試合のことを話すのかと思って、本当は嫌だったんだ。だけどね、きょうはとても楽しい一日だった。久しぶりに楽しかったよ。会えて良かった。こんな僕のことを思い出してくれてありがとう」

バスターミナルに到着した。エルナンデスが別れを惜しんでくれている。

なんだか私も急に寂しさが込み上げてきた。後部座席から降り、車のトランクを開けてもらい、荷物を下ろす。

「ありがとう、またね」

私はそう言って、車が走り出すのを待った。ゆっくりと動き出す。運転席から手を振るエルナンデスが見えた。

「思い出してくれてありがとう」

私は頭の中でずっとその言葉を反芻していた。

第四章

伝説の始まり

Omar Narváez

vs. オマール・ナルバエス
（アルゼンチン）

2014年12月30日　東京・東京体育館　2ラウンド　3分1秒　KO

WBO世界スーパーフライ級王座獲得

井上の戦績 **8戦全勝7KO**

アルゼンチンの英雄

メキシコシティの繁華街として知られるソナ・ロッサはいつにも増して街全体が浮かれ気分になっていた。

二〇二二年十二月十八日、メキシコ時間の午前九時。世界が注目する一戦が行われる。サッカーのワールドカップ（W杯）カタール大会決勝、フランス対アルゼンチン。街にはアルゼンチンのユニホームを着た若者を多数見かけた。同じ中南米のサッカー大国を応援する人が多いという。エネルギーに満ちた大きな声が街の至る所から聞こえてくる。

私とボクシングコーディネーターの信藤大輔はメキシコ・トルーカでの取材を終え、首都に戻り、しばらく安宿に泊まっていた。ビッグイベントの決勝は、当然のようにホテルのロビーにあるテレビ画面に映し出され、滞在者は皆ソファーに腰を下ろし、釘付けになっていた。私たちは三日後、アルゼンチンへ向かう。自然と白と水色のユニホームの応援に力が入る。

「少しでも取材の追い風になってくれれば」

私にはやましい気持ちがあった。日本を発《た》つ前、一番難しいと思っていたのが、アルゼンチンの英雄で元世界二階級制覇王者、オマール・ナルバエスの取材だった。井上尚弥がプロ八戦目で対戦した名チャンピオンだ。待ち合わせの詳細は決まっていない。なんとなくクリスマス前にアルゼンチンに行けば会えるという感触をつかんでいた。

だが、たとえ会えたとしても、私は井上戦のことを切り出せるのだろうか。

中南米の取材を計画した際、信藤から言われたことがある。

「海外のボクサーに井上戦の話を聞くとき、あまり申し訳ないという表情をしないほうがいいですよ。努めて普通に聞くように。もしかしたら、日本人と外国人ボクサーでは『負け』に対する捉え方が違うかもしれない。その申し訳ないという気持ちが相手に伝わって、デリケートなこと、嫌なことを聞かれているんだなと思うかもしれないですから」

確かに日本人ボクサーと比べ、海外ボクサーのほうがドライかもしれない。日本では少ないが、海外では敗者もリング上に残り、インタビューに応じる。そんなシーンが頭をよぎった。

信藤は「ただし……」と付け加えた。

「ナルバエスに関しては別ですよ。あの偉大なチャンピオンが初めてダウンをした。誰も想像しない負け方だったでしょう。プライドを傷つけられているかもしれない。あの負けをどう思っているか、とてもデリケートな話かもしれません。取材の雰囲気や話の流れ、相手の表情を見ながら慎重に進めていきましょうね」

そう言われて、緊張はさらに高まった。

世界タイトルマッチにおける、ナルバエスの出場数「三十二試合」は世界歴代三位、勝利数の「二十八勝」は世界歴代二位の数字。防衛回数はＷＢＯ世界フライ級王座を「十六」、ＷＢＯ世界スーパーフライ級王座は「十一」を数え、二階級で二桁防衛は異次元のレコードだ。勝利を重ねてきた英雄が負けた試合を振り返ってくれるのだろうか。この取材旅行中、心のどこかでいつもナルバエスのことが気になっていた。

サッカーのW杯決勝は前半を終え、二−〇でアルゼンチンがリード。後半に入り、フランスが底力を発揮し追いついた。延長後半にアルゼンチンのエース、メッシがゴールを決めれば、フランスも奪い返す。ＰＫにもつれた激闘をアルゼンチンが制し、三十六年ぶりの優勝を飾った。サッカー好きで知られる、ナルバエスの顔が浮かんだ。

私たちは歓喜に沸くアルゼンチンへと旅立つことになった。

ここからが長い旅路だった。メキシコシティからコロンビアのボゴタまで四時間半。飛行機の乗り換えに三時間を費やし、その後、六時間半かけてアルゼンチンのブエノスアイレスへ。計十四時間の旅。到着したのは早朝五時だというのに日差しが強く、すぐに汗ばんでくる。

この日はアルゼンチン代表がブエノスアイレスに凱旋した翌日だった。空港のモニターには市中心部の白い塔「オベリスコ」周辺に約四百万人の群衆が集まり、大通りを埋め尽くす映像が流れていた。だが、私たちの目的地はブエノスアイレスではない。ナルバエスが住むのは首都から千三百キロメートル以上離れたパタゴニア地方北東部のトレレウだ。バルデス半島の観光拠点になっている小さな街で、ブエノスアイレスからさらに国内線の飛行機に乗り換えなくてはならない。

私と信藤はこの日、三度目の飛行機に乗った。トレレウまで約二時間、小型の飛行機は揺れに揺れた。聞けば、風力発電として利用されるほど強風が吹く地域を飛んでいるという。途中からはジェットコースターに乗っているような揺れだった。

飛行機はようやくトレレウに到着し、広大な駐機場に停まった。タラップを降りる。周りに大きな建物はない。青い空が百八十度広がっている。遥か遠くに世界最大とされる恐竜のレプリカが見えた。トレレウは恐竜の街でもあった。一億六千万年前のジュラ紀に生息していたらしい。ブエノスアイレスと違い、空港にほとんど人はいなかった。サッカー優勝国の熱狂もない。ゆっくりとした時間が流れている。

「さすがに一日三回の飛行機は辛いですね」

信藤はそうぼやきながらも、旅慣れているせいか、余力があるように見えた。タクシーで空港からホテルへ向かう。私は車窓を眺める気力もなく、疲れきった体を後部座席のシートに預けた。

「おめでとう。W杯決勝はすごく盛り上がったんじゃないですか?」

信藤が運転手に話し掛けた。

「もちろんサッカーは好きだし、見ていたけど、それ以上に好きなスポーツがあるんだ。ボクシングだよ。この街にはナルバエスとマティセーの二人の世界チャンピオンがいるんだ」

まさかの返答に驚いた。トレレウ出身ではナルバエスの他に元スーパーライト級、ウエルター級王者のルーカス・マティセーもいる。

「僕たちはナルバエスに会いに来たんだ」

「おー、ナルバエスの兄弟と俺は同級生だよ」

運転手が声を弾ませた。

狭い街なのか、それともいい巡り合わせなのだろうか。そんなことを考えていると、タクシーがホテルに到着した。私は疲労と緊張に加え、飛行機の揺れに酔い、部屋に入ると嘔吐した。

信藤はすぐにでもナルバエスのジムを下見に行くという。居ても立ってもいられないのだろう。それは私も同じだった。

会えるかもしれない、あのナルバエスに。取材がうまくいくかどうかは分からない。だが、名チャンピオンに会い、正面切って話を聞けるなら、もうそれだけでいい。井上戦について、たとえ言葉を濁されたとしても、何も話してくれなかったとしても、それがナルバエスの答えと言えるのではないか。私にとって、直接会って聞くことが重要なのだ。

ジムは街の外れにあった。建物は数えるほどで空き地が広がる。砂の地面に少しだけ雑草が生えていた。古びた緑色の二階建て。看板はなく、ここにジムがあるとは地元の人以外、誰も分からないだろう。ボクシングジムというより、プライベートジムのようだった。

恐る恐るジムの中に入ると、二十歳前後の青年が出てきた。

「オマールなら、きょうは来ないよ。明日なら来るかな」

そう言って、私たちの顔をのぞき込んだ。

「日本からオマールに会いに来たんだ」

「おお、そうなのか。せっかく来たんだから、ジムの中を少し見ていくかい？」

一階にはトレーニングマシンが並び、二階にはリングがあり、サンドバッグが吊るしてある。ナルバエスの試合やベルトを巻いた写真が飾られ、「オマール・ナルバエスジム」と書かれていた。

翌日。再びジムを訪れ、二階に上がると、そこにはサッカー・アルゼンチン代表の紫色のアウェー用ユニホームを着たナルバエスが立っていた。柔らかい笑顔で迎えてくれた。

「おお、来てくれてありがとう。よくはるばる日本から来たね」

現役時代の頬がこけた顔と比べ、少しふっくらとしていた。肌には張りがある。穏やかで生き生きとした表情は四十七歳という年齢より若く見えた。

「井上戦で日本に行ったときはドーハ経由だったよ。どうやって来たんだい？」

日本からメキシコに行き、コロンビア経由でアルゼンチンに入った道程を説明した。驚いたように目を見開き、長旅を労《ねぎら》ってくれた。

「トレレウはね、砂漠だったんだ。だから風が強くて砂埃が凄かっただろ」

高い建物があまりないため、強風が休むことなく体に当たる。

「ここは乾燥していて、雨が降らないから芝や緑がなかなか育たない。だけど、本当に静かで落ち着いた、いいところなんだよ」

人口約十万人の小さな街。都会の喧騒を嫌い、生まれてからずっと住み続けている。チャンピオンになっても、現役を退いても。トレレウに愛着がある。

ナルバエスは現在、ジュニア世代、ユース世代のアルゼンチン代表コーチを務めている。トレレウから八百キロメートルほど離れた山々が連なるディナ・ウアピで数日間の講習会を終え、帰ってきたばかりだという。

私は井上尚弥と対戦したボクサーを取材していることを伝えた。

ナルバエスの温和な表情は変わらない。

「オッケー。あの試合、すべてのことを覚えているから全部話すことができる。何でも答えるよ」

その言葉を聞き、私は緊張でこわばっていた体の力が少し抜けていくのが分かった。

ナルバエスはジムの端に椅子を並べ、インタビューの準備をし始めた。広いスペースではナルバエスの息子、ジュニアがバンデージを巻き、練習を始めようとしている。私はその姿を横目で見ながら、椅子に腰を下ろし、ナルバエスと向き合った。

ファミリーの結束

オマール・ナルバエスは一九七五年十月七日に生まれた。男ばかりの五人兄弟で、上から二番目。活発な少年はサッカーの秀でた才能を持ち、クラブチームの「インデペンディエンテ」に所属した。幼い頃はプロサッカー選手になるのが夢だった。

ボクシングに初めて興味を抱いたのは十歳の頃。父と一緒にテレビで試合を見る機会が増えていた。

「シュガーレイ・レナード、ロベルト・デュラン、マービン・ハグラーあたりのミドル級の試合をよく見ていたね。私はレナードが一番好きだったんだ。父はアルゼンチンの昔のボクサーのことをよく教えてくれたんだよ」

アルゼンチンで一九六〇年代に世界王座に君臨したニコリノ・ローチェは当時最も優れた防御

技術を持ったボクサーだった。「アンタッチャブル」の異名を持ち、相手のパンチを躱していく。ヘビー級ではオスカー・ボナベナが人気を博した。果敢に攻めて追い込んだものの、最終回にTKO負け。ライトはモハメド・アリとの闘いだった。ジョー・フレジャーと二度対戦し、ハイ

※

けのミスで誤射されて亡くなり、悲劇のヒーローとなった。七〇年代はミドル級でWBA、WBCの統一王者となったカルロス・モンソンの時代。「ライフル」と呼ばれ、右ストレートで次々と倒した。相手は右が来ると分かっていても避けられない。シンプルな闘い方でアルゼンチン最多となる十四度の防衛に成功した。

　父からはそんなアルゼンチンの猛者の話を聞いた。

　オマールはその頃からレナードになりきって、シャドーボクシングをして遊んだ。真似ごとを何度も繰り返す。次第に頭の中で「自分がボクサーならこう闘う。こうやってみたいな」とイメージするようになった。

「ここの地区はプロアマ問わずボクシングをやっている人が多くて、盛んだった。親に隠れて草試合のようなものをよくやっていたよ。草試合の世界王座トーナメントみたいなのを勝手につくってね。それぞれが有名選手の誰かになりきって試合をするんだ。私は常にスポーツで何かやりたいと思っていたから、一生懸命やっていたよ」

　本格的なボクシングごっこ。頭で想像していたことを体現していく。だが、指導者がいるわけではない。技術的なことは分からず、自己流で真似するしかなかった。

　十六歳のときだった。兄のマルセロに連れられ、初めてボクシングジムに行った。激しいトレ

ーニングとボクサーたちの熱量に目を奪われ、一気に引き込まれる。

「もうね、初日に練習したときからビッグになること、上に行くことしか考えてなかった。とにかく強くなる、勝つ。それだけだよ。プロになってお金を稼ぐとか、そういうことは二の次だったね」

十八歳でアマチュアのリングに初めて上がった。二戦をこなした後、ユースの国内大会に出場し、優勝。十九歳でシニアの国内大会で決勝まで進み、戦績百戦以上を誇る当時のアルゼンチン代表選手と対戦した。白熱の試合を演じ、わずかアマ十三戦で代表選手に選出された。

その二ヵ月後。国際大会で勝ち進んでいくと、アルゼンチン代表同士の同門対決となり、オマールの手が上がった。勝利を収めたことにより、代表内での地位を確立したという。

「もしかしたら、他人とは違う何かを持っていたのかもしれない。ただし、練習は根気よく続けた。情熱もあった。規律も守った。そのへんだと思う。ボクシングやサッカーに限らず、とにかくチャレンジすることが好きだった。一番速く走る、ジムの中で誰よりも多くパンチを打つ、でも一番疲れないようにするとか。何でも競い合うことが好きだったね」

オマールは「チャレンジ」という言葉を好んで使った。練習でも一番になるようにチャレンジする。田舎町でも強さを磨けるようにチャレンジする。

「自分に対して、『もっと、もっと』というのが常にあったね。他人に対してというより、自分に対して厳しい人間だと思う。人というのはね、決断すれば何でもできる。そのことを周囲に示したかったんだ」

トレレウにスパーリングパートナーはいなかった。それどころか、ジムにはグローブやミットなどの用具も揃っていない。本格的に指導をするトレーナーもいない。

「この競技に関して言うと、アルゼンチンには才能溢れる若者が多いのに、いかんせんサポートがつかない。収入は少ない。社会的な地位も低い。選手はみんな仕事や勉強をしながら練習せざるを得ない。だから成長のスピードが遅い。体力をつけて一つ一つ階段を上るように上達していくしかなかったんだ」

どうやったら強くなれるのか。練習方法も手探りだった。どのタイミングでビタミンや栄養を補給するのがいいのか。リングに向かうときの心理面は。教えてくれる人は誰もいない。オマールは独学で勉強した。頼れるのは己と四人の兄弟だけ。ファミリーで強くなるしかなかった。


オマールの六歳年下、五人兄弟で一番下のネストルが忙しい仕事の合間を縫って、私たちに会いに来てくれた。現役時代の精悍でほっそりした体形と違い、髭をたくわえ、筋肉が詰まったような屈強な体つきになっていた。

「やあ、日本から来たんだって？　日本は懐かしいなあ」

現在はボクシングから離れ、建築関係の仕事をしているという。

「日本は世界タイトルで五十嵐と闘った思い出の場所だからな」

二〇一二年十一月三日、ゼビオアリーナ仙台でＷＢＣ世界フライ級チャンピオン五十嵐俊幸に挑んだ。終盤に追い上げ、接戦の末、惜しくも〇―二の小差判定負け。王座奪取はならなかった。

「オマールも五十嵐もサウスポーだから、あのときは兄にスパーリングパートナーになってもらってよく練習したよ。私にとって初の十二回戦。負けてしまったけど、オマールから『世界レベルにいるよ。十分できるんだから』と言ってもらえたのが嬉しかったね。よく覚えているよ」

現役時代、ずっと兄の背中を追い掛けてきた。兄弟全員がボクシングに励み、みんなで強くなる。ネストルは自身のトレーニングをしつつ、一番近くでオマールをサポートした。

「自分が本格的に始めたのは十三歳のときかな。兄たちがみんな同じような階級だったし、よくスパーリングをやったよ。それにオマールがアマチュアのときから、僕が一番近くで付き添っていた。どんな場面でも彼のやっていることを間近で見られた。それは家族の特典だね」

五人兄弟で練習を引っ張るのは、上から二番目のオマールだった。練習メニューを作り、スパーリングの計画を立てる。とはいえ、口うるさく言うことはない。身を以て示す。根気強くトレーニングに没頭する姿は兄弟から一目置かれ、一番上の兄も含め全員が付いていった。

ネストルが懐かしんで言った。

「すごいリーダーシップのある兄だった。兄弟のキャプテンだね。言葉で言われることはなかったけど、練習での要求度は高いし、体で教え込まれた。スパーリングをするときはいつもオマールが中心で、三番目の兄と二ラウンド、その次は四番目の兄と二ラウンドといった具合。相手は代わるけど、オマールは交代しないんだ。兄弟の誰もが尊敬していたと思う」

時には体重の重い選手を他のジムから招き、拳を交わす。そうやってパワーや圧力に慣れる。

兄弟のスタイルは防御主体で築き上げた。

「歴史的にいうと、アルゼンチンはニコリノ・ローチェのようなディフェンスに長けたボクサーがいて、そういう選手を目指していたんだ。自分たちファミリーのボクシングスタイルも、相手のパンチを外して打つ。パンチをもらわない。どんなときでもガードをきちんとする。特にオマールは経験が積み重なって、本当にディフェンスが巧かったんだ」

ネストルはオマールがパンチをまともに食らっているシーンを見たことがない。鉄壁のガードだった。

七年にわたり王座を保持

オマールはアルゼンチン代表選手として技術を磨き、好成績を収めた。一九九六年アトランタ五輪、二〇〇〇年シドニー五輪に出場し、世界選手権では一九九七年に銅メダル、九九年に銀メダルを獲得した。アマチュアでトップの座に君臨した。

「アルゼンチン代表に入ってから、頭を使いカウンターを打つことを覚えたんだ。自分にとっては攻撃より、ディフェンスのほうが簡単だった。守りに重点を置きながら、相手を誘ってカウンターを打つ。でも、守りだけだと勝てないから、前に攻めながらカウンターを狙う。どっちにしても相手に当てさせないスタイルを確立できたと思う」

目標はあくまでプロボクサーであり、世界チャンピオン。シドニー五輪が終わり、二ヵ月と経たずして、二〇〇〇年十二月一日にプロデビュー。四回ＴＫＯ勝利で飾った。そのわずか十五日後にはプロ二戦目を行い、一回KOで勝負をつけた。翌年はペースを上げ、一年間に八試合も行い、引き分けを一つ挟んで十連勝（七KO）とレコードを伸ばしていく。

「まだ十一戦で十回戦（フルラウンド）を二試合しか闘っていないので、世界タイトルマッチはもっと先だろうと思っていたんだ。だけど、試合から四十四日前のことさ、プロモーターから『チャンスがあるよ』とオファーが来たんだ。準備をして、その日から四十四日、四十三日とカウントダウンしながら、頭の中で自分が世界チャンピオンになる姿を思い描いていたんだ」

二〇〇二年七月十三日、会場はブエノスアイレスにあるボクシングの殿堂ルナパーク。王者はWBO世界スーパーフライ級を二度防衛し、階級を下げWBO世界フライ級王者となり、世界二階級を制したアドニス・リバスだった。オマールはスピードのあるテクニシャンを完封。七回にはダウンを奪い、ジャッジ一人が十二ポイント、二人が八ポイント差をつける大差判定勝ちでタイトルを獲得した。

世界王者になって、ようやく環境面が変わった。フィジカルトレーナーが初めて就いた。オマールは百六十センチと身長が低かったが、がっしりした分厚い体つきに変わっていく。二ヵ月後に初防衛戦、その三ヵ月後には二度目の防衛戦、翌年は三試合こなし、ハイペースで世界戦を重ねていった。王座に就いてもモチベーションは衰えない。それどころか、新たな「チャレンジ」の気持ちが芽生えた。

「多くの選手がチャンピオンになったら気持ちがたるんでしまう。防衛を重ねるのはモチベーションの面でも難しい。でも、私にとっては、どれだけ長くチャンピオンでいられるかが次のチャレンジになった。なぜかというと、ここに至るまで多くの犠牲を払ってトレーニングを続けてきたからさ。お金のない中ずっと我慢してきたんだ。王者でい続けることが、これまでの犠牲を取り戻す唯一の手段だったからね」

　メキシカンボクサーと同じく、オマールは「規律」という言葉をよく使った。

「とにかく規律と節制を大切にした。チャンピオンになって、人が寄ってきても相手にしなかったよ。ボクシングに集中していたんだ。試合が終わったら、すぐに次の練習、試合が終わったら、次という感じでね」

　そう言うと、通訳をしている信藤に目を向けた。

「おまえもメキシコに住んでいるから、日本人との規律の違いが分かるだろ？　アルゼンチン人、メキシコ人と日本人とでは考え方が違うことを。文化の違いというのかな」

　オマールは私のほうに顔を戻して続けた。

「日本人は真面目でいること、一つのことに集中することが普通かもしれないけど、アルゼンチンでは全然普通のことではないんだよ。個人的な見解だけど、九十％近くのアルゼンチン人は一つのことを突き詰めることができない。物事を集中してできない。自分は典型的なアルゼンチン人の人物像から外れていると思う。余計な人と会ったりしない。誰かと外出しても時間になれば必ず帰ってくる。いつもボクシングのことが中心だったんだ」

　世界王者としてキャリアを積み重ねていくうち、転機が訪れた。二〇〇四年三月、六度目の防衛戦でブラジルのホープ、カルバリョを迎えた。序盤から積極的な攻撃で三回に連打をまとめ、TKO勝ち。戦績を十八戦十六勝十KO二分けとし、軽量級にしては高いKO率を誇った。

「兄は自分から絶対に言わないだろうし、もう引退したからいいでしょう」

ネストルはそう前置きして、オマールがこの試合で大きな痛手を負ったことを明かした。

「左拳を痛めたんだ。あれからずっとけがをしたまま、時には骨にひびが入ったまま試合をしていた。それは引退するまで続いたんだ。医師はすごく驚いていたよ。だから、あの試合を境に、オマールには一つ足りないものが出てきた。それがパンチ力なんだ。ちょっとした衝撃で折れたり、ひびが入るくらい骨がもろくなっていたからね」

左構えのオマールにとって致命傷になりかねない。対戦相手に左拳の負傷を悟られないよう、チームだけの秘密事項だった。王座を保持したまま、左拳の状態を探るため、ノンタイトル戦を三試合挟んだ。二〇〇五年十二月、一年九ヵ月ぶりの世界戦となる七度目の防衛戦を行い、十一回TKO勝利で再スタートを切った。

オマールの闘い方は変わった。かつて攻撃面は手数、カウンター、左の一発と多彩だった。ディフェンスは強固で攻守を兼ね備えた万能型のサウスポーだった。それが、左のパンチを打つ際は相手のおでこや肘といった硬い部分には絶対当たらないように気を配らなくてはならない。手強い相手には無理に攻めず、じっくり身構えて相手のミスを待つ。カウンター狙いでより防御に主軸を置く技巧派スタイルになった。そのため、鉄壁だったガードをさらに磨いた。

もう一つ、オマールが闘い続けたものがある。

年齢の壁だった。スタイル変更を余儀なくされたとき、ちょうど三十歳の大台を迎えた。オマールが振り返る。

「当時、三十歳以降は高齢でボクサーは衰えていくものだと考えられていたからね。自分の場合は二十代後半で世界王者になった。まだまだこれから三〜四年は今以上のファイトをしたいと考えた。ならば、より早くジムに行く。気持ちを高めていい練習をする。その繰り返しで『俺はできる、できる』とある意味、自己暗示をかけたんだ。暗示をかけることによって、心も体もコントロールできていたんだ」

アマチュアで初めてリングに上がったのが十八歳。プロデビューは二十五歳。他のボクサーと比べ、スタートは遅かった。すぐに年齢の壁にぶつかることは分かっていた。だから、自分に言い聞かせる。もっともっとできる。必ずできる。三十歳過ぎても成長できる。それもまた「チャレンジ」だった。

「ボクシングは過酷なスポーツだ。三十歳くらいから衰え始め、三十五歳以降はそれが顕著になるのが普通かもしれない。だけど、規律を守り、心をコントロールすればこの年齢になってもできるんだよ。強さを保ち、さらに状態を上げていけるんだよ、と周囲の人たちに示したかったんだ」

スタイルを変え、年齢に抗いながら防衛を重ねた。気が付けば、幼少期に父から聞いた「ライフル」ことカルロス・モンソンが持つ、アルゼンチン最多の十四度防衛の記録を更新していた。

二〇〇九年六月二十六日、十六度目の防衛戦でオマール・ソトに十一ラウンドTKO勝ち。フライ級でタイのポンサクレック・ウォンジョンカムが持つ十七度の最多防衛回数を目前にして、約七年保持した王座を返上し、一階級上げスーパーフライ級へと戦場を移した。

三十九歳の王者と二十一歳の挑戦者

二〇一〇年五月十五日、ニカラグア出身のエベルト・ブリセノとのWBO世界スーパーフライ級王座決定戦で大差判定勝ちし、世界二階級を制した。二度目の防衛戦で無敗の挑戦者を退け、三度目の防衛に成功した後、新たな強敵を求め、ベルトを保持したまま一階級上のWBC・WBO世界バンタム級王者ノニト・ドネアに挑んだ。これも一つのチャレンジだった。

身長百七十センチのドネアと百六十センチのオマール。体格差は明白だった。ディフェンシブな闘いになり、判定〇―三で敗れ、プロ三十八戦目にして初黒星を喫した。

「肉体的な差を感じたね。ドネアは自分の距離で闘うのが上手かったし、彼にパンチを届かせるのは難しかった。私はドネアの罠にはまるまいと、無理に追い掛けようとはしなかった。この体格差はすぐに解消できないと思ったし、チャンスを作れなかったよ」

再び適正階級のスーパーフライ級に戻り、防衛回数を積み上げた。三十代後半に入っても年間三～四試合をこなし、技巧と老獪さ、そして鉄壁の防御で四年半の間に十一度の防衛に成功した。

マッチメイクはパズルのようだ。

オマールのプロモーター、オズワルド・リベロはWBA世界フライ級王者ファアン・カルロス・

レベコも抱えていた。当初、井上陣営から対戦の打診があったのは、井上の一階級上の王者レベコだった。交渉は順調だったものの、試合間隔が合わず、日程面で難航していた。

ある日、オマールはプロモーターから告げられた。

「レベコが日本の井上尚弥という選手と闘うプランがあったけど、レベコの日程やけがのことがあって調整がつかないかもしれない。だから、『うちの陣営にはオマール・ナルバエスもいるよ』と井上サイドには伝えたから」

ナオヤ・イノウエ……。

初めて聞く名前だった。それもそのはずだ。スーパーフライ級王者にとって、二階級下のライトフライ級王者は対戦候補に挙がらない。ましてや、井上はまだプロ七戦しかしていなかった。二階級上げて即、世界タイトルに挑戦すること自体、異例中の異例のことだった。

二週間後、井上サイドから正式な回答が来た。

「ナルバエスに挑戦したい」

オマールの十二度目の防衛戦の相手が井上に決まった。

三十九歳のチャンピオンに対し、挑戦者は二十一歳。井上の直近の映像を二試合見た。六回ＴＫＯでライトフライ級の王座を獲得したアドリアン・エルナンデス戦、十一回ＴＫＯで初防衛に成功したサマートレック・ゴーキャットジム戦だった。

「スピードがあるな。それと技術的な引き出しがある」

井上についての情報はビデオで得た知識しかなかった。

オマールはアマチュアで百戦以上、プロで四十六戦のキャリアがあり、世界戦に限っても二十八勝一敗一分け。負けたのは階級が上のドネアだけ。これまでファイター、アウトボクサー、カウンターパンチャー、長身の相手、さまざまなタイプと拳を交わし、勝利を収めてきた。井上のプロ七戦の経験とは比べものにならない。

井上のスピード対策として、アルゼンチンの五輪代表チームとスパーリングを重ねた。いくら井上が速いといっても、鉄壁のガードを崩せるはずがない。たとえ判定になったとしても、明確にラウンドを取れるような戦術を描いた。二階級下から上がってくるボクサーが前戦のフェリペ・オルクタに比べ、パワーがあるはずがない。しかも、プロで初めてサウスポーと対戦するというではないか。

「私にはもう一つ夢があったんだ。息子を海外の世界戦に連れていくこと。アルゼンチン国内での試合は見ていたけど、海外はなかったからね。日本に連れていこうと思ったんだ」

イタリア、フランス、ブラジル、スペイン、米国で試合をしてきたが、息子のジュニアを連れていったことは一度もなかった。オマールだけでなく、同じ日の前座で弟のネストルも、井上の弟で日本フライ級四位の拓真とノンタイトル戦が組まれた。

兄弟で海外のリングに上がり、その勇姿を息子に見せる。日本は夢を叶える舞台になりそうだ。

時代が動き出した。

約百五十戦で生涯初のダウン

　オマールは日本に到着しても、自身のコンディションを上げることに全力を注いだ。午前中と午後の二回、横浜市内の大橋ジムで練習に励む。クリスマスイブに行われた公開練習ではシャドーボクシングだけで手の内を隠した。報道陣から「井上が大差で判定勝ちしたいと発言していますが」と問われると「それはとても難しいことだろう」と笑みで返した。

　二〇一四年十二月三十日、年の瀬の東京体育館に観衆八千人が集まった。

　トリプル世界戦が組まれる豪華な興行の第一試合。ネストルがリングに上がった。フライ級より少し重い五十一・七キロ契約のノンタイトル八回戦。スピードのある拓真の左を浴び、主導権を握られた。六回には右を効かされた。だが、倒れるわけにはいかない。上下に打ち分けた力強いパンチが飛んでくる。判定は〇―三、拓真のフルマークで、ネストルの完敗だった。

「少し体重の差があったかな。あとは拓真のスピード、ボクシング技術も素晴らしかった」

　試合を終え、気持ちを切り替え、兄のサポートに取りかかった。

　村田諒太がデビューから六連勝を飾り、ホルヘ・リナレスが世界三階級制覇を成し遂げ、セミファイナルでは八重樫東がWBC世界ライトフライ級王座決定戦で散った。

　そして、迎えるメインイベント。

　オマールは息子のジュニアとともに入場ゲートに上がった。二人にスポットライトが当たる。ジュニアがベルトを掲げて花道を先導し、ネストル、長兄のマルセロらセコンド陣が続き、揃ってリングに上がった。ナルバエス家の晴れ舞台だった。

試合開始を告げるゴングが鳴った。

井上のジャブ、ジャブ、軽い左フックが飛んでくる。左構えのオマールはガードを上げ、右腕で弾いた。一見、何事もない、様子見の攻防だ。

だが、オマールの心の中で衝撃が走った。

「一発目のジャブをもらったとき、他のボクサーと違うなと感じた。『グローブをはめていないのでは』という硬さというのか、何か硬いモノで殴られたような感覚というのか。過去に闘った誰とも異なるパンチの質だったんだ」

開始早々から井上が積極的に前へ出てくる。二十秒も経たないうちに、右ボディー、左フックが伸びてきた。続けて右ストレート、左フック。井上の手数が多い。オマールはガードを固めて、ブロッキングで対応し、負けじと左ストレートを放った。

その直後だった。井上の右のオーバーハンドが顔面に飛んできた。オマールはしっかりと反応し、両腕を上げた。しかし、井上の右はガードの内側に入り、おでこに被弾した。一瞬ふらつき一歩下がる。

「ブロックしようとしたら、思っていた軌道と違ったんだ。パンチが外側から来ると思ったら、角度が変わってガードの内側に入ってきた。フックの軌道がストレートに変わったような感じだった。おでこに違和感はあるけど、大きなダメージではないな、と思ったんだ」

その瞬間、再び右のオーバーハンドが来た。

「大丈夫、さっきと同じ右が来るな」

同じ軌道だと想定し、両腕を少し前に出して内側に絞った。よりブロックを強固にしたつもりだった。しかし、今度の軌道は直線的でガードの上からまともに浴びた。吹き飛ばされるように背中からキャンバスに崩れ落ちた。

プロアマ通じて二十一年、約百五十戦で生涯初めてのダウン。

開始からわずか三十秒の出来事だった。

「井上の二度目の右は一発目と異なっていた。それを食らって足がガクガクした。本当に異様な感覚だったんだ」

八千人の観客は驚きのあまり、歓声ともどよめきとも判別のつかない、声にならない声を上げている。誰一人として想像できなかった。あの鉄壁のディフェンスを誇る不倒王者が開始三十秒で倒されたのだ。

オマールはすぐに立ち上がった。

「まだ体が温まっていないときにパンチをもらったからダウンしたんだ。回復させよう。ここから試合が始まるんだ」

そう言い聞かせ、想定外の事態にも冷静だった。

井上の動きは一つ一つが機敏だった。すぐに猛烈なアタックがくる。オマールは必死に避けようとする。頭をかがめたところに、井上の左フックが頭頂部をかすめた。オマールの体がころりと転がった。

「かするパンチでも一発一発、凄まじい威力を感じたんだ」

開始一分で二度目のダウン。

オマールは立ち上がり、「大丈夫だ」とセコンドに合図を送る。

ネストルもそのしぐさを受け取っていた。

「オマールは常に意識があった。ダウンをしてもコーナーとコミュニケーションを取って『あいつ強いよ、パンチ強いよ』と合図をしてくれたからね」

試合再開。まだ一分四十五秒も残っている。井上が詰め、オマールが下げられる展開だ。フットワークとボディーワークで井上の猛攻をなんとか凌ぐ。井上の強打とオマールのディフェンス力が絡み合う。オマールは形勢を立て直し、突破口を見いだそうと、左ストレート、左のオーバーハンドを放った。王者の意地だ。だが、攻撃にいったところに右ボディーをもらい、一瞬よろけた。井上がすぐに攻めてくる。しっかりガードを固めて耐える。井上の右二連発をブロッキングで弾いた。ようやく終了のゴングが鳴った。

長い長い三分間が終わった。

コーナーに戻り、椅子に座る。

「インターバル中はここから新しい試合が始まると、ポジティブに考え直すことができた。さらに四、五、六ラウンドくらいのことも想像していたんだ」

第二ラウンド。

挑戦者は手を緩めない。オマールも前に出るが、右ボディーを食らうと、その後はワンツー、ワンツーの連打が顔面へ飛んでくる。

一分三十秒過ぎ。オマールは反撃とばかりに思い切って前に出て、右フックを放った。躱されたと思ったら、気付いたときには左膝をついていた。コンパクトな左フックを浴びていた。井上の狙い澄ましたカウンターだった。三度目のダウン。

カウント七で立ち上がった。

圧力をかけてくる井上。オマールは後退してロープ際に追い込まれた。挑戦者の左、左、右のパンチが顔面を襲う。オマールは必死になって顔をガードで固めると、空いた腹に左が飛んできた。なんとか堪《こら》える。まったく同じコンビネーションの顔面へ左、左、右から、左ボディーが二度続いた。二回目の左ボディーはえぐられるような痛みだった。もう耐えられない。一瞬の後れとともに、オマールは顔を歪め、崩れ落ちた。そのまま正座のような体勢になった。レフェリーのカウントが進む。

立てない……。カウントは十を数えた。

二回三分一秒、ＫＯ負け。

四年半温めたベルトを手放すときがやってきた。

「最後はもうこれ以上続けても無理だなという諦めだった。なので、続けなかった。立てたけど、もうダメージを食らうだけだという判断だった」

そして、はっきりと言った。

「井上と私の間に大きな差を感じたんだよ……」

衝撃の結末にセコンド陣は混乱していた。長兄マルセロが大きな声で言った。

「井上のバンデージに何か仕込まれているんじゃないか」

これまで不倒のオマールがこんなに倒れるはずがない。

ネストルも兄が何度もひざまずく姿に驚き、井上陣営に歩み寄った。二〇〇九年一月、WBA世界ウエルター級スーパー王者のアントニオ・マルガリートがシェーン・モズリー戦でバンデージの中に石膏のようなパッドを不正使用していた疑惑が頭に浮かぶ。井上にグローブとバンデージのチェックを要求した。リング中央に集まり、井上がグローブを外した。拳に巻かれていたのは白い布だけだった。

マルセロとネストルは現実を目の当たりにした。

「ソーリー。ニューチャンプ、グレート!」

二人は井上を褒め称え、謝るしかなかった。

ネストルが恥ずかしそうに振り返った。

「実際にグローブの中を見せてもらったら何も問題なかった。普通のバンデージだったよ。兄が何度も倒されて、チーム全体がびっくりしたし、そういった行動になってしまった。尚弥はモンスター。起こったことは本当なんだなと受け入れるしかなかったな」

リング上では九歳の息子、ジュニアが泣いている。顔を覆い、声を上げて涙を流していた。息子に海外のタイトルマッチで闘っている勇姿を見せる。オマールが夢を叶えた試合。ところが、親子の美しい物語ではなかった。初めて倒され、負けた試合になってしまった。オマールは大泣きするジュニアを横目で見ていた。

「試合前、負けることなんて誰も考えないよ。それが分かっていたら息子を連れてくることはなかった。もちろん、いつか負けるときが来る。だけどそれがこの試合とは思わなかった」

世界王座を計二十七度防衛し、十二年にわたり、世界のトップに立ち続けてきた。三十五歳を過ぎたあたりから、オマールは心のどこかで「いつか適正階級で負けるときが来る」と覚悟していた。だが、まさか日本で、息子の前でリングを這うとは……。

「永遠に勝ち続けることはないんだよ。いずれ誰かが私に勝つというのは分かっていた。私が王座を失うとき、判定負けはないだろう。試合の駆け引き、技術の攻防では負けない。だって経験があるからね。だから負けるとしたら、こういった試合。打たれて潰されるような試合しかないと思っていた。それが起きたんだな」

井上はプロ八戦目、世界最短で二階級制覇チャンピオンになった。しかも、ライトフライから一気に二階級を上げ、飛び級による王座。ライトフライ級の上限四十八・九七キロでは減量がきつく、試合前の数日間はウエイトを落とすだけで精いっぱいだった。リミットが三・一九キロ上がり、五十二・一六キロになった。減量苦から解放され、水を得た魚のようにリング上で本来の力を発揮した。

「井上尚弥の時代」の幕開けを予感させる歴史的なＫＯ奪取。リング上の勝利者インタビューで高らかに宣言した。

「どんな挑戦でも受けます」

オマール、セコンド、息子のジュニアはリング上で整列し、井上のインタビューをじっと聞いていた。見届けると、全員で頭を下げた。

不倒のオマールが倒されたことによって、井上が怪物であることが証明された。自らが四度ダウンするシーンが動画サイトにアップされ、世界を駆け巡った。

二〇一四年十二月三十日、井上尚弥が「モンスター」になった日。

一夜明けると、「ナオヤ・イノウエ」は世界中のボクシング関係者に知れ渡っていた。

息子のために引退を決意

井上戦を回想するオマールの言葉はゆっくりで丁寧だった。

身振り手振りを交えながら一挙手一投足を説明してくれる。最終的には立ち上がって、自らが井上役、私がオマール役となり、被弾の瞬間を再現した。いかに想定外のパンチだったか。外側から来ると思ったパンチがどうやってガードの内側に入ってきたか。私に分かりやすく実演してくれた。その瞬間瞬間の心情も包み隠さず明かしてくれた。

「井上は二階級下の選手だろ。だからスピードはあるが、パワーはないと思っていたんだ。だけど、逆だった。びしびしとパワーが伝わってきた。一気に二階級上げた選手にパワーがあるなんて驚きだよ。試合を決定づけたのは彼のパンチの強さだと思う」

試合前のイメージはスピード。だが、試合中の印象はパワー。映像で見た井上とリング上で対峙した井上は別人のようだった。

私はオマールの言葉に耳を傾けながら、なぜ、こんなに親切に話してくれるのだろう、と考えていた。

「最初にダウンしたときは、まだ彼のパワーを信じていなかった。でも結局のところ、最初に頭に食らった右の一発目が効いていたんだな。あれがすべてだよ」

開始三十秒、井上が放った右で勝負は決した。オマールに深いダメージを与えた破壊力。その代償として井上は右拳を痛め、一年間試合から遠ざかることになる。

オマールは自嘲気味に続けた。

「一ラウンドのインターバルで『四、五、六ラウンドのことをイメージしていた』と言っただろ。でも、そこまでたどり着けなかったな」

試合を終えたオマールとネストルは故郷トレレウに戻った。これまでずっと兄弟で練習してきた。だが、変化が生じる。

ネストルはもうトレーニングを続けなかった。

「世界レベルの練習をしないといけないが、プロモーターからのサポートがなくなった。もうこれ以上、モチベーションを保つことができなくなったんだ」

拓真戦を最後に、グローブを吊るした。三十三歳。戦績は二十六戦二十勝（九ＫＯ）三敗二分け一無効試合だった。

三十九歳のオマールは何事もなかったかのように練習を再開した。四度ダウンを喫した大きな敗戦。だが、引退を考えることはなかった。

「自分に勝ったボクサーが規格外であって、他の選手とだったら、まだまだ闘えると思ったんだ」

十ヵ月後に再起し、WBOインターナショナル王座を獲得した。井上とは再戦できる契約があり、日本では「二〇一六年秋に実現か」と報道された。実際、井上が二度目の防衛に成功した後、大橋ジム会長の大橋秀行は「次の防衛戦はナルバエスになる」と明言した。だが、ナルバエス陣営は再戦の契約を行使しなかった。

オマールが真相を明かす。

「もう実力的に井上に勝つのは不可能だと判断したんだ。再戦をしたとして自分は四十歳。井上には勢いがあるし、さらに差がついている。初戦よりも酷い負け方をするだろう。だから自分の中でリマッチは考えられなかった」

もう井上には勝てない。リング上で感じた「大きな差」。時間が経っても拭い去ることができなかった。オマールの体と心に井上の強さが深く刻まれていた。

その後、バンタム級に上げ、IBFラテンアメリカ王座を手にした。

二〇一八年四月二十一日、WBO世界バンタム級王者のゾラニ・テテに挑み、判定負け。再びIBFバンタム級のラテンアメリカ王座を獲得したが、一九年十二月二十一日、パブロ・アリエル・ゴメス戦で陥落した。この試合を最後に引退することを決意した。新たな目標ができ、父としての思いがあったからだ。

「息子が十四歳になって、アルゼンチンで試合に出られるようになった。ちょうどその頃、彼の世代の集中キャンプがあって、そこでジュニアの成長を見ていこうと思い、私は現役に区切りをつけたんだ。彼のボクシングを真剣に見守りたい。そのため、私はもうメインストリートを歩むのではなく、脇に逸れないといけないと思ったんだよ」

ボクシングを本格的に始めていた息子のジュニアがアマチュアの公式戦に出場可能な年齢になった。指導に集中するため、ジュニアと入れ替わるようにリングを去る。四十四歳のときだった。戦績は五十五戦四十九勝二十五KO四敗二分け。KO負けは井上戦のみ、ダウンを喫したのも井上戦の四度だけだった。

「あの試合以外では打たれなかったから、これだけ長いこと現役を続けられたんだと思う」

プロ生活十九年をそう振り返ると、あらためて言った。

「引退したのは息子のため。本気で一緒にやりたかったんだよ」

オマールは練習中のジュニアに目を向けた。

「だって、彼は私なんかより、ボクシングセンスがあるからね」

私はオマール越しに、シャドーボクシングを終え、軽く当て合うマス・ボクシングを開始するジュニアの姿を捉えていた。父と同じサウスポースタイル。手足が長くすらっとした体形から、相手が攻めてきたところにカウンターを打つ。素早い身のこなしと軽快なフットワークで相手を翻弄していた。

リング上で泣いていた、あの少年がこんなにも大きくなったのか……。

オマールはグローブを吊るすと同時にアルゼンチンのジュニア世代、ユース世代のナショナルコーチに就任した。現在は各地で講習会を開き、構え方やジャブ、ワンツーといった基礎から拳への力の伝え方、重心の位置など高度な技術までボクシング理論を教えている。もちろん、ジュニアには付きっきりで指導する。現役生活を終えても、ボクシングへの情熱は衰えない。

「このスポーツが好きだし、自分を磨いて、チャレンジすることが好き。それとともに、頑張っている子を見るのがすごく好きなんだ。才能がある子より、一生懸命頑張っている子に惹かれるね。センスはあるけど、情熱がないボクサーをたくさん見てきた。そういうボクサーは長続きせずに消えていった。やはり情熱が一番だよ。熱い若者をサポートしていきたいね」

オマールには競技を始めた頃、きちんとした指導を受けられなかった苦い思い出がある。頭の中で闘い方をイメージし、トレレウでは草試合に励んだ。指導を受けたのはアルゼンチンの代表選手になってから。フィジカルトレーナーが就いたのは世界チャンピオンになってからだ。体系立てたトレーニングとは大きな隔たりがあった。

こんな思いをするのは自分だけでいい。情熱がある選手には幼い頃から指導したい。遠回りをしてほしくない。そして自分の経験を伝えたい。だから可能な限り、アルゼンチン国内を飛び回っている。

指導者としての大きな夢がある。

「自分の周りをチャンピオンで埋め尽くしたい。選手を育成してたくさん王者をつくれたら、ただ単にボクシングを学んだだけでなく、学んだことを伝えられたことになる。アルゼンチンではそういう人はいないからね」

競技者から離れても何かに挑み続けたい。他人がやっていないことにチャレンジしたい。

「この国でもボクシングが少しずつ認められるようになってきたんだ。以前はボクサーといえば、不良とか野蛮なイメージばかりだった。そういう世間の意識を少しは変えられたかな。まだ途中段階なので、ボクシング界のため、これからもっと頑張っていきたい」

まだまだ人生のチャレンジャーなのだ。

メディアへの苦言

オマールとはインタビューが終わった後も一緒に過ごした。ジムのフロアに座り、しばらく雑談を交わしていた。どんな場面でも私の問いに対する返事は丁寧で、分かりやすい。紳士の振る舞いだった。

「せっかくの機会だから、遠慮せずに何でも言ってくれ」

他に注文はないか尋ねてきた。

「どこかいい景色を背景に写真を撮りたいんですが……」

「よし、もう少ししたら湖畔に行こう」

後ほど車で連れていってくれるという。もう少し話をしたいようだった。

「井上の試合は競った状況にならない。井上は対戦相手との実力差を見せつけているだろ？」

「圧倒的な試合ばかりですよね」

私が答えると、オマールは続けた。

「誰かが井上に勝つというより、井上に迫るシーンを見たい人は多いだろうな」

「どっちが勝つのかドキドキする試合展開、採点で競るようなことはないですからね」

「だけどね、世界戦で実力差を見せつける、これはとても難しいことであり、凄いことなんだよ」

世界戦二十八勝を誇るボクサーの言葉には重みがあった。

オマールの口調が熱を帯びてくる。

「一つ残念なことは、メディアは井上がリング上で繰り広げていることをいとも簡単にやっているように扱ってしまうことだ。でも、決して簡単ではない、ということを分かってほしいんだ」

胸をえぐられるようだった。

私が言われているようだった。

井上の強さを余すところなく伝えるのは難しい。私は書ききれていない。正しく言えば、井上の強さが何かも分かっていない。試合後、いつも悔しく情けない気持ちになる。少しでも知りたいと思い、この取材を始め、アルゼンチンまでやってきたのだ。

オマールは自ら体感した井上の強さを、メディアは正確に表現できていないと感じている。もし、正しく世に伝えてくれるならば、協力は惜しまない。だから包み隠さず、身振り手振りを交えてすべてをさらけ出してくれた。アルゼンチンの英雄が「井上と私の間に大きな差を感じた」とまで言った。勝手な解釈かもしれないが、私はオマールから何かを託されているような気がした。

「私自身、実際に長い期間、世界チャンピオンの座にいて同じような経験をしたんだ。私はＫＯパンチャーではないから、倒すというより、強い挑戦者に差をつけて判定で勝つことが多かった。でも『ナルバエスは弱い相手としかやっていない』と書かれてばかりいたんだ」

世界タイトルマッチは紙一重の闘いだ。ましてやボクシングに絶対はない。世界ランカーを相手に勝利を手にするだけでも難しい。リング上で技術を駆使して差を見せつける。それがどれだけ大変なことか。だが、大差で勝てば弱い相手と闘っているように見えてしまう。簡単にさばき、パンチを当てているように映る。「対戦相手は全盛期を過ぎていた」と書かれることもあった。

いや、違うのだ。

日々鍛錬し、ボクシングにすべてを捧げ、ようやくたどり着いた境地なのだ。

チャンピオンの中のチャンピオンにしか分からない心の奥底にあるもどかしさ。世間の評価とリング上で行われていることの乖離《かいり》。井上にもそんな気持ちがあるのではないか。もしかしたら、オマールは井上の良き理解者なのかもしれない。

話が一段落すると、オマールが運転する４ＷＤの車に乗り、湖畔に行って写真を撮った。オマールは一番下の息子を連れてきた。まだ三歳だ。手を繋ぎ、にこやかな表情をカメラに向けた。親子でお揃いのサッカーアルゼンチン代表のユニホームを着ている。

「この写真、後で欲しいな。この子はサッカーが好きなんだよ」

日が沈み、濃密な一日が終わろうとしていた。

そのままホテルまで車で送ってくれるという。後部座席に乗ると、オマールが運転しながら切り出した。

「私のニックネームが『ハリケーン』というのは知っているだろ？　シドニー五輪の予選で三連勝したとき、その勢いとファイトスタイルから英語で『ハリケーン』、スペイン語では『ウラカン』と付けられたんだよ。井上の『モンスター』というニックネームは誰が考えたんだい？」

オマールは井上の「モンスター」をいたく気に入っている。おそらくリング上で体感した強さと「モンスター」というフレーズが一致するのだろう。

「プロ転向の記者会見でジムの大橋（秀行）会長が言ったんですよ。大橋会長は『百五十年に一人の天才』と呼ばれていたんです。でも、井上尚弥は私の比じゃない、私を遥かに超える『怪物』です、と。日本語で『カイブツ』。英語でいうと『モンスター』ですね」

「えっ、デビューする前に言ったのか……。その先見の明と、ニックネームをつける大橋のセンスは素晴らしいな」

勝利と敗北。二つしかない世界で生きてきた。

生涯で唯一ダウンを喫し、適正階級で初めて敗れた。思い出したくもない過去になっていても不思議ではない。しかし、パンチの軌道を説明し、心情も赤裸々に語った。対戦相手を褒め称え、今なお十八歳年下のボクサーに敬意を抱いている。

私は取材前の気持ちを素直に打ち明けた。

「あなたのような偉大なチャンピオンに会えること、とても楽しみにしていました。でも、すごく緊張していたし、少し怖かったんです」

「なんで、そんな緊張することがあるんだ？」

「だって、負けた井上戦の話を聞くんですから。しかもダウンを喫した試合です。この試合に焦点を当てて聞くのは失礼かなと何度も考えたし、話してくれないかなと思っていました。正直、こんなに克明な描写で話してくれるとは思ってもみなかったです」

「それは違うよ」

オマールは私の話を聞き終えると、首を左右に振った。

「ボクシングにおいて、試合前にいきり立ったり、パフォーマンスをしたり、相手に向かって感情的、攻撃的になることは馬鹿げたことだと思っているんだ」

強さはリング上で示せばいい。対戦相手を罵るトラッシュ・トークは必要ない。いかにもオマールらしい考えだった。ここから言葉

3歳になった一番下の息子と笑みを浮かべる

に力がこもった。

「私はね、試合後に虚勢を張ったり、強がることはもっと馬鹿げたことだと思っているんだ。試合後は素直にならないといけない。相手を認めなくてはならない。日本の文化で素晴らしいものの一つは、スポーツに限らず、相手をリスペクトすることだよ。私はね、常に対戦相手をリスペクトしているよ」

そう言って、ミラー越しに私を見た。真剣な眼差しだった。

ホテルに到着した。私は御礼を述べ、車から降りようとした。するとオマールは「ちょっと待て」という仕草をした。

「井上にメッセージを伝えてくれるか」

私はかばんからスマートフォンを取り出し、録音ボタンを押した。

オマールは画面に向かって、温和な表情で語りかけた。

「あなたと闘えたこと、すごく光栄に思っています。井上に負けたというキャリアも素晴らしいものになりました。そして今、井上の試合を見られることを嬉しく思う。私にとって、パウンド・フォー・パウンド（ＰＦＰ）の一位です。あなたなら、これからまだまだチャレンジできることがたくさんあると思う。それを楽しみにしています。井上のこれからの試合、これからの人生を楽しみにしているよ。いずれ、また会おう！」

メッセージを言い終えると、「グラシャス」と親指を突き出した。そして私に目を向けた。

「記事を楽しみにしているよ」

手を差し出し、握手を交わす。オマールは何かを訴えかけるように力を込めたが、その手は柔らかかった。

私は車を降り、窓を開けたオマールに向かって言った。

「きょうはありがとう。また明日よろしくお願いします。楽しみにしていますよ」

息子のジュニアとの練習を取材させてもらうことになっていた。

オマールの４ＷＤの車が走り出した。

高い建物のない街に強い風が吹き、砂埃が舞った。

第五章

進化し続ける怪物

Masayuki Kuroda

vs. 黒田雅之
（川崎新田ジム）

2012年7月10日　公開プロテストの相手、対戦なし

怪物と最も拳を交えた男

スパーリングでの逸話は数えきれない。

井上尚弥は高校卒業直後、関東在住の日本ランカーと片っ端から拳を交わした。約束を取り付けるため、井上の母・美穂が各ジムに電話をかける。「うちの息子、高校生なんですけど、スパーリングをさせてもらいたくて」。ジムはいきなりの連絡にまず驚く。トップランカーを指名され、再び驚く。そして当日、一方的な展開に三度驚く。井上が出稽古として相手のジムを訪れ、「よそ者」としての視線を浴びながら倒していく姿はまるで道場破りのようだったという。

三分三ラウンドで闘うアマチュア選手のテンポは速く、短いラウンドを得意にする。アマ出身の井上はスピードとともにパワーも兼ね備えていた。ボディーを食らってうずくまる者。失神してしまう選手。井上のスーパーフライ級時代には、三階級上にあたるフェザー級日本ランカーが井上のパンチをブロックした際、右肘を骨折したこともあった。

スパーリングとは実戦形式の練習で、ヘッドギアを着け、試合の八オンスより大きい、十四オンスのグローブで手を合わせる。一般的に強い相手と向き合えば、学ぶべき点は多く、力は引き上げられる。

だが、リスクも大きい。ダメージが蓄積することもあれば、けがを負い、試合がキャンセルになることもある。実際、井上とのスパーリングを断る選手も多かった。

あるジムの会長は言った。

「井上君としばらくスパーをやっていたら、ダメージが溜まって選手の反応が鈍くなってきた気がするんだ。だから、あの選手は井上君とやらせないようにしたんだよ」

「逃げた」と一概には言えない。拒否することもまた賢明な判断なのだ。

そんな中、井上と最も長い期間拳を交え、最も間近で成長を感じてきたボクサーがいる。

元日本二階級制覇チャンピオン、黒田雅之。

百五十ラウンド以上のスパーリングを重ねた「怪物と最も拳を交えた男」。

試合でこそ闘ったことはないが、誰よりも井上に向かっていった。

うだるような暑さで汗を拭ってもすぐに滴り落ちてくる。

二〇一二年七月初旬。日本ライトフライ級王者の黒田が川崎新田ジムで練習をしていると、会長の新田渉世《しょうせい》から呼び止められた。

「決まったからよろしく」

アマチュア七冠を獲得した井上の公開プロテストの相手だという。黒田は日本王座を三度防衛中のチャンピオン。井上の注目度を高めるため、大橋ジム会長の大橋秀行が発案し、打診を受けた新田は受諾した。

その二ヵ月前、黒田は既に井上と拳を交えていた。井上は父・真吾、母・美穂とともに川崎新田ジムにやってきた。七歳年下、高校を卒業したばかりの十九歳と四ラウンドのスパーリング。左利きかと思うほど左フックが強く、左ボディーが巧い。綺麗な動きの中に力強さがあった。その日から何度か拳を交わし、井上の実力は肌で感じていた。

七月十日、東京・後楽園ホール。観衆千三百人が見守る中、セミファイナル前に異例となる公開プロテストが行われた。

ゴングが鳴る。様子を見る黒田。すると井上の鋭い左ジャブが伸びてきた。素早いコンビネーション。右のストレートは重い。スピードとパワー、いずれもプロ入り前の若者のほうが上回っている。日本チャンピオンは終始圧倒された。

静かな会場に野次が響き渡る。

「黒田、弱い！　ボクシング辞めちまえ」

会場にいた新田はラウンドが進むにつれ、機嫌が悪くなっていった。

メインイベントに登場する同じ川崎新田ジムの古橋岳也《ふるはしがくや》の控え室にも、会場内の音を拾うマイクを通じて観客の罵声が聞こえてきた。

黒田は自分にこう言い聞かせてリングを降りた。

「しょうがないよな……」


黒田は東京都稲城市に生まれ、中学まで剣道に励んだ。背の順はずっと前から二番目。小柄で細かった。テレビでＷＢＣ世界スーパーフライ級王者の徳山昌守がワンパンチでＫＯするシーンを見て衝撃を受ける。

「あんな細身でも相手を倒せるのか。自分もできるんじゃないか」

自らの体形と画面の中の徳山を重ね合わせ、高校一年の冬、生活圏内に新田ジム（当時）が設立されると知り、すぐに入門した。

「インターネットもない時代だったので、最初は立川市にある『ボクシングジム』と入り口に書いてあった謎のジムに入っていたんです。そしたら、そこはフィットネスジムでエクサイズが中心でして。一緒に入った友だちと二人で『どうしよう、間違えちゃったな』と話しているときに、ボクシング専門誌で新田ジムができると知ったんです」

やりたいことを始めるにあたり、どうしても自分の稼いだお金でボクシングジムに行きたかった。月謝を払うため、ファミリーレストランの「デニーズ」でアルバイトを始めた。

古橋にとって、黒田の第一印象は最悪だった。

「こんにちは！」

大きな声で挨拶をしても無視された。

黒田のほうが年齢は一つ上、ジムの入門も一年早いらしい。社交的な古橋とは対照的に、黒田は一緒にジムに入った同級生としか話をしない。愛想のない、偏屈な先輩だった。ジムに通い始めて半年が経った頃、トレーナーから声を掛けられた。

「ちょっと黒田とスパーやってみるか？」

古橋はこれまで一学年下の二、三人とスパーリングすることが多かった。黒田もまだプロテストを受けていない、アマチュアの高校生同士だった。

「はい、分かりました」

リングで対峙する。

面食らった。気付いたらパンチをもらっている。反応する間もなかった。鼻血が流れてくる。黒田を通じて初めてボクサーの速さを体感し、約束の二ラウンドを終えた。

古橋は鼻血を垂らしたまま、挨拶に行った。

「ありがとうございました」

「ああ……」

スパーリングの御礼を言ったのに、中途半端な言葉しか返ってこない。黒田はすぐにどこかへ行ってしまった。

ある日、黒田とともに、東京都足立区にあるＪＢスポーツジムのスパーリング大会に参加した。まだ二人ともプロテストを受ける前のことだった。古橋の予想に反して、黒田は負けた。的確さやパンチ力はあるが、手数が少ない。しかし、その様子を見ていた元ＷＢＡ世界スーパーフライ級王者のセレス小林が駆け寄ってきた。

「きみ、絶対にチャンピオンになれるから。これからも頑張って！」

黒田にそれだけ言うと、去っていった。

そばで見ていた古橋は驚いた。元世界チャンピオンの目から見ても凄いのか。わざわざ声を掛けにくるくらいの逸材なのか。同時に悔しさが込み上げてくる。古橋は何も言われなかった。

百やられても一は返すんだ

その後も、黒田はプロデビュー前だというのに、プロの四回戦ボクサーでは相手にならず、他ジムのA級ボクサーと練習し、互角に打ち合った。ジムでは変わり者。だが、古橋をはじめ誰もが実力を認めざるを得ない存在になっていた。

確かに創設したばかりのジムで黒田は突出したボクサーだった。

身長百六十七センチ、体重は五十キロ前後。手足が長くて細い体形もボクシングでは生かされた。アマチュア経験がないにもかかわらず、剣道で培った「応じ技」とカウンターはタイミングが似ており、黒田は拳での対人競技にすんなり入っていけた。

「剣道の経験が大きかったかもしれませんね。カウンターがなんとなく自分の中で分かったんです。剣道のここで打てば当たる、こうすれば相手はこう来る、というのがボクシングにはまりましたね」

ひょっとして頑張ればボクサーとしていいところまで行けるんじゃないか。野心が芽生えた。サンドバッグを打つときには、ジムの全員が振り返るような迫力を心掛けた。殺気が漂い、人を寄せ付けない。負けん気が強く、たとえジムメイトであってもライバル心をむきだしにした。

黒田は少し苦い笑みを浮かべ振り返った。

「ジムには友だちをつくりに来ているわけじゃない。必要以上に話すことなんかないと思っていました。当然、いずれは世界チャンピオンになるものだと思ってやっていたし、言い方は乱暴ですけど、俺は世界チャンピオンになるんだから、おまえらとは違うよ、と。誰にも負けたくなかったし、それくらいの気持ちで練習していましたね」

二〇〇五年五月三十一日、黒田は十八歳でプロデビューし、一回ＫＯで飾った。

そこからわずか一年半でライトフライ級の東日本新人王に輝き、技能賞を獲得した。七試合をこなし、戦績は六勝五ＫＯ一敗。五つのＫＯのうち、四つが一ラウンドＫＯだった。全日本新人王の決勝は一回二分十二秒ＫＯ勝利でＭＶＰを手にする。

会長の新田は黒田に光るものを感じていた。

ミットやサンドバッグに打ち込むワンツー。動体視力と反応もいい。ディフェンスでも目の良さがある。強さに貪欲な姿勢にも好感を持った。

「あいつは本当にひたむき。それだけなんですよ。人生、生活のすべてがボクシング。遊ばないし、彼女もいなくて。ただ、ときどき、うまくいかなかったり、自分の納得いかないことがあると、バーンと切れちゃったり。まあ、そういう闘争心って、ボクシングではある意味、必要な部分でもあるからね」

高校卒業後、週六日、朝六時から「デニーズ」でアルバイトをして、ロードワーク。その後、ジムで汗を流す。青春のすべてをボクシングに捧げようとしていた。

順調にキャリアを重ね、二十二戦目で日本ライトフライ級王座に就いた。のちに世界王者となる田口良一と引き分けで三度目の防衛に成功した後、井上と出会った。

「聞いた話によると、井上君と田口君が初めてスパーリングしたのとほぼ同時期です。本当に同じ週くらいに僕も彼と初めてスパーをやったんだと思います」

井上のプロテスト後、スパーリングパートナーとして、呼ばれる回数が多くなった。週に三日、大橋ジムを訪れ、多い日は八ラウンドこなすこともあった。試合よりダメージが大きく、頭痛が三日間治まらないこともあった。

この頃、既にボクシング界で「怪物」の噂は広まっていた。スパーリングで世界王者クラスを圧倒し、日本ランカーを倒した。あばらや鼻を折られた者もいる。断るトップ選手も多かった。だが、黒田は決して逃げなかった。プライドや恐怖心より、強くなりたい一心だった。

「自分としても井上君とやりたかった。デビュー前後の時点でスピード、技術、パワーはどう考えても世界トップクラス。世界のトップと自分との距離はどれくらいなのか、確認できるし、分かりやすい目印だったんです」

世界への道しるべ。井上という「目印」を追い掛けていけば、必ず世界チャンピオンにたどり着ける。そう確信した。

何度も拳を交えるうち、井上の特殊性を感じた。例えば左を打つと右を被せてくる。パンチを打ったらすぐに動く。一つ一つは基本に沿ったもので難しいことではない。しかし、どんな状況でも瞬時に正しい答えを導きだし、必ず最適な動きをしてくる。

「当たり前のことをやっているんですけど、全部の動きでクオリティを極限まで上げていくと、同じボクサーから見ても、何をやっているのか分からなくなるんです。相当、ジムでお父さん

（トレーナーの父・真吾）とやりこんでいるんだろうなと思いました。スパーリングをやっていて、本当に毎回毎回、違う人間が出てくるような感じでしたね」

自然と井上を意識するようになった。ジムでシャドーボクシングをするときは井上を敵に見立て、フェイントを入れ、パンチをたたき込む。前回のスパーリングの修正をして、攻略法を探る。まるで試合に臨むかのように準備をした。

「こっちもボクサー。やるからには殴られっぱなしでは嫌でした。百やられても絶対に一は返すんだ。ずっとそう思っていました」

負けん気が溢れ出る。決して一方的にやられていたわけではない。井上より上背があり、二十代半ばの黒田は体格面で押されることがなかった。一発当てると、井上が熱くなる場面もあった。

これらのスパーリングをそばで見守っていた新田が回想する。

「『何言っているの？』と言われるかもしれないけど、スパーで黒田はまあまあやるんです。こっちのほうが良いときもあったくらいで、尚弥や真吾トレーナーが『やりにくい』と、一目置いてくれたのも大きかった。相性もあるだろうけど、ラウンド数はこなせたんです」

「怪物」と闘う姿を見て、黒田のポテンシャルの高さを再確認し、新田も期待を寄せた。

心を読まれている

だが、「目印」はさらに遠ざかっていく。

井上はデビュー一年足らずで日本チャンピオンになり、その七ヵ月後には当時、日本最短のプロ六戦目でWBC世界ライトフライ級王者になった。一方の黒田はプロ二十七戦目の世界初挑戦でWBA世界フライ級王者ファン・カルロス・レベコに大差判定負け。その後、二階級目となる日本フライ級王座に及ばず、勢いは影を潜めた。

しかし、二人のスパーリングは続いた。

黒田の気持ちも変わらない。

「僕も彼と同じ舞台に立ちたい。彼と手合わせすることで世界を疑似体験できる」

井上は世界チャンピオンの中でも稀有な存在だ。たとえ「目印」に届かなくても、その道の手前には数人の世界王者がいる。

新田も同じ考えだった。

「尚弥との差は広がっていくけど、世界チャンピオンの多くはもっと近くにいるんだから、黒田にも絶対チャンスがある」

一方で、歯がゆさもあった。

「黒田はなかなかスパーリングの動きを試合で出せない。試合では『えっ』と思うことばかり。尚弥とあれだけやっているんだから、本番で出せればな」

試合が近づいてくると新田が発破を掛けた。

「尚弥とやっているんだから。相手がそれ以上強いわけないだろ」

黒田が頷く。おのずと練習に熱が入った。

井上が二階級上げ、WBO世界スーパーフライ級王者オマール・ナルバエスを倒した頃、強さのレベルが急カーブで上がっていくのを黒田は感じた。

「なんか、壁を殴っているような気持ちになったんです。こっちがパンチを打つ、あっちがブロックをする。でも、バランスを一切崩さない。井上君のパンチは元からあったんですけど、それ以外の部分が一気に底上げされた感じです。体全体の力っていうんですかね」

左フックを浴び、ヘッドギア上部の革が引きちぎれた。目の上をカットすることもあった。だが、めげない。いつしか大橋からこう言われるようになっていた。

「黒田君が尚弥と一番スパーをやっているよ」


背中を追い掛けてきた古橋は黒田にもどかしさを感じていた。

ジム内で誰よりも黒田と拳を交わしてきた。だから、その実力を嫌というほど知っている。日本王者に甘んじる選手ではない。

「日本タイトルを防衛しているときでも、パッとしない試合が続いていた。自分の目標としているが故、黒田さんの試合に正直イラッとしてしまうことがあるんです。『黒田さん、こんなもんじゃないでしょ』と。会長、トレーナー、ジムの古いメンバーにとって、黒田さんだけは別格なんです」

のちに日本スーパーバンタム級王座に就く古橋も井上と四、五度スパーリングをしたことがある。最初の日程が決まったときだった。ジムで黒田に会うと、真顔で言われた。

「井上君、強いよ。パンチが（野球の）硬球のボールみたいだから」

黒田の口から「強い」という言葉を聞いたのは初めてだった。相手が誰であっても、他のボクサーを褒めることはない。「あの黒田さんが……」と肝を冷やした。

これまで井上の試合はテレビで見てきた。多くのボクサーから「井上はスパーのほうが強いよ」と聞かされた。内心、「そんなことないでしょ」と思っていた。

実際に井上と拳を交わすと、他人とは少し違う印象を抱いた。もちろん、パワーがある、スピードも速い。それは当然ながら、驚いたのは別のことだった。

「先にアクションをしようとしたら、既にバックステップしていて、もう届くところにいなかった。例えば、右ストレートを打とうと思ったら、打つ前なのに、既にガードの手がその位置にあったりとか。やろうとすることが全部先回りされているようで、心を読まれているなと感じました」

古橋は井上と週二回のスパーリングを組まれたことがある。月曜日に一回目を終えると、激しく打ち合った試合後のような深いダメージを負った。鼻血が出た。頭も痛い。次のスパーリングが翌週だったらできるだろう。だが、今週中にもう一回は無理な話だった。

古橋は恥ずかしそうに懐かしんで言った。

「それで回避をするための言い訳を探したんです。井上君とのスパーで鼻を折られたわけではないけど、以前、鼻が天狗みたいに腫れちゃったことが何度もあったんです。病院に行けば絶対に骨折の跡が出るし、診断は出してもらえる。それで実際に病院に行って、二度目のスパーは中止にしてもらいました。会長には『いや、来週だったら行けます』と言ったけど『折れているからやめろよ』となりましたね」

おそらく黒田もそのようなダメージを負ったことが何度もあるだろう。それでも一切弱音を吐かず、淡々と大橋ジムへ足を運んだ。

古橋は尊敬の念を込めて言った。

「黒田さん、本当に凄いなと思います。だって、こんなに長く井上尚弥のパートナーを続けられたのは黒田さんだけじゃないですか。井上選手とスパーリングをした人なら分かるんですけど、あんなに長くやるのは絶対に無理なんです。黒田さんの評価、ボクシング界全体が低すぎますよ。だからこそ、黒田さんならもっとできるでしょ、世界で一階級、二階級と獲れるでしょと思うんです」


「現役中はいいです」


むろん、黒田も日本王者で納得はしていなかった。「目印」を追い掛け、世界王者に到達できると信じていた。

殻を破るため、新田から約二ヵ月間のメキシコ修行を命じられた。その終盤、メキシコシティでWBCラテンアメリカ王者との試合が予定されていた。元日本王者として記者会見に臨むにあたり、「こっちもベルトがあったほうが見栄えがいい」と気を利かせた後援会から日本チャンピオンベルトのレプリカを贈られた。以降、イベントや記者会見があると、新田から「ベルトを持ってきて」と頼まれる。そのたび、黒田は不機嫌になった。

「すごく嫌だったんです。だって、世界王者になりたい、世界チャンピオンのベルトが欲しいんですよ。なんで、日本チャンピオンのベルトを持って、満足げにしていないといけないんだ、という気持ちがあったんです」

川崎新田ジムは地域密着を掲げ、地元やサッカーJリーグの川崎フロンターレとのイベントも多かった。看板選手である黒田は必ず呼ばれる。チャンピオンベルトがあればスポンサーもファンも喜んでくれる。イベントに花を添える大切なものだった。

黒田は一度、新田に抵抗したことがある。

「今度のイベント、忘れずにベルトを持ってきてね」

「ちょっと嫌なんですけど……」

やんわりと断ると、新田は有無を言わせぬ口調で言った。

「持ってきて！」

不器用な黒田はイベントとはいえ、日本チャンピオンのベルトを笑顔で掲げることがなかなかできなかった。

メキシコ修行から帰国後、三試合を経て二〇一七年二月、日本フライ級暫定王座決定戦でユータ松尾を破り、日本二階級制覇チャンピオンとなった。それは井上とのスパーリングの賜物だった。

「僕は試合中の状況判断で間違った選択をすることが多かったんです。でも、松尾さんとの試合は打ち合っているんだけど、頭に血が上ることなく、頭の中がすごくクリーンでした。ああしようこうしようと判断できて、頭と動きががっちりかみ合いましたね」

スパーリングで井上の速いテンポに慣れたからこそ、一瞬一瞬の状況判断ができるようになった。試合のほうがゆっくりとしたリズムに感じられ、打ち合いでも冷静に次の展開をイメージできた。

精神的にも強くなった。当時、大橋ジムには井上の他に弟の拓真、世界三階級を制した八重樫東もいた。

黒田が笑いながら振り返った。

「新田会長から『今度、大橋ジムね』と言われるだけで、当日まで誰とスパーするのか分からないんですよ。事前に『尚弥選手とスパーだからね』と聞いていても、実際に行くと違う選手とやることもあった。だから、途中から誰とやるか聞かないようにしていました。大橋ジムで着替え終わって『お願いします』と挨拶して、初めて大橋会長から『きょうは誰だから』と言われる。三人ともスタイルが違うし、それぞれやりづらさがある。だから、体もそうだし、メンタルもすごく鍛えられましたね」

井上とは計百五十ラウンド以上拳を交え、一度もダウンを喫したことはなかった。

もしかしたら今の時代とは合っていないのかもしれない。黒田には譲れない考え方があった。

二〇一八年十二月からツイッター（現X）を始めた。

ＳＮＳで練習内容を記す選手もいれば、日常の出来事や食事についてつぶやく者もいる。試合の宣伝をしたり、ファンに御礼を言うボクサーもいる。使い方はさまざまだ。しかし、黒田は試合前の選手が対戦相手に「よろしくお願いします」とつぶやいているのを見て驚いた。

「プロ失格かもしれないけど」と前置きし、現役中はあまりボクシングのことを投稿しないように心掛けていたことを明かした。

「ボクシングはスポーツだけど、殴り合い。ＳＮＳで殴り、殴られする相手のことは見ないようにしていました。だから、対戦相手と親しげに挨拶するって、僕には理解できませんでしたね。古い人間かもしれないけど、自分以外のボクサーは全員ライバル。もちろん、井上選手に対してもそうでした」

妻、子ども、家族といった相手の私生活を知ってしまうと、いざというとき無意識に加減してしまうかもしれない。試合前、メディアの前で罵り合い、裏ではスポーツマンシップに則り仲良くする。そんなことができるほど黒田は器用な人間ではない。いつか闘うときが来るかもしれない。ずっと、井上のことも対戦相手として見ていた。「もし闘えば……」。スパーリングパートナーであろうとも、黒田には覚悟があった。

大橋ジムでのスパーリングの後、新田から「せっかくだから真吾トレーナーにアドバイスをもらえよ」と言われることもあった。相手からどう見えているか、助言をもらうのが強くなるための近道という真っ当な考えだった。

だが、黒田にとってはあくまで敵だった。挨拶はするが、余計な会話はしない。

「現役中はいいです」

そう言って首を振った。

黒田の武骨な姿勢は一貫していた。

井上との最後のスパーリング

井上がバンタム級に上げると、黒田とのパワーの差が歴然となり、スパーリングはめっきり減った。新田は慎重になり、黒田も「もうそろそろ」と思うようになった。

「彼とスパーをやることでマイナスになることはないとずっと思っていました。必ず何かを得られると思ってやっていたんです。でも、彼がバンタム級になったくらいからは、これはまともにやったら（ダメージやけがで）試合がなくなっちゃうぞ、と。そういうレベルになっていましたね」

黒田は日本フライ級王座の防衛を四度重ね、二〇一九年五月、六年ぶりとなる世界挑戦にたどり着く。試合二ヵ月前、久しぶりに井上と手合わせした。

「これ以上強い相手はいないから大丈夫。もう怖いものはない」

自らを鼓舞してＩＢＦ世界フライ級王者モルティ・ムザラネに挑んだ。伸びのある左ジャブを浴び、右目は青黒く腫れて塞がり、左目の上もカットした。血しぶきを飛ばしながら最後まで攻めた。だが、採点は最大六ポイント差をつけられ、〇―三の判定負け。

試合後、病院でＭＲＩ検査を受けた。写真を見ながら医師に告げられる。

「鼻のところ、骨が折れているよ。もうくっついちゃっているけど」

黒田には思い当たるふしがあった。約四年前、井上がスーパーフライ級に上げた頃のスパーリング。パンチをもらい、鼻の上部に強烈な痛みを感じた。病院に行かず、少し変形した鼻のまま生活し、練習に打ち込んでいたのだ。

二度目の世界戦に敗れ、進退を考えたが、やはり世界王座は諦められなかった。再起を決めたものの、新型コロナウイルス禍で試合は延期となった。復帰戦が再設定された二〇二〇年十月、しばらくぶりに大橋ジムから呼ばれた。

井上は米ラスベガスでのＷＢＡ、ＩＢＦ世界バンタム級王座防衛戦、ジェイソン・モロニー戦を一ヵ月後に控え、黒田の再起戦も一ヵ月半後に予定されていた。

一週間前、黒田は拓真とスパーリングをした際、左肘の筋が伸びたような感覚があった。少し違和感はあるが、問題ないだろう、とリングに上がった。

井上と対峙する。スパーリングは四ラウンドの予定で始まり、迎えた二ラウンド目。井上の体は岩のようだった。打っても弾き返される。どこを打っていいのか分からない。井上特有の速いテンポになり、動きにつられて黒田は慌ててボディーへと左フックを放った。

その瞬間、激痛が走った。

左肘から下がだらんと下がり、まったく動かない。すぐに井上にクリンチするかのようにくっついた。すかさず体を入れ替え、バックステップで井上から離れ、コーナーでしゃがみ込んだ。

新田はその姿を心配そうに見つめながら言った。

「とりあえず、リングの外に出ろ！」

スパーリングは打ち切りになった。

黒田はロープをくぐった。痛くて動けないはずが、力を振り絞り、井上のコーナーに歩み寄る。

「申し訳ありません！　本当にすみませんでした」

井上陣営に向かって、声を張り上げ、土下座して謝った。

新田はその行動に驚きつつ、だけど「黒田らしいな」と感じた。

「あいつはそういう性格なんですよ。スパーリングパートナーとして呼ばれたのに、四ラウンドの仕事を果たせなかった。尚弥にとって大事な練習時間を一秒たりとも無駄にしてはいけない。黒田にはそういう意識がある。ボクシングに対してもそうだし、誰に対しても真面目なんです」

激痛よりも仕事を全うできなかった責任感が上回る。黒田は心底、申し訳ないと感じていた。

「彼は試合前で四ラウンド、技術の確認をしたかったはずなんです。信頼されているから、スパーリングの依頼をされた。でも、せっかく呼んでもらったのに仕事を中途半端に投げ出すかたちになってしまった。今でも心残りです」

左上腕の腱断裂だった。幾度となく拳を交えてきた井上とのスパーリング。殴られたのではない。殴りにいって負傷した。黒田の試合は中止となり、その後、二度手術をした。

出会った二〇一二年五月から約八年半、これが井上との最後のスパーリングとなった。

二〇二二年一月、再起戦でプロ四戦目の新鋭に判定で敗れた。左腕はもうボクシングができる状態ではなく、グローブを吊るす決意は固まった。

戦績は四十二戦三十勝十六KO九敗三分け。日本二階級制覇チャンピオンとなり、合計八度の防衛を重ね、世界王座に二度挑んだ。十六歳のとき、ジムの月謝を払うために始めたアルバイトはファミレスの「デニーズ」からコンビニの「ファミリーマート」に変わり、三十三歳から介護施設で働き始めた。時が流れてもボクシング中心の生活は変わらなかった。

「これまで何度か引退しようかなと思っても、続けられたのは彼とのスパーリングが大きい。他の世界王者はここまで強くないだろうという思いがあったので」

そこまで言うと、フーッと息を吐き出した。

「現役十七年。彼に生かされた。長生きさせてもらいました。彼とやっていなかったら、日本王者の二階級制覇もなかったし、二度目の世界戦もなかった。もっと前に引退していたと思います。だけど、一番スパーリングをやった人間が世界王者になっていないのは、彼に失礼ですよね」

井上を懸命に追い掛け、挑み、闘い続けた。

「怪物と最も拳を交えた男」。その称号に感謝をしつつ、だけど、抗い続けてきたボクシング人生だった。

「結局、彼が主語になっているんです。そう言われるのは分かるんですけど、そこで満足したら未来がない。ボクサーならやっぱり自分が一番でいたい。黒田雅之が一番上に来ないといけないんです。ボクサーとしては払拭したかったんですよね……」

次の言葉に力がこもった。ずっと持ち続けた思いを吐露する。

「そりゃあ、彼は凄いですけど、現役である以上、たとえ自分以外の全員から『何を言っているんだ』と言われたとしても、『試合をやったら、俺のほうが強いから』という気持ちじゃないと、現役ボクサーの資格はないんじゃないかと思うんですよね」

その精神は井上から学んだものでもあった。

計百五十ラウンド以上、長く対峙したからこそ、分かることがある。

「今のボクサー、スポーツ選手はハングリー精神がないと言われるじゃないですか。でも、彼はすごくハングリー。強くなることへの『飢え』っていうんですかね。ものすごく感じました。現役選手の誰よりもあると思います。プロとしての向上心や一番になる気持ちがすごく強い。それはボクシングを辞めたとしても生きるうえで必要な精神だと思うし、僕もずっと持ち続けたいと思います」

何か吹っ切れたような、晴れやかな表情だった。


「黒田さんとのスパーは嫌でした」


二〇二二年六月十六日、黒田は引退会見を開いた。

報道陣から井上に関する質問が飛び、「プロテストの相手を務めたことについて、今どう思っているのか」と問われた。

「現役引退した今だから言えることですけど、すごく光栄です。引退していなかったら、絶対に言いたくないですけど……。井上尚弥のプロテストの相手、井上尚弥とたくさんスパーをした相手とか、現役中はそういうことは言われたくないとずっと思っていました。引退した今は、とんでもない選手と同じ時代に現役でいられたこと、すごく誇りに思っています」

過去にとらわれず、現状に満足せず、未来を追い掛けてきた。リングを去っても、その気持ちは変わらない。だから、あえて引退会見で口にした。

「日本チャンピオンだったんでしょ、井上選手とたくさんスパーリングをしたんでしょ、世界に二度挑戦したんでしょ、と言われることがあったとしても『そんなこともあったね』と笑って言えるくらい、今後の自分を高めていきたい。そういうことを忘れるくらいの人生をこれから歩んでいきたいと思います」

この日、黒田はツイッターで井上のアカウントにアクセスし、初めて「フォローする」のボタンを押した。

闘いは終わったのだ。

後日、新田に連れられ、お世話になった会長の大橋に引退報告をするため、横浜市の大橋ジムを訪れた。ジムでは拓真、井上のいとこの浩樹と顔を合わせた。だが、そこに井上はいなかった。

「もう帰っちゃったんだろうな」

黒田がそう思っていると、練習を終えた井上が現れた。

「お疲れ様でした」

井上の第一声は現役生活を終えた黒田への労いだった。スパーリングのときは挨拶を交わし、その日の感想を少し言い合う程度でじっくりと話すことはなかった。井上がこれまでを振り返るように言った。

「黒田さんとスパーするのは嫌でしたよ。最初の頃、ずっとお父さんと黒田さんの対策をしていましたから」

相手として「嫌」だと思われていた。ボクサーとして、最高の褒め言葉をもらった。黒田は肩の力が抜けた。ボクシング人生が報われた。黒田は心の底から感謝を伝えた。

「いやあ、井上君とスパーすることで、(選手生命を)長生きさせてもらいました。本当にありがとう」


私は黒田の言葉がずっと頭に残っていた。

「日本チャンピオンだったこと、世界に二度挑戦したことを忘れるくらいの人生をこれから歩んでいきたい」

少し不器用に見える元プロボクサーは引退後、どのような道を歩もうとしているのだろうか。どうしても気になり、あらためて話を聞いてみたかった。黒田と待ち合わせ、近くの「デニーズ」に入った。

「デニーズ」で井上との長い日々について振り返った

「あら、まーくん、久しぶりね」

　女性スタッフが黒田の顔を見ると、懐かしそうに挨拶をしてきた。黒田がアルバイトに励んだ「デニーズ」は二十二歳のとき閉店となった。だが、当時一緒に働いていた女性スタッフがその店舗で働いていた。

　黒田はスパゲティのジェノベーゼ、私はカルボナーラを注文した。

「あっ、たまたま思い出の二品になりました」

　何かを思い起こしたようだった。

「デビュー戦の計量が終わった後、後楽園ホールの近くの『デニーズ』でカルボナーラを食べたんです。でも、緊張と恐怖心でまったく味がしなかった。ジェノベーゼはメキシコに行く前、空港で食べました。僕より前にメキシコで合宿した古橋君から現地での危ない話を聞いていて『あっ、俺生きて帰ってこられない』と思った。そのときのジェノベーゼも味がしなかった。だから、二つとも味がしないスパゲティなんです」

味覚がなくなるほど、神経をすり減らしボクシングに賭けてきた。

今は違う。スパゲティを頬ばり、しみじみ言った。

「すごく美味しいですね」

二度目の世界戦が終わった後、新田から紹介され、介護施設で働き始めた。入所者のリハビリや入浴介助をし、介護士として身体介助をすることもある。自力で歩けない人、寝たきりの人、さまざまな人たちと触れ合い、自然と「何ができるか」を考える機会が多くなった。

人生観も変わった。

「上はおじいちゃん、おばあちゃん、下は小さな子どもまでボクシングの動きで体を動かすことによって、人生を楽しんでほしいなと思うようになりました。健康寿命を延ばせるように。ストレス解消だったり、格好良く、楽しんでパンチを打ってほしいなというのがあるんです」

これまで人生を捧げ、強さだけを求めてきたボクシング。一歩離れて俯瞰《ふかん》して見ると、ミットにパンチを打ち込む、サンドバッグを叩くといった動作はストレス解消になり、汗を流すことは健康増進につながる。シャドーボクシングでマイク・タイソンになりきるのもいい。井上尚弥のコンビネーションを真似てもいい。プロ志望のジムではなく、老若男女、誰もが楽しく、格好良くストレス発散できるジムをつくりたいという。

「その横には軽く食事ができる場所があったりすれば、なおいいですよね。運動前後に効果的なメニューを提供できれば、居心地がいいジムになると思います」

黒田は新たな「目印」を見つけ、それに向かって走り出した。

「夢ができたんだね」

私がそう言うと、スパゲティを食べる手を止めた。

「たぶん、一生何かを追い掛けているんだろうなと思います」

柔和な笑みを浮かべ、純真な目でそう言った。

第六章

一年ぶりの復帰戦

Warlito Parrenas

vs. ワルリト・パレナス
（フィリピン）

2015年12月29日　東京・有明コロシアム　2ラウンド　1分20秒　TKO

WBO世界スーパーフライ級王座初防衛

井上の戦績 9戦全勝8KO

家族のため、お金のために

前戦から三ヵ月以上経っても、進退を決められずにいた。あるスポーツ新聞には「一時は引退を決意したものの、フィリピンにいる奥さんから『お金を稼いで』と言われ、再起するかもしれない」と書かれていた。

フィリピン出身のワルリト・パレナス。かつて日本の勝又ジムに所属した「ウォーズ・カツマタ」として知られ、二〇一五年十二月二十九日、WBO世界スーパーフライ級王者の井上尚弥に挑戦した。あの試合、私には不思議に思えることがあった。半ば休養中の今なら、井上戦を振り返るとともに、話してくれるかもしれない。それと、外国人ボクサーが日本でどのような生活をしているのか、を知りたかった。

二〇一九年の春、私はパレナスが所属する兵庫県川西市にある森岡ジムを訪れた。柔和な表情のパレナスが出迎えてくれる。笑みの似合う、人の良さそうな顔だった。

「日本語は話せますか?」

私がそう尋ねると、右手の親指と人差し指で「少しだけ」と言って笑った。

ジムの練習場に隣接する事務所で向かい合う。

すると、パレナスが日本語で恥ずかしそうに言った。

「トイレ行ってもいいですか?」

「もちろん。あれ、緊張していますか?」

「少しだけね」

やりとりを聞いていた森岡ジム会長の森岡和則が冷やかすように割って入った。

「いつもトイレばかり行っているんですよ。なあ、ウォズ？」

愛称で呼ばれたパレナスは苦笑いを浮かべ、席を立った。

勝てば百ペソを握りしめ、負ければ五十ペソをポケットに突っ込んだ。日本円に換算すると、勝者は約二百円、敗者は約百円。フィリピンの小さな町に住む少年にとっては死活問題だった。

「ウォズ」ことパレナス・ワルリト・ジュニア・グレゴリオのボクシング人生は十二歳からファイトマネーとともに始まった。

「毎週土曜日、アマチュアの試合があってね。草ボクシングのようなもので、お金がもらえたのさ。私の家は農家で貧しく、父のサラリーは少なかった。だから、自分で稼いでいたんだ」

フィリピン・ネグロス島、海沿いの街カディスで生まれた。姉と弟の三人きょうだい。異母きょうだいもいる複雑な家庭環境だった。幼い頃からサトウキビ畑で働き一日数十円を家族に捧げてきた。

「フィリピンでボクシングを始めたと同時に漁師のアルバイトにも励んだ。父から『やったらどうだ？』と言われたけど、私は『嫌だよ』と言ったんだ。最初は怖かったし、怯えていたよ。でも初めての試合で勝ったとき、すごく興奮したんだ。そのとき分かった。勝ってお金を稼げば、自分も家族も幸せになる。世界チャンピオンになって、お金持ちになれば、両親やきょうだいを助けられる、ってね」

勝って百ペソ欲しい。

最初は小遣いのため。

それがやがて家族のためになる。

そう悟ったのだ。

強打を武器に勝利を重ねていった。十七歳でアマチュアのフィリピン代表となり、国内大会では計七度優勝した。二〇〇五年にはアジア選手権で金メダルを獲得した。だが、アマチュアの正式な戦績は残っていない。試合数について漠然と「二百」と書いてある雑誌もあれば、「三百」という記述もある。

「二百よりは多いよ。だって、十二歳から十七歳でナショナルチームに入るまで、ずっと毎週土曜日に試合をしていたんだから。まあ草試合だからレコードは残っていないよね。その後もアマチュアで二十一歳までやっていた。でもアマでは稼げない。もらった最高の賞金でも三百ドルしかなかったんだ」

二〇〇二年から元ソフトボールのフィリピン女子代表選手と同棲を始め、〇五年には一人目の子どもを授かった。〇七年、二人目が誕生するときだった。

「アマチュアではもう生活できない。家族のために一生懸命働かないといけなかったんだ。だから、プロになろうと思ったんだ。小さい頃から世界チャンピオンを夢見ていた。そしてお金持ちになりたい。なぜって、母やきょうだいのことも支えないといけないからね」

二〇〇七年四月、プロデビュー。しかし、ファイトマネーはオーストラリア人マネジャーに搾取され、ほとんどもらえなかった。プロで三年が過ぎた頃、既に世界王者となっていた亀田興毅、大毅のスパーリングパートナーに抜擢され、初めて来日した。


「あのときのことは話したくない」


当時、東京・お花茶屋にあった亀田ジム。

亀田家と懇意にしていた勝又ジム会長の勝又洋はスパーリングをじっと見つめていた。

フィリピン人ボクサーが独特のタイミングでパンチを放っている。聞けば、左利きの右構えだという。パンチ力は抜群で、亀田を相手に攻勢の場面も多かった。

「ちょっと、ピッと感じるものがあったんだよ。あのパンチ力を含めてね」

それが勝又のパレナスに対する第一印象だった。

勝又は一九九〇年から九六年までフィリピンで暮らし、タガログ語が堪能だった。フィリピン人の気質も熟知している。パレナスと話してみると、どうやらオーストラリア人のマネジャーに不満があるらしい。戦績は十七戦十二勝十KO五敗とまずまずだ。アマチュア経験も豊富で基礎的な技術はしっかりしている。しかも、できれば日本で闘いたいと猛烈にアピールをしてきた。

「本気で日本でやるつもりはあるのか？」

勝又の問い掛けに、パレナスは即答した。

「やりたい。より大きな試合をしたいんだ」

パレナスは思った。これはチャンスだ。フィリピンには妻も子どももいる。日本にリングを移せば試合もできるし、名前を売って稼げるかもしれない。

話はとんとん拍子に進んだ。

オーストラリア人マネジャーとの四年契約の終了を待ち、勝又ジムの所属選手になり、日本ボクシングコミッション（JBC）のライセンスを取得した。リングネームは「ウォーズ・カツマタ」。東京都江戸川区のジム近くにある勝又の自宅に下宿し、チーフトレーナーでベネズエラ出身のサンチャゴ・カバジェロと寝食を共にする。昼間は練習や亀田兄弟とのスパーリングで汗を流した。夜になればフィリピンパブで皿洗いのアルバイトに励む。稼いだお金はすべてフィリピンの家族へ送った。

「日本に来てから、フィリピンの妻と子どもたちだけでなく、両親、きょうだい、親戚をサポートするようになったんだ。みんなが『マネー、マネー』と言って私を頼ってくる。家族のことばかり考えていたね」

勝又もパレナスの家族思いを感じ取っていた。「世界一美人だよ」と妻の写真を見せてくることもあった。

「彼は残してきた家族のことを思っていた。日本では質素で、けちと言ってもいいくらい、お金を使わない生活をしていた。みんな向こうに送っていたんだよね。フィリピンで家を建てたら、玄関に『勝又ジム』って書くんだ、って言ったりしてね」

二〇一一年四月六日、東京・後楽園ホールで日本初戦を行い、強烈な右ストレートで須田拓弥に四回ＴＫＯ勝ち。

勝又は唸った。

「瞬発力がある。ここぞとひらめいたときに相手を倒すまで攻め抜く。その勝負勘がすごくい い。これは天下一品だな。世界王者になれる」

二戦目は全日本新人王でのちに世界挑戦する角谷淳志との激しい打撃戦となった。ダウンの応酬の末、三度倒して一回二分五十二秒ＫＯ勝ちで飾った。

勝又には売り出すための戦略があった。パレナスを、在日フィリピン人、フィリピン・コミュニティのヒーローに育て上げる。ジムがある小岩周辺には多数のフィリピンパブがあり、多くのフィリピン人が生活していた。

日本での三戦目は米軍キャンプ座間屋内体育館で行い、二百～三百枚のチケットをフィリピン関係者に配った。その中にはフィリピン大使館の人たちもいた。板垣幸司に対し、強烈なジャブで左目を腫れ上がらせ、一回終了後棄権で三連続ＫＯにレコードを伸ばした。

二〇一二年三月二十五日、勝又ジム主催の興行は「日比ボクシングフェスティバル」と題し、日本人ボクサー対フィリピン人選手の試合を並べた。世界的なボクサーでフィリピンの英雄、マニー・パッキャオからのビデオメッセージが届くほど熱が入っていた。会場の後楽園ホールにはフィリピン人の観客が目立ち、比国舞踊のアトラクションが披露されると、歓声が沸き起こった。祭りのような雰囲気の中、メインに登場したパレナスは元日本フライ級暫定王者の金城智哉に右フックを浴びせ、六回KO勝利で喝采を浴びた。

パレナスは徐々にフィリピン・コミュニティでの認知度を上げ、人気者になっていった。懇意のスポンサーも増え、金銭面でサポートしてくれる人も出てくる。五千円、一万円の小遣いをもらうこともあった。付き合いのあるフィリピン人やスポンサーと夜を過ごし、自然と帰りが遅くなる。夜中に帰宅することもあった。勝又との関係に少しずつ溝ができ、すれ違いが生じてきた。

勝又の顔が苦々しい表情に変わった。

「私はね、チャンピオンになる前に、お腹いっぱいになっちゃうとダメだと思っていたんですよ。そうなると、ストイックさが足りなくなり、練習に打ち込めなくなる。だけど、ウォズは高い志よりも目の前の果実をとってしまう。お金に弱い。やっぱり彼はフィリピンの中でも、とても貧しいところの出身だったからね。世界チャンピオンになるより、三度の飯のほうが大事。だから辛い思いをしてまで世界チャンピオンになるのは、彼の中では本末転倒なんだろうね」

パレナスにとっては、お金のため。ひいては家族のため。

勝又にすれば、世界チャンピオンになるため。

二人の間で目指すものが違ってきた。

来日して一年で五戦五勝五KO。世界ランクはWBCフライ級十五位まで上がった。ここで勝又が勝負を懸ける。「世界前哨戦」と題し、WBA五位、WBC十一位でメキシコのオスカル・ブランケット戦をマッチメイクした。

二〇一二年六月二十五日、後楽園ホールではフィリピン人シンガーが生歌を披露し、パレナスを激励した。しかし、一ラウンド、左フックをあごに浴び、わずか三十三秒でKO負け。日本に来てから初黒星を喫した。

勝又が回想する。

「ウォズはこの試合前まで世界ランカーに勝ったわけではないし、地域タイトルも獲っていない。だから、世界ランクに入るのは容易ではない。でもWBCに交渉して十五位に入れてもらったんです。（亀田の父）史郎さんにはWBAとも話してもらって、大毅と一緒にダブル世界戦ができればいいね、という作戦だった。私もいろいろ動いていたし、お金も使った。そういう中で迎えた試合だったんです」

勝又は失望し、二人の関係は悪化の一途をたどる。

ボクシングでの敗戦と異国での慣れない生活はストレスを増幅させた。人間関係でも悩みを抱えた。パレナスは精神的に疲弊し、体調を崩した。

初黒星から約五ヵ月後となる一二年十一月十八日、沖縄コンベンションセンターでWBOアジア太平洋スーパーフライ級王者のイサック・ジュニアに八回二十六秒KO勝ち。この試合を最後に、パレナスはフィリピンへ帰った。日本にリングを移して一年半しか続かなかった。

「精神的に限界だったことは間違いない。あのときのことはあまり話したくないんだ」

パレナスは振り返ることを拒み、口をつぐんだ。

暫定王座決定戦

フィリピンで入院し、静養に努めた。医師から「しばらく外部との連絡を絶ったほうがいい」と指導され、携帯電話を取り上げられるほど心は疲れきっていた。退院後、住みやすい都市の一つ、ネグロス島西部のバコロドで暮らした。サトウキビ畑が広がり、人々は温かい。パレナスは家族と穏やかな日々を送った。

一年が過ぎ、少しずつ体調が戻ってきた頃、フィリピンにコネクションを持つ日本のユナイテッドジムから声が掛かった。やはりパレナスの強打は魅力があった。

「もう一回ボクシングをやったらどうだ？」

マッチメイクをするプロモーション契約で、試合はフィリピンで行う。ジムの所属選手にはならず、あくまでフィリピン人ボクサーとして再スタートを切った。

二〇一四年三月二十七日、パレナスは一年四ヵ月ぶりの復帰戦をKOで飾った。

「そこから約一年で六連勝さ。WBOの地域タイトルを獲って、防衛を重ねていったんだ。ランキングを地道に上げて、世界ランク一位になった。井上が（右拳を）けがしている間、WBO暫定王座決定戦の話が来たんだ」

WBO世界スーパーフライ級王座に就いた井上がオマール・ナルバエス戦で右拳を痛め、長期離脱となった。そのため、暫定王座が設けられ、世界ランク一位のパレナスと同二位のダビド・カルモナの間で争うことになった。

二〇一五年七月四日に行われるメキシコでの暫定王座決定戦に向け、日本のユナイテッドジムで長期の合宿をすることになった。東京都江戸川区西葛西にあるジム近くのマンションに住み、トレーニングに励む。そこで指導していたのが、元世界王者のエドウィン・バレロ、内山高志らとの対戦経験がある阪東ヒーローだった。

「パレナスが暫定タイトルマッチをやるから勝たせてやってくれないか」

トレーナーの阪東はジムのオーナーからそう指示を受けた。阪東はパレナスから、いつもニコニコしていて温和な印象を受けた。口数は少なく、必要以上のコミュニケーションを取ってこない。おそらくシャイなのだろう。

試合まで二ヵ月ある。暫定王座を獲れば、その次は正規王者の井上と団体内王座統一戦の予定だという。練習を見ると、体幹がしっかりしている。特に力を込めているようには見えないが、強いパンチを打てる。洗練されたボクシングスタイルではないものの、アマチュアで訓練を積み、基礎はしっかりしている。パンチを打つ、避けるといった天性の勘もある。しかし、天才肌ゆえ、集中力が続かない。

阪東の想定より練習で追い込めなかった。

「与えられたメニューはしっかりやるんです。でも、練習の様子を見ていたら、集中力が切れているなと分かる。じゃあ、もう終わりにしようか、となっていましたね」

阪東はすぐにパレナスの心の弱さを見抜いた。ボクシングの練習は同じことを何度も繰り返す。ジャブ、ストレート、フック、ガード、ステップワークといった基礎を徹底的に反復し、その動きを習得することによって成長していく。それができなかった。

「目を見たら、嫌がっているなと分かりました。本当のトップボクサーは基本を繰り返す。それは楽しくないんです。はっきり言って、練習はつまらないことを永遠にやる。それには強い心が必要で、そうやって精度を磨いていく。でも気持ちの弱い子はつまらない練習に我慢できず、いろんなことに手を出してしまう。ウォズはそういうタイプで、本当に才能だけでやっていたと思う」

好きな練習はずっと続ける、だけど好みのトレーニング以外は仕方なくこなしているように見えた。パレナスから強さへの貪欲さを感じ取れなかった。

「お金を稼ぐためにボクシングをやっているんだな」

決して悪いことではない。ある意味、当然だ。だが、世界の頂点に立つためには物足りなさを覚えた。暫定王座決定戦に向けての練習は順調だった。対戦相手のカルモナは技巧派でカウンターが巧い。攻略法を練り、メニューをこなした。

敵地メキシコのカリフォルニア湾に近い、エルモシージョに乗り込んだ。

パレナスは序盤から好戦的で強打を狙い続けた。二回に強烈な右でカルモナを横転させた。三回もプレスをかけ続けた。だが、前に出る絶妙なタイミングでジャブをもらう。その後、カウンターを浴び、四、五回はポイントを失った。後半は右のオーバーハンド、左フックの一発に頼るボクシングになった。

フィリピンや日本での試合ならば勝っているだろう。手数は少ないが、確実にダメージを与えている。だが、ここは敵地のメキシコだ。

阪東は歯がゆかった。

「もっと手数を出して、もう少しプレスをかけていこう」

パレナスが大振りになると、カルモナはコンパクトなパンチを当ててくる。

ジャッジ三人の採点は一一五―一一二でカルモナ、一一五―一一三でパレナス、残る一人は一一四―一一四、三者三様の引き分けに終わった。

「ウォズが勝っていたよ！」

試合後、阪東は会場で見知らぬ人から声を掛けられた。

パレナスはいつも通りの笑顔で、ドローの判定にもあっけらかんとしている。敵地でよく闘い抜いた。最悪の「負け」は免れた。世界ランク一位を維持し、次へとつながった。充実感と安堵感のほうが大きかった。

「もう少し前に出て手数を出せば、確実に勝っていたよ」

控え室に戻り、阪東がそう言うと、パレナスは初めて悔しそうな表情を浮かべた。

孤独

暫定王座戦から二ヵ月後、休養していたWBO世界スーパーフライ級王者の井上から対戦オファーが届いた。試合は二〇一五年十二月二十九日、東京・有明コロシアム。世界ランク一位のパレナスとは指名試合として行われることになった。

王者はこれが初防衛戦で、八勝七ＫＯ無敗の二十二歳。世界戦の発表記者会見で井上はこう言った。

「一％の不安と九十九％の楽しみがある」

ナルバエス戦のセンセーショナルなＫＯ劇は「モンスター」の名を世界に知らしめた。しかし、その代償として右拳を痛めて手術を受け、試合から遠ざかった。右拳の故障と一年のブランク。その不安が一％あり、残りの九十九％は試合をできる喜びに溢れていた。

三十二歳のパレナスはキャリアで勝り、二十四勝のうち二十一ＫＯ。右の一発とパワーは際立つ。暫定王座戦に続き、タイトルのチャンスが巡ってきた。

「とても興奮したね。やっとチャンピオンと闘える。小さい頃からの夢だったナンバーワンになれる、世界チャンピオンになれると思ったんだ」

カルモナ戦と同じく、試合前に日本のユナイテッドジムで調整することになった。万全を期すため、三ヵ月前に来日した。日本なら時差もなく試合に臨め、気候も体に馴染む。メリットは大きかった。

井上にとっての不安。それは阪東にとっての好機でもあった。

「試合を聞いたとき、これはチャンスだと思った。ウォズはスーパーフライだけど（三階級上の）フェザー級くらいのパンチ力を持っている。井上君は一年のブランクがあるし、故障明けの右拳だって、どうなるか分からない。プレッシャーをかけながら、後半勝負に持ち込めば勝てるかなと思いました」

提示されたファイトマネーは三百万円。井上の試合はフジテレビが中継し、多数のスポンサーもついている。挑戦者としてはまずまずの額といっていい。

阪東はパレナスの目をじっと見つめ、力を込めて言った。

「井上に勝ったら次のファイトマネーはもっと凄いぞ。『〇《ゼロ》』が一個増える。一桁多くなるんだ。だから頑張ろう」

パレナスは井上戦へ向け、ジムが借り上げた3LDKのマンションに滞在した。ジムまで歩いて十分強の距離。そこに一緒に住んでいたのが、パレナスと同じくフィリピン出身でユナイテッドジムの契約ボクサー、ライアン・ビトだった。それぞれ部屋をあてがわれ、リビングやキッチンを共用する共同生活が始まった。

ビトは田口良一とも対戦経験があり、戦績は四十一戦二十二勝八KO十六敗三分けのベテランボクサー。井上―パレナス戦のちょうど二週間前にあたる、十二月十四日に東京・後楽園ホールで戸部洋平戦を控えていた。自身の試合後、そのまま日本に残り、パレナスのセコンドに就くことになった。二人は二〇一〇年夏、フィリピン・マニラで同じ興行に出場し、以降は階級が近いこともあり、見知った間柄だった。

ビトはフィリピン中部ビサヤ諸島にあるレイテ州に生まれた。両親の記憶は一切ない。幼少期からホームレスとなり、駅や公園で生活した。

「ボクシングは試合をすればお金をもらえるからね」

道具はいらない。拳一つで闘える。手っ取り早い収入源として、十一歳から始めた。リングに上がってはわずかなファイトマネーで食料を買う。生きるためにボクシングは必要だった。

フィリピン、故郷に残している家族、ボクシング、ユナイテッドジム。二人の共通項は多かった。だが、ビトがパレナスと話す話題は限られていた。

「ウォズはお金、お金、お金……。いつもお金の話ばかりだったんだ。お金を稼いで奥さん、家族に送るんだと話したと思ったら、お金を稼いでフィリピンに帰るんだとまた話す。人の価値観は同じではないから、お金が重要でもいい。もちろん、人生にとって大切なことだ。でも、自分にとっては仕事が楽しい、生活が楽しい、友だちがいて嬉しい。それも重要なことなんだ。私はお金は生きるために、ちょっとだけあればいいと思っているからね」

パレナスは部屋に閉じこもる時間が多かった。

社交的なビトと、内向的なパレナス。

性格の違いもあった。ビトは、入れ替わりで訪れるフィリピン人ボクサーや日本人ボクサー、練習生ともコミュニケーションを取り、日本での生活を楽しんでいた。一方のパレナスはいつも一人だった。

「どうしたの？」

そう尋ねても、パレナスから返事はなかった。

次第にフィリピン人選手はパレナスに近寄らなくなった。ビトが練習を終え、西葛西のマンションに帰ると、部屋の中から家族と電話で話すパレナスの声が聞こえてくる。

日本でのパレナスは孤独だった。

三百万円のファイトマネー

練習はカルモナ戦と比べ、熱が入った。

だが、やりきってはいない。阪東にはやはり物足りなさがあった。

「ウォズは、けがではないんだけど、体を気にして少しセーブするところがあった。本当はもっとやりたかったんだけど、そこまでやってしまうと、痛がったり、本当にけがをしてしまう可能性もある。じゃあ、このままの練習でコンディションを合わせていこう、作戦だけ練っていこうとなったんです」

井上は拳に不安がある。一年ぶりで試合感覚も鈍っているだろう。だから、パレナスは最高のコンディションでリングに上がる。前に出ながら、井上の右のパンチをおでこの硬いところで受け止めれば、井上は再び右拳を痛めるかもしれない。そして、パレナスの威力ある右を当てる。できるだけ長期戦に持ち込もう。いくつかの作戦が二人の間で共有されていた。

試合を翌日に控えた二〇一五年十二月二十八日、東京・九段下のホテルグランドパレスで計量が行われた。パレナスはリミットから四百グラムアンダーの五十一・七キロでクリアした。これで試合が成立する。陣営はファイトマネーの三百万円をパレナスに渡した。これまで手にしてきた額より一桁多い。

そのとき、阪東は思った。

「彼にとっては相当な額。試合前に心が満たされたら困るな」

だからこそ、改めて諭すように言った。

「ウォズ、おまえは三百万円の選手じゃないんだぞ。この試合に勝てば『〇』がもう一個増える。もっと稼げるんだ。明日、勝とう」

ビトも鼓舞した。

「勝ったら、ワールドチャンピオンだぞ」

その言葉にパレナスは黙って頷いた。


森岡ジムの事務所は穏やかな雰囲気に包まれていた。

私の問い掛けにパレナスは答え、時折、森岡が補足をしてくれる。インタビューは一時間半が過ぎようとしていた。

「試合の映像を持ってきたんですけど、一緒に見ていただけますか？」

遠慮気味にパレナスに聞いた。

「うん、もちろんいいよ」

あっさりと答え、屈託のない笑みを浮かべている。負けた試合をそれほど意識しているようには感じられなかった。

「試合後、映像は見たことあるのかな？」

「うん、何回も見ているよ。五回くらいかな」

私はＤＶＤプレーヤーで井上戦を再生しようとした。

「ちょっと待って」

パレナスは三度目のトイレへと席を立った。

「負けた試合は勉強になるんだよ」

戻ってくると、そうつぶやいて、画面の中に入っていった。


「イノウエ、パンチ、ツヨイ……」


試合開始のゴングが鳴った。

両者が軽くグローブタッチをする。井上にとって一年ぶりとなる試合。少し様子を見るのかと思いきや、すぐに動き出す。

開始十秒過ぎ。ボディーへの左から右ストレート、左のアッパー二連発が飛んできた。威嚇するような素早いコンビネーション。速い。会場から感嘆のため息が漏れ、観客の視線が釘付けになる。ガードをしたパレナスは大きく首を振った。

「井上のパンチはとてもとても速かった。とてもとても重いパンチだった。これまでのボクサーとは明らかに違う。初めての経験だね。でも、首を振って、見ている人たちに『効いてないよ』と伝えたかったんだ。実際にダメージはなかったからね」

セコンドの阪東の見方は少し違った。

「ああ、心が折れちゃったかな」

パレナスが首を振った瞬間、察知した。

「ウォズは、思っていたより井上君のスピードが速い、パンチが強いと認識しちゃったんです。あれで体が固まっちゃった」

開始からわずか十数秒。パレナスは井上尚弥という「モンスター」を体感した。異次元のスピードとパンチの強さ。当初の作戦は体を振りながら、プレスをかける、相手を下がらせ、得意の右を打ち込む。だが、気持ちがついてこない。怖じ気《おけ》づき、動きが硬くなり、実行できなくなってしまう。

阪東から見た井上の動きは想定の範囲内だった。必死に指示を送った。

「ウォズ、もっと体を振って！　止まるな！」

一分半過ぎ。左フックから右、またも左アッパー二発のコンビネーションをもらう。ガードの堅いパレナスは再び首を振って、にやりと笑った。

「やっぱりお客さんに大丈夫だと見せたかったんだ。それもまたテクニックさ。だけど、実際は少しフラフラした。頭がクラクラする、とても強いパンチだった」

井上のコンビネーションに合わせてカウンターを狙っていた。だが、パンチを放とうと思った瞬間、王者はもうその場所にはいなかった。相手の動きが速すぎて打てない。初めての経験だった。井上に翻弄され、第一ラウンドが終わった。

コーナーに戻ってきたパレナスに阪東がアドバイスを送る。

「動きが硬い。もっと体を動かそう。体を振りながらプレスをかけていこう。ウォズ、おまえの攻撃は間違いなく強いんだ」

するとゝパレナスが日本語でぽつりと言った。

「イノウエ、パンチ、ツヨイ……」

それを聞いたビトが諭すように助言した。

「ウィービング、ウィービング。手数が少ないから、もっとジャブを出そう」

そして、ビトは強い口調で言った。

「頑張ろう、世界チャンピオンになるんだ」

パレナスは何も言わず、頷いているだけだった。

第二ラウンド。

パレナスも前へ出る。しかし、四十秒過ぎ、離れ際の左フックを顔面に食らった。

「あのパンチはグレートだった。ダメージがあった」

その後ロープに詰められ、連打を浴びる。少し距離が離れたかなと思った瞬間、左、右、左、右と怒濤のごとく飛んできた。両腕のガードの上から浴びたパンチ。体幹の強いパレナスが体ごと吹き飛ばされた。軽量級とは思えない、鮮烈のダウンシーン。

パレナスは信じられなかった。

「アマチュアから何百試合とやってきたけど、あんなの初めて。ガードをしているのに……。他のボクサーとナオヤ・イノウエはまったく違う生き物なのか。天から与えられた才能があるのか、と思ったね」

パレナスは足元をふらつかせながらも立ち上がった。

「耐えて、凌ぐ。なんとか持ちこたえて、ダメージを回復させよう」

頭の中でこのラウンドの方向性が定まったとき、井上は既に距離を詰め、目の前にいた。倒しにきている。右のショート、大きな左フックを浴びた。まるでハンマーで殴られたようだった。後ずさりする。続けざまに右、左とパンチを浴び、リングにひざまずくようなダウンになった。レフェリーがカウントを数える。ワン、ツー、スリー……。

パレナスは立ち上がろうと片膝をついた。

次の瞬間、右拳をリングにたたきつけた。

私には不思議に思えた。本来なら井上にたたき込むはずだった右拳。ボクサーにとって、大切な右拳。それをリングに向けて放ったのだ。

なぜ……。

「とてもがっかりしたんだ。ここまで厳しいトレーニングを経て、頑張ってランキングを上げて、ようやく世界戦まで来て、チャンピオンになれると思った。夢のため精一杯やってきた。それがたった二ラウンドで終わってしまう。負ければランキングも下がる。すべてを失うんだ……。自分自身への失望と怒り。それでリングを叩いたんだ」

世界の頂点を目指し、十二歳から二十年かけて歩んできた。異国に拠点を移し、精神的な疾患を乗り越え、世界ランクという階段を一段一段上がってきた。あと少しで頂点に立てるところまでたどり着いた。それなのに……。自らに幻滅し、怒りをどこにぶつけていいのか分からない。

右拳をキャンバスにたたき込むしかなかった。その後、立ち上がろうとしたパレナスは足がもつれ、レフェリーに抱えられた。

二ラウンド一分二十秒ＴＫＯ負け。

これまで積み上げてきたものが五分足らずで崩れ落ちた。阪東に支えられ、コーナーに戻った。

その横で井上が両手を上げ、リングを小走りしている。一年ぶりのリングでまたも圧倒的な強さを見せつけた。ガードの上からでも倒す破壊力は再び世界に衝撃を与えた。

「ボクシングは最高です。めちゃくちゃ楽しかったです」

傷一つない顔で勝利者インタビューに応じる姿は世界タイトルマッチの直後とは思えない。

「統一戦も視野に入ってきた。オファーがあればアメリカでもやってみたい」

井上の夢も周囲の期待も膨らんでいく。

観客の視線が王者に注がれる中、パレナスはそそくさとリングを降りた。

阪東は落胆していた。一番嫌いな負け方だった。肉体的なダメージではなく、気持ちで負ける。俗に言う「嫌倒れ」。嫌になって倒れる、勝負を自ら諦めたような負け方だった。

控え室に戻り、一つだけ聞いた。

「なんで作戦通りできなかった？」

パレナスから答えは返ってこなかった。

セコンドに就いたビトも半ば呆れていた。手数を出さず、あっさり試合を投げ出したパレナスに言った。

「どうしたの?」

「ベリー、ストロング……。凄い、凄い」

パレナスの言葉を聞いて、ビトは思い出した。強い相手とスパーリングをする前にはいつも「ドキドキする」と緊張していたことを。すぐに心が折れてしまうことを。

「もういいよ」

そう言って、ビトは控え室を出ていった。

パレナスはファイトマネーで手にした三百万円でフィリピンに家を建て、家族のために車を購入した。

初めて居場所ができた

私が阪東を初めて取材したのは、パレナスをインタビューした十日後、二〇一九年三月下旬のことだった。東京・江戸川区にあるユナイテッドジムを訪れた。

一通り、パレナスの人となりやボクサーとしての特徴、練習での思い出を聞き、話は井上との試合に及んだ。パレナスと一緒に試合のビデオを見たように、阪東にも尋ねた。

「一緒に試合映像を見てもらうことってできますか?」

「ちょっと……。自分の選手が負けたのは……」

阪東はやんわりと断った。

井上戦から三年三ヵ月が経っていた。その表情に悔しさがにじむ。まだ悔恨があるのだ。

「失礼しました」

私は頭を下げ、自分に言い聞かせた。悔しいのはボクサーだけではない。全身全霊を懸け、選手をリングへ送り出したトレーナーにとっても敗戦なのだ。デリケートな部分に焦点を当てていることを肝に銘じなくてはならない。

「自分はウォズのことをすごく買っていたんですよ」

阪東はそう切り出し、心情を吐露し始めた。

「あの試合、もう少しできたと思うんです。言い方は悪いけど、ウォズはびびった状態なんで、ガードの上からでも効いちゃった。もちろん想像以上のパンチだったと思う。プラス、心が折れていたんで倒れちゃった」

次の言葉に感情がこもった。

「でも、リングを叩く余裕があったので……。まだいけるだろうと思ったら、ウォズは諦めちゃった」

悔しがるパフォーマンスよりも、もう一度立ち上がり、井上に向かっていってほしかった。

「まあ、難しいところなんですけどね」

阪東は言葉を選びながら続ける。

「日本人とフィリピン人では、ボクシングへの考え方が違うのかもしれない。もう少しやってほしかったけど、ウォズは危険を感じたのかな」

日本人ボクサーの多くは最後の最後まで諦めず一％でも可能性がある限り闘い抜き、逆転にかける。途中で投げ出さず、やり抜く。それが美徳とされる。しかし、力の差を感じたならば、致命傷を負わずにリングを降りる。それもまた一つの考え方かもしれない。もうパレナスは自分一人の身体ではないのだ。妻、子ども、両親、きょうだい、親類、町中の子どもたち……何十人もの生活を背負っている。

もちろん、パレナスは勝つつもりでリングに上がった。倒す気持ちで挑んだ。手を抜くことは一切なかった。だが、開始十数秒のコンビネーションで実力差が分かり、時間の経過とともに心は折れ、致命的なダメージを負う前に勝てないと悟ってしまった。その決断を誰が責めることができようか。

リングに向けた拳。それは自分自身への怒りであり、敗北を認めたパンチでもあったのだ。

阪東はパレナスを思いやり、自問自答するかのように言った。

「ウォズはかたちとしてはフィリピンから出稼ぎに来て、家族のために闘って、帰ったということだと思うんですよ。僕のことは仕事のパートナーに過ぎなかったのかな。人として尊敬の心を持ったり、思ってくれていれば、もっとコミュニケーションを取れたと思うんです。私かららすごく可愛いんですけどね。まあ、そういうもんですかね、そうなんでしょうけど……」

何のために闘うのか。世界チャンピオンになるためか。それともお金を得るためか。

思い出すのは計量後、ファイトマネーを渡したときだった。

「一回お腹がいっぱいになっちゃったのかもしれない。ウォズは違うと思うけど、タイの選手とかはできるだけ多く試合をして、なるべくファイトマネーをもらう。それが生活費になる。そういう感覚が少しあるのかな。なければ、勝つ可能性が高かったと思っています」

阪東は私の目を見て、少し申し訳なさそうに言った。

「いいですよ。試合のビデオ見ましょうか」

私は頭を下げ、再生ボタンを押した。画面を見ながら、阪東の解説に聞き入った。

映像が終わると、阪東はしみじみ言った。

「井上君、凄いなあ。本当にしっかり練習している。練習していないとあのスピードは出ないし、足も使いきれない。地面を蹴ってそのエネルギーが拳の先まできちんと伝わっているんですよ。それを繰り返して、しかもそのスピードが速い。打つときには最後しっかり拳を握っているので強いパンチになるんです。速いだけならガードで弾けるんだけど……。あれは硬くて強いパンチだと思う」

現役時代の阪東はスーパーフェザー級を主戦場に四十戦二十二勝九KO十一敗七分けの戦績を残した。七試合連続一回KOの日本記録を持つユウジ・ゴメス、世界二階級を制し二十七戦全勝全KOのバレロ、KOを量産した元世界王者の内山ら幾多のハードパンチャーと拳を交えた。

「僕はね、たくさん負けたけど、本当に強いと思ったのはバレロしかいないんですよ。あとの選手は巧くて、なんとなくフェードアウトされるというか。でもね、バレロはやらなきゃ殺される。ポイントなんて関係なく、殴り合って倒す。バレロの圧力は本当に凄かった。でもね、もしかしたら、今の井上君もそうかもしれないですね」

パレナスは井上戦の後、しばらくリングから遠ざかった。

「またもう一度スタートを切って、一つずつ階段を上がろうとは思えなかったんだ。それはあまりにもハード。ボクシングはもういいよ、と思ったんだ」

七ヵ月が過ぎた二〇一六年夏。

兵庫の森岡ジムから丸田陽七太《ひなた》のスパーリングパートナーの依頼が来た。その仕事をこなし、フィリピンに帰る予定だった。

森岡がパレナスとのやりとりを振り返る。

「スパーリングが終わったら、帰って引退すると言うから、『それなら、うちにトレーナーとして来るか？』という話になったんです」

いずれ外国人トレーナーが欲しいと考えていた。どんなことを選手に伝えてくれるのか。独自の視点があるかもしれない。森岡には狙いがあった。

パレナスは快諾し、森岡ジム所属のトレーナーになった。

ジムの二階にある合宿所に住み込みで給料をもらう。通いのトレーナーたちと一緒に食事をし、衣食住に不自由はなかった。森岡の尽力により、一年の技能ビザを取得。フィリピンへ帰るときには渡航費も出た。小遣いまでもらえる。パレナスは経験のなかった好待遇を喜んだ。

「一年のビザを取ってくれた初めてのジムなんだ。これまではずっと三ヵ月のビザだった。日本で働いて、二ヵ月くらい経ったら、一度フィリピンに戻る。また日本に来て働く。また帰る。ずっとその繰り返し。そういう生活だったんだ」

森岡は受け入れる日本側の事情を説明する。

「日本のジムからすれば、一年のビザを与えて、怠けられたら困る。一年保証するのはリスクが大きいんです。だから、三ヵ月のビザで一生懸命働いてもらったほうが安全。だけど、ウォズの人間性や働きぶりを見たら、悪いことをする子じゃないし、一年のビザのほうが安心して働けるかなと思ったんです」

勝又ジム、ユナイテッドジムでは、ジム側もパレナスに世界王座を期待した。必死になって二人三脚で頂点まで上り詰めようとした。だが、森岡ジムが求めるものは違った。山あいの高級住宅地にあり、フィットネス目的の一般会員も多く、ファミリーのような温かい雰囲気が漂う。和やかな空気と緩やかな時間の流れ。森岡ジムはパレナスの性分に合っていたのかもしれない。

森岡が一般会員にパレナスを紹介する際、必ず付け加えた。

「日本で井上尚弥とタイトルマッチをした選手なんですよ」

周囲の見る目が変わった。みんなから一目置かれ、トレーナーとして働いた。ジムのスポンサーや一般会員から小遣いをもらい、洋服、靴、十数万円のカメラをプレゼントされることもあった。ジム生はフィリピンに残した家族のことまで心配してくれる。いつしか一般会員の人気者になっていた。誰もがファミリーの一員のように扱ってくれる。

孤独を感じなかった。日本で初めて居場所ができた。

しばらくして、パレナスの心に変化が生じてきた。

「もしできるなら、試合をしてもいいですか？」

森岡ジム所属のトレーナー兼選手。もう、世界チャンピオンを目指すのではない。闘うのは、お金のため。

森岡もその目的を共有し、パレナスの良き理解者となった。

「ウォズにとっては、トレーナーをしながら闘うのが一番いいんでしょうね。トレーナーの給料の他にファイトマネーももらえるから。たまにね、試合会場でフィリピンから招聘された選手やトレーナーから言われたんですよ。『ウォズは幸せだ』ってね。フィリピンの人たちはウォズの状況をうらやましがっていましたよ」

二〇一七年十二月九日、井上戦以来、約二年ぶりのリングを一回ＴＫＯ勝利で飾った。

憎めない男

勝又ジムから始まり、ユナイテッドジム、そして森岡ジムと日本のジムから声が掛かった。

森岡はパレナスの性格が「日本人に似ているからでは」と分析した。

「根が優しい。気を遣っているのか、何かあったとしても我慢して言わないんです。心の中で溜めてしまう。でも、すぐに顔に出るから『何を悩んでいるんだ？』と分かるんですけどね」

生涯、日本でトレーナー業を勤め上げるのは難しい。パレナスの将来を思い、森岡は事あるごとに助言した。

「フィリピンの若いボクサーを選んで日本に連れてくるとか、もしくはウォズが日本で、奥さんがフィリピンでマネジャーとなり、日本とフィリピンの架け橋になるとか。ウォズにしかできないこと、みんなから必要とされることを今のうちから考えておいたほうがいいよ」

パレナスは頷くが、なかなか実行に移さなかった。

再起から二試合をＫＯで飾り、その後、ＷＢＯアジア・パシフィックスーパーフライ級王座決定戦で船井龍一に八回ＫＯで敗れた。引退を考えたが、フィリピンの妻から鼓舞された。

「ウォズ、あなたはまだ強いよ。頑張って！」

再びリングへ上がった。

二〇一八年十二月九日、石田匠に判定で敗れ、また進退に悩む。

「三十代半ばだけど、まだ闘いたい。でもボクシングのトレーニングはとてもハード。常に悩んでいる。大切なのは働くこと。フィリピンの家族からは『マネー、マネー』と言われるからね」

パレナスは毎月の給料から一万円だけ手元に置き、残りすべてを送金した。日本で銀行口座を持てず、兵庫・川西から大阪・梅田まで足を延ばし、送金の手続きをする。交通費、手数料を引くと、六千円程度しか残らなかった。

パレナスの父は長期間療養し、二〇一八年末、帰らぬ人となった。入院代から葬儀代までパレナスが一人で負担した。妻と二人の子ども、母はもちろん、きょうだい、妻の家族、妻の弟の子どもたちの生活まで面倒をみるようになった。クリスマスにはサンタクロースとしてフィリピンに帰り、親のいない子どもたち約五十人を集めて、プレゼントを配る。

船井戦のファイトマネー四十万円と、石田戦の三十万円はすべて故郷に持ち帰った。

「フィリピンでは、家族や親類に仕事がなければサポートしたり、お金を渡すんだよ。ネグロス島の男の人たちはあまり仕事がない。稼げる人がみんなを支える。闘えばファイトマネーを送ってあげられるから、どうしても、もう一回闘おう、またリングに上がろうと考えてしまうんだ」

二連敗を喫し、練習から遠ざかった。一般会員を相手にトレーナーとして指導することに専念した。だが、日本ボクシングコミッションから「引退扱いで日本、東洋太平洋のランキングから外していいですか」と連絡を受けると、パレナスは「もしかしたら、また試合をやるかもしれない。ランキングには残しておいてほしい」とこだわった。

するど、試合のオファーが舞い込んできた。東洋太平洋バンタム級チャンピオン栗原慶太とのタイトルマッチだった。

森岡は断る前提で、念のためパレナスに伝えた。

「一応、試合のオファーが来たから。東洋タイトルマッチで」

その話を聞くと、パレナスは小躍りして喜んだ。

「会長、チャンスよ、チャンス！」

「おまえ、全然練習してへんやんけ。普段、走れてへんやん」

森岡は笑うしかなかった。パレナスが少し走っただけで息切れすることを知っている。

「会長、走る、走る。走るからやらせてください」

パレナスには右の一発がある。ボクシングは何が起こるか分からない。

「もし、厳しい展開になったら、けがをする前に、早めに止めてあげればいいか……」

森岡は内心そう思い、渋々、了承した。

二〇一九年五月十日、東京・後楽園ホール。半年ぶりの試合は、開始二十五秒で右のクロスを浴びてダウンを喫した。パレナスは立ち上がろうとしたが、思うように足が動かない。わずか三十五秒でKO負け。東洋太平洋タイトルマッチの最短KOタイムを献上した。

十二歳からファイトマネーとともに歩んできた。三十五歳となり、ボクシング人生は二十三年。戦績は三十七戦二十六勝二十三KO十敗一分け。

この試合を最後に、リングを去った。

パレナスは取材中、四度目となるトイレから戻ってきた。

現役生活を振り返ったとき、井上戦は分岐点であり、勲章にもなっているという。

「私にとって大きな栄誉。彼と闘えたことが幸せ。井上はとても強くて人気がある。彼と闘ったことによって、多くの人に知ってもらえたからね。マニー・パッキャオはフィリピンだけでなく世界でオンリーワン。だけど、もしかしたらナオヤ・イノウエも同じようになるかもしれない」

井上尚弥の凄さ。それは敗者があまりの強さに脱帽し、拳を交えたことに感謝し、誇りにさえ思うことではないか。そして真のチャンピオンは闘った相手に恩恵をもたらし、幸せにする。

パレナスは井上戦のファイトマネーで家を建て、車を買い、家族、親類を養った。「井上と闘った男」として知名度も上がった。たとえ敗れようが、あの試合は人生の幸福への道を拓いたのだ。

ただ、ときどき頭をよぎることがあるという。冗談めかしてこう言った。

「もし、彼が同じ時代にいなければ……。もしくは彼のけががもう少しだけ長引いたとしたら、私が世界チャンピオンになっていただろうね」

井上と同じ時代に生まれ、同じ階級だったゆえ、頂点までたどり着けなかった。

パレナスは引退後も森岡ジムでトレーナー業を続けた。毎朝、ジム近くのコンビニエンスストアに歩いていき、挽き立てのコーヒーを飲みながら散歩してまたジムに帰ってくる。それが幸せな時間だった。

会長の森岡から見ても、優しい指導者だった。

「一般の会員さんがすごく喜んでくれるんですよ。ただ、プロを指導するトレーナーとは、ちょっと違う感じでした。ウォズ自身が優しいので練習で選手を追い込めない。ボクシングを楽しくやるタイプでしたね」

二〇二〇年、新型コロナウイルスのパンデミックが始まった。

先の見えない情勢に、森岡が提案した。

「このままだと、しばらくフィリピンに帰れなくなるかもしれない。ビザの更新もあるし、一回帰ったほうがいいんじゃないか」

帰国が決まり、ジムとの契約を解除することになった。日本のファミリーと別れ、家族の元へ帰るときがやってきた。

パレナスはフィリピンへのお土産を購入するため、森岡らとディスカウントストア「ドン・キ

「恩人」と呼ぶジムの森岡会長（左）とともに笑みを浮かべる

ホーテ」を訪れた。お菓子、チョコレートなどをトランクいっぱいに詰める。帰国時の恒例行事になっていた。

　そんな姿を見るたび、森岡はいたく感心した。

「ウォズは妻、子どもだけでなく、親戚の子どもたちまで食べさせていく覚悟を持っていたんです。トレーナーの他に試合をすれば、ボーナスになる。毎月の給料の他にそれもフィリピンに送っていましたから。家を建てた、車を買っただけでなく、奥さんが家畜を飼って大きくして、また販売したりとか。ウォズの送ったお金で、奥さんがそういうビジネスをしていたので、それで生活できているんでしょうね」

　拳でフィリピンの家族と親類を養う覚悟。勝又ジムに所属した二〇一一年から帰国する二〇年まで、ずっと持ち続けていた。妻、子ども、親には一切苦労させず、むしろ優雅な暮らしを提供した。一家の主として、その責任を全うした。

パレナスはマニラを経由し、家族が待つネグロス島西部のバコロドに帰ることになっていた。コロナ禍において、フィリピン政府の検疫は厳しく、帰国時にはPCR検査で陰性を証明し、かつ隔離期間も設けられた。しばらく、マニラで足止めになる。

森岡はネグロス島に帰れたのか心配になり、何度も連絡を取った。

メッセージを送っても一向に返信は来ない。Wi-Fiが通っていないのか。いや、おっちょこちょいなパレナスのことだ、SIMカードを入れ替えていないのでは。そんなことまで考えた。無事、着いているのだろうか、不安が募る。

森岡は遠く離れたパレナスを思う日々が続いた。

すると、ある日、パレナスのフェイスブックが更新され、そのページにはフィリピンで元気に暮らす姿が映っていた。

「なんやねん！」

思わずつぶやいた。

こんなに心配したのに、こんなに思っているのに、連絡もせずに腹立たしい。

だけど、どこか憎めないフィリピン人のファミリー。

写真の中では、マスク姿のパレナスがいつものように微笑みかけていた。

第七章

プロ十戦目、十二ラウンドの攻防

David Carmona

vs. ダビド・カルモナ
（メキシコ）

2016年5月8日　東京・有明コロシアム　12ラウンド　判定3-0

WBO世界スーパーフライ級王座二度目の防衛

井上の戦績　10戦全勝8KO

三連敗中の現役ボクサー

あのボクサーに会うべきか。それとも見送るべきか。

ダビド・カルモナ。メキシコシティを拠点にし、二〇一六年五月八日、WBO世界スーパーフライ級王者の井上尚弥に挑んだ。せっかくメキシコまで行くのだから話を聞いてみたい。しかし、カルモナは井上の二歳上、現役のボクサーだ。敗れた試合に焦点を当て、対戦した王者の強さを聞くのは礼を欠くのではないか。

私は記者になってから不用意なミスを犯し、忘れがたい教訓があった。

かつて、日本人ボクサー同士のタイトルマッチがあり、激しい打ち合いの好勝負となった。試合から数ヵ月後、勝者と電話で話す機会があった。

「あの試合、闘っていて相手のハートがすごく伝わってきたんですよ」

拳を交わし、何か通じるものがあったようだ。会って話してみたいという。すると、私に問い掛けてきた。

「あの選手と交流ありますよね。食事をするかなんか、間を取り持ってもらえませんか?」

純粋に相手から吸収できることがあると考えているのだろう。電話口からはジムの会長が「おお、機会つくってもらって、会ってこいよ」と後押しする声が聞こえた。

もし二人が会ったらどのような話になるのだろうか。私自身も興味があった。敗者に連絡を取り、事の成り行きと勝者が会いたがっていることを伝えた。

「本当ですか。すごく嬉しいです。周りの人たちにも相談してみますね」

互いに得ることがあればいい。私はそのように考え、会うことを勧めるような口調になっていた。

話を進めていくと、敗者のジムの会長から私の携帯に電話が掛かってきた。

「あの話ですけど、会うなんてあり得ないですよ。また闘う可能性があるんだから。こっちは、もう一度あの選手とやるために、リングへ送り出しているんだから。あいつにも言っておいたよ、そんな生半可な気持ちじゃ勝てないぞ、って」

私は会長の言葉を聞いて、ハッとした。口調から怒りが伝わってきた。携帯から強い意志のこもった声が聞こえてくる。

「あいつに負けた試合の話なんてさせないでよ！　こっちはもう反省し終わっているんだから。会うなんて論外。引退するまで胸にしまっておけばいいんだよ」

現役である限り、闘いは続く。雪辱のため、拳を磨いている。あえて、敗れた試合のことをさらけ出す必要はない。私にはこの会長の言葉がずっと耳に残っている。

現在、カルモナは井上と近い階級で闘っており、将来的に対戦の可能性が百％ないとは言い切れない。しかし、井上戦を境に明らかに精彩を欠き、ここ最近は三連敗中で芳しい戦績を残せていない。直近の試合では、ボクサーらしからぬ肉付きのいい腹回りでルイス・ネリに三回ＴＫＯで敗れたばかりだった。現役ボクサーではある。だが、心の中では既に闘いを終えているのか。それとも、その狭間にいるのか。会って、現状を聞いてみたい。メキシコ在住のボクシングコーディネーター、信藤大輔に連絡を取ると、すぐに返信が来た。

「カルモナの件、『取材は問題ないよ』とのことでした」

宿泊しているメキシコシティの繁華街、ソナ・ロッサから二十分ほどタクシーに乗った。待ち合わせ場所に指定されたボクシングジムはメキシコシティの郊外、高台の閑静な高級住宅地にあった。緑の木々が気持ちいい。見晴らしが良く、町並みを一望できる。

Leyendas del Boxジム。フランチャイズのジムだが、ここはセレブ向けで会費が少し高額だという。大きなリングと、八つのサンドバッグは鮮やかな青と赤で統一されていた。壁にはカラフルな色彩でボクサーのペイントが施してあり、おしゃれな雰囲気が漂う。フィットネス感覚で通う女性も多いようだ。

私たちがジムに到着すると、カルモナのトレーナー、ヘスス・ベルナルがいた。サウル「カネロ」アルバレスとも対戦経験のあるミドル級の元ボクサーだ。

約束の時間になってもカルモナは現れない。

ベルナルは両手を後ろに回し、顔を突き出すポーズをして、楽しそうに信藤と話をしている。「モンスロー」という発音が何度も聞こえてくる。一週間ほど前にあった、井上―ポール・バトラー戦の話をしているに違いない。この取材の前々日にインタビューをしたアドリアン・エルナンデスも会うなり、あのシーンを再現していた。世界タイトルマッチ、しかも四団体王座統一戦で相手を挑発するようなポーズはよほどインパクトがあったのだろう。

十五分、二十分と過ぎてもカルモナは姿を見せなかった。不安になってくる私をよそに、信藤もベルナルもまったく焦る様子はない。

三十分が過ぎた頃、ようやくカルモナが現れた。隣には生活を共にする彼女もいる。他のジムでプライベートレッスンの授業を持っていたという。

「おお、よく日本から来たね。日本は懐かしいな。寿司は美味しかったよ」

カルモナの大きな声がジムに響き渡る。明るく華やかな雰囲気がその場を一変させた。カルモナの色に周囲が染まっていく。

私は日本からお土産として持参した正月飾り、会津塗りの箸とお碗をプレゼントした。新しい年を迎えるにあたり、喜んでもらえる品物、しかも日本らしさがある物を選んだつもりだった。

「これはなんだい？」

しめ縄に煌《きら》びやかな扇子を合わせ、「謹賀新年」と筆で書かれた正月飾り。カルモナは手にとって、じっくりと眺めていた。いたく興味を示したようだ。

「日本で新年の玄関に飾るもので、神様をお迎えする目印であり、福を呼ぶんだよ」

信藤がスペイン語でそう説明した。

話を聞いていた彼女が、正月飾りを手にしているカルモナをちらりと見た。

「福を呼ぶなら、家の入り口ではなくて、あなたの体に貼っておきなよ」

そうジョークを飛ばすと、カルモナは正月飾りを胸のところに持っていき、「こんな感じ？」と顔を傾け、おどけてみせた。みんなが笑った。

「ありがとう。よし、せっかくだから話そうか。ほら、座って」

カルモナは自らジムの片隅にあった椅子を三つ持ってきて、リングの前に配置した。インタビューが始まると、信藤が私に通訳している間を見計らって、彼女にウインクする。そうかと思えば、ジムにポップな音楽が流れ始めると、取材中はボリュームを下げてくれ、とジェスチャーで彼女に伝えた。しばらくすると、何かを飲む仕草をして、ミネラルウオーターをみんなに渡してやってくれ、と気遣いを見せる。周囲を明るくさせる陽気さと細やかな心配り。

このボクサーはきっと誰からも愛されるだろう。

一族の中から世界チャンピオンを

カルモナは一九九一年五月一日、メキシコシティで生まれ、ボクシング一家に育った。

「うちのボクサー家系は祖父から始まるんだ。その息子が私の父セサルと三人の叔父、エルネスト、ルベン、ハビエル。みんなボクシングをやっていたんだ」

父セサルは元プロボクサー。叔父のエルネストはWBC中央アメリカ王座に就き、二〇〇四年に日本では「東京三太」としても知られる元世界王者ミゲル・アンヘル・ゴンサレスとメキシコシティの闘牛場プラサ・メヒコで対戦した猛者。ハビエルも一九九〇年代に中堅のプロボクサーとしてメキシコのリングを賑わせた。ルベンはアマチュアのトップ選手として腕を磨き、メキシコ五輪代表最終選考会まで進んだが、惜しくも敗れ、あと一歩のところで五輪出場を逃した。

カルモナにとって、生まれた頃からボクシングは身近な存在だった。だが、スポーツではサッカーのほうが楽しく、友だちと一緒にプレーができる競技に惹かれた。明るい性格のカルモナはみんなの人気者だった。

「間違いなく、サッカーに対してパッションがあったよ。父はサッカーが嫌いだったけどね。それで父を喜ばせたいと思って、六歳からボクシングを始めたんだ」

最初のトレーナーは父セサルだった。実際に練習をしてみると、ただの殴り合いではない。一見、簡単そうに見えるが、拳のみに制限されているからこそ技術や思考が重要で、次第にボクシングの奥深さに気付いていく。背が低く、痩せ細ったカルモナ少年にとって、身を守れることも魅力だった。

決して裕福な家庭で育ったわけではない。だからこそ、野心があった。

「食事でタコスを一つ食べる。それ以上のぜいたくはできなかったからね。家族を貧しい状況から脱出させたい。だからボクシングでお金を稼ぎたいと思ったんだ。ただね、いい選手ではある程度のファイトマネーしかもらえない。世界チャンピオンにならないと破格のビッグマネーをもらえないんだ。ある意味、自分にとってボクシングは家族を貧しさから脱出させる手段。僕には神から与えられた天賦の才能もあったと思うしね」

自ら「天賦の才能」と言うように原石の塊だった。頭で考えながら、相手を躱してパンチを放つ。殴ってきたところにカウンターを打つ。センスがあり、呑み込みも早かった。

原石を懸命に磨いたのが父と叔父のルベンだった。ルベンからは技術とともに、これは何のためのトレーニングなのか、一つ一つ練習の意味を教えられた。

カルモナの他に、二人のいとこもボクシングに励んだ。のちにスーパーウエルター級でWBA中米連盟王者となるディエゴ、女子プロボクサーになったカルラも熱心に練習をこなす。

一族の中から必ず世界チャンピオンを輩出する――。

祖父も父も叔父も叶わなかった夢。その思いはカルモナの代に引き継がれた。だからこそ、父もルベンも一族をあげて、指導にあたった。

だが、カルモナはどうしてもサッカーに心が揺らぐ。ボクシングの練習中、少し退屈な素振りをみせたり、集中していなかったり。ロードワークを嫌がり、泣きながら走ることもあった。そんな心の中はすぐに父と叔父に見透かされた。

「ハートを込めて練習しろ！　へとへとになれば金玉ですら重く感じるんだぞ！」

父の怒声が飛んだ。

カルモナは懐かしんで言った。

「少しでも怠けたり、気持ちが入っていないと『金玉ですら重く感じるんだぞ』とよく言われてね。本当に疲れたとき、極限状態になったときには大した重量もない金玉でさえ重く感じる。だから、練習でやるべきことをやっておけ、もっと努力をしろという意味なんだ」

懸命にトレーニングに打ち込み、八歳で初めてアマチュアのリングに上がった。試合に出場すると、意識が変わってくる。勝てば味わったことのない歓喜が体中に染み渡り、父も叔父も褒めてくれる。負ければ悔しさが込み上げ、親族も落胆している。

「カルモナ家で初の世界チャンピオンになって、一族のストーリーを変えたい。世界のヒストリーに名を刻みたいと真剣に思うようになってきたんだ」

親族からも期待されているのは分かっている。一族の夢を背負う使命感が芽生えた。

テレビでボクシングの「聖地」米ラスベガスからの中継があれば、釘付けになった。試合会場はどこも華やかでメキシコの生活とは別世界だった。シーザーズ・パレス、MGMグランド、マンダレイ・ベイ、ニューヨークのマジソン・スクエア・ガーデン。映像を見るたび、「いつかあそこで」と夢を描いた。

リング上で華麗な動きを見せるカルモナは確かに才能に溢れていた。カウンターを武器に、メキシコシティの大会で三度優勝するなど、アマチュアで名を馳せた。だが、オリンピックが目標ではない。あくまでプロで世界チャンピオンになる。カルモナ家の悲願を達成し、富をもたらす。頭の中はそれだけだった。

アマチュアで百戦九十勝九敗一分けの好成績を引っ提げ、二〇〇九年七月二十二日、十八歳二ヵ月でプロ初戦を飾った。

「デビュー戦は計り知れないくらいの自信になったね。第二ラウンドに頭突きを食らって大きくカットして血だるまになったんだ。血が流れてきて、見えづらい中、完勝した。それが原体験になっている。やっぱり僕はボクシングのために生まれてきたと思ったね」

七戦目で黒星を喫したものの、三年間で十五戦十一勝一敗三分け。相手のパンチをもらわない。カウンターも打てる。しかし、十一勝のうちKOは五つで、相手を追い込んでも、パワーがなく、倒すまでには至らなかった。

「当時は痩せていて背も低かった。父と叔父から、プロで世界チャンピオンになるにはもっとパワーを付けないといけないと言われて、パワー系のトレーニングを課せられた。それは堪えたな。だけど、プロでタフな闘いをするためには必要なことだったんだ」

叔父のルベンの要求は次第に高くなり、指導にも熱が入った。白星を重ねるうち、一族の「夢」は「目標」に変わり、「期待」から「義務」になった。

カルモナが当時の練習風景を振り返る。

「技術も過剰なまでに指導されたんだ。例えば、相手との攻防だけでなく、そこからさらにどうやって相手の逃げ道を塞ぐか。相手の攻撃を相殺しながらどうやって確実に仕留めにいくか。いつも一手先を教えてもらったよ。そういう高度な練習を十ラウンド、十二ラウンド、十四ラウンドとやった後に、普通に練習が始まるんだ」

さらに強くなるため、あえて家族の輪から外へ目を向けることもあった。元世界王者のホセ・ルイス・ブエノ、世界挑戦四度のホルへ・ラシエルバら他のトレーナーと練習したいと言えば、家族は快く送り出してくれる。ブエノからは技術を吸収することができた。コンディションの作り方も学んだ。だが、情熱と強いハートは家族からしか得ることができなかった。

「やっぱり戻るところは家族なんだ。根本的には離れることができないよ。それが家族愛であり、家族のボクシングに対する愛情なんだ。何が何でもカルモナ・ファミリーの中から世界チャンピオンを出す。目標は一つだけだったからね」

あと一歩が遠い

チーム・カルモナを長らく支えてきたのは主に三人だった。父のセサル、叔父のルベン、そしてトレーナーのベルナルだった。

カルモナはデビューから四年経った二〇一三年五月十八日、プロ十九戦目でＷＢＯスーパーフライ級ユース王座を獲得した。ここからチーム内の役割分担が明確になり、技術的な指導はルベンとベルナルが担当し、父はメンタル面でのアドバイスを送る精神的な支柱となった。

唯一、血縁関係にないベルナルは一族に囲まれ、カルモナ家の強固な繋がりを感じてきた。

「家族だけあって信頼関係が凄い。常にコミュニケーションを取っているし、やるべきことも共有されている。ボクシングに集中できるよう、みんなでカルモナの経済面をサポートしていたしね。もし家族の存在や支えがなければ、カルモナはいつ辞めてもおかしくなかったよ。カルモナも背負っているものを分かっている。それくらい彼にとって家族は大きいものだと思うよ」

ベルナルは、カルモナが父からこう言われているのを何度も見た。

「家族の夢を忘れるなよ」

試合が近づけば、練習はハードになる。カルモナの心が折れそうになると、父は励ますように言って聞かせた。

「おい、家族みんながサポートしているんだ。そのことを忘れるな。他のボクサーとは違うんだぞ」

リングに上がって闘うのはカルモナだ。だが、家族も闘っている。父の言葉を聞くと、カルモナは最後の力を振り絞り、もう一段ギアを上げた。

ＷＢＯユース王座を二度防衛し、世界ランクは九位まで上昇した。戦績は二十一戦十六勝八ＫＯ一敗四分け。二十二歳の将来を嘱望されたホープには勢いもあった。

そして、カルモナに好機が到来した。

初の世界タイトルに挑戦する話が浮上した。チャンピオンはＷＢＯ世界スーパーフライ級王座を八度防衛中のオマール・ナルバエス。四十四戦目の王者と比べれば、まだまだ経験は浅い。

「世界挑戦は早いんじゃないか」

周囲からはそんな声が聞こえてきた。しかし、王座はカルモナ家の夢だ。初めてメキシコから飛び立ち、海外に行けることも嬉しかった。

「まだ一試合しか十二ラウンドを闘いきったことがなくて、確かに不安も大きかった。でもね、誰しもが世界タイトルマッチを最優先するし、チャンスがあればやりたい。しかも、闘う相手があの偉大なチャンピオン、ナルバエスだよ。ビッグな王者で燃えるものがあった。わくわくする気持ちでいっぱいだったね」

二〇一三年十二月二十一日、カルモナは敵地ブエノスアイレスに乗り込んだ。

試合は序盤から厳しい展開だった。右ジャブ、左ストレートを浴び、ロープを背負う時間が長くなる。上下に打ち分けられ、まるでレッスンを受けているかのようだった。六回に左ボディーを食らいダウン。カウント八で立ち上がったものの、七回にはコーナーで連打を浴び、セコンドはタオルを投入した。

「対策を練って試合に挑んだけど結果は出なかった。まだ二十二歳。ボクシング人生は始まったばかり。世界挑戦をできたことが一つの収穫だし、ファイトマネーを初めて米ドルでもらえたんだ。国外にも行けた。ベルトを獲れなかったことを除けば、いろんな夢が叶った。そういう意味では良かったと思う」

　約七ヵ月後、再起戦で再びWBOのユース王座を獲得し、WBOラテンアメリカ王座も手にした。復帰後三連勝を飾り、世界ランクは二位まで上昇した。

　二度目のチャンスが巡ってくる。WBO世界スーパーフライ級王者の井上が右拳の負傷により長期離脱し、暫定王座決定戦が行われることになった。対戦相手はランク一位のワルリト・パレナス。二〇一五年七月四日、メキシコ・エルモシージョに招き、今度はホームでの世界タイトルマッチとなった。

　序盤から攻勢を受け、二回に強烈な右を浴び、ダウンを喫した。

「相手のパンチが分からず、気が付いたら倒れてリングの照明を見ていた。レフェリーからカウントを取られていたんだよ」

　ラウンドが進んでいくと徐々にタイミングをつかみ、相手の前進に合わせて左ジャブやカウンターを放つ。四回、五回と確実にポイントを取った。後半、前に出てくるパレナスに対し、カルモナは打ち合いになると、右のカウンターが冴えた。

読み上げられた採点は、ジャッジ三者三様、一―一のドローに終わった。

カルモナはため息をついた。

「試合が終わったとき、自分は綺麗な顔でパレナスは目が塞がり、ひどく傷を負っていた。自分は勝ったと思う。メキシコでやった試合だし、勝ちをもらっても良かったんじゃないかとフリオ・セサール・チャベスも言ってくれた。僕のダウンが（ドローの）結果を決めてしまったのかな」

一族の悲願へ、あと一歩届かなかった。

三度目の世界挑戦

二〇一五年十二月二十九日、WBO世界スーパーフライ級王者の井上はランク一位のパレナスを二ラウンドで倒し、初防衛に成功。年が明け、WBOは井上の二度目の防衛戦の相手に、カルモナを指名した。両陣営の対戦交渉が始まった。

カルモナは胸が躍った。

「二〇一四年末からずっと井上のことを意識してきたんだ。父と叔父からは『これはいずれ井上と闘うための練習だぞ』と言われることも多かった。彼は最終目標になっていたんだ」

取材したエルナンデス、ナルバエスの井上戦に対する向き合い方とは明らかに違った。彼らはマッチメイクされるまで井上のことを知らなかった。試合が決まり、一人の若き対戦相手として初めてビデオを見る。海外まで「ナオヤ・イノウエ」の名は届いていなかった。

だが、カルモナは「モンスター」を認識し、長らくターゲットにしてきた。打倒井上を掲げて研究し、練習に励む。自らが倒されたナルバエスを四度も倒し、チャンピオンの座に就いたボクサーだ。意識せずにはいられなかった。

「井上はスピード、パワー、ゲームメイク、さまざまな要素で高いレベルにある。最も目を引くのは電流がほとばしるようなパワー。彼の強さをリングで体感したいと思っていたんだ」

カルモナは井上戦に向け、トレーニングを強めた。フィジカルトレーニングを増やし、カウンターをさらに磨く。高地で有名な標高三千メートルの地、通称「オトミ」で一ヵ月にわたり山籠もりを敢行した。泣く泣く妻と双子の子どもと離れ、ボクシングに明け暮れた。徹底的に走り込み、心肺機能を高める。パワーを付けるため、筋力トレーニングも増やした。オトミではWBC王者のカルロス・クアドラスとスパーリングを交わし、決戦に備えた。

メンタル面を担当する父は何度も活を入れる。

「誰と闘うんだ？　井上だろ！」

標的にしてきた井上戦の重要性を説いた。

試合の下馬評は圧倒的に王者有利。スーパーフライ級に上げた井上はナルバエス戦、パレナス戦と衝撃ＫＯが続いた。米老舗専門誌『ザ・リング』が選定する全階級を通じた最強ランキング「パウンド・フォー・パウンド（ＰＦＰ）」で初めてトップテンに入り、九位にランクされた。一般的には「井上がどうやって倒すか」に注目が集まる試合。カルモナは三人の叔父から、過去に強豪王者を倒して世界チャンピオンに就いたメキシカンの逸話を聞かされた。叔父の話を自らに重ね、奮い立った。

王者井上への挑戦が正式に発表され、試合は二〇一六年五月八日、会場は東京・有明コロシアムに決まった。世界ランク一位、最強の挑戦者として臨み、ファイトマネーは破格の五万ドル。これまでの最高報酬額だった。だからこそ、厳しい練習メニューをすべてクリアし、キャリア一番の仕上がりになるほど追い込んだ。叔父のルベンは日本に同行し、父のセサルはメキシコから見守ることになった。

試合六日前にあたる五月二日、成田空港に到着した。翌三日に東京・神楽坂の帝拳ジムで練習を公開し、世界戦を盛り上げるファイトウィークに突入した。叔父のルベンが持つミットにパンチを打ち込み、約一時間汗を流した。

カルモナの回想。

「三度目の正直ということわざがあるだろ。これが三度目の世界タイトルマッチ。我慢強く闘えば必ず勝てると自分に言い聞かせたんだ。公開練習で井上のお父さんが練習を見にきた。確かビデオ撮影していたけど、そういうことも全然気にならなかった。それくらい集中していたね」

一族の夢をかけた三度目の挑戦。しかも井上戦だ。ルベンの言葉にも力が入った。

「これまでやってきたトレーニングはこの試合のためだろ。ベルトをつかむまであと一歩のところに来ているんだ」

試合前日、東京・九段下にあるホテルグランドパレスで計量が行われた。カルモナは自信たっぷりで秤に乗ったが、二百グラムオーバー。二時間の猶予が与えられ、再計量となった。

カルモナは愕然とし、一度ホテルの部屋に戻った。すると、涙が溢れてきた。

「そのときの僕にとって、二百グラムはものすごく大変だったんだ。フラストレーションが溜まって、半分やけくそになりそうだった。でも、体重オーバーで世界戦を逃したくないし、日本の計量がとても厳格なことも知っていた。絶対に体重を落とさなければならなかったんだ」

叔父が檄を飛ばす。

「二百グラムオーバーで王座挑戦権を失うのか。ハートを込めろ！」

カルモナは必死に気持ちを切り替えた。サウナスーツを着て、ホテルを出ると、皇居付近の公園を走った。幸いにも日差しが強い。ひたすら全力で走り続ける。少しずつ汗がにじみ、次第に垂れてくるのが分かった。どれくらい走ったのだろう。

汗だくのまま、計量会場へ向かった。一回目の計量から一時間四十分が経っていた。再び秤に乗る。結果、体重を落としすぎ、四百グラムアンダー。五十一・七キロでクリアした。この短時間で六百グラムも落とした。無事、タイトルマッチが行われる。


「金玉が重くなるくらい頑張ったよ」


二〇一六年五月八日、東京・有明コロシアム。観衆は七千人だった。

セミファイナルのＩＢＦ世界ライトフライ級タイトルマッチ、王者八重樫東に挑んだ同胞のマルティン・テクアペトラは僅差判定で惜しくも敗れた。

いよいよカルモナの出番だ。

控え室でルベンが鼓舞した。

「ボクシング人生でこれまで努力してきたものを全部出せ。今がその瞬間なんだ！」

カルモナは頷き、リングへ向かった。

「気持ち的にとてもハングリーな状態で試合に臨めたし、とにかく自信があったんだ」

井上と対峙し、ゴングが鳴った。

開始十五秒、ガード越しに右を浴びた。一分三十秒過ぎには右ストレートを顔面に食らい、カルモナの顔が歪んだ。えげつないパンチ力だ。だが、下がりながらも臆することなくパンチを返す。ラウンド終盤にはまたも強烈な右をもらい、足元が揺らいだ。ナルバエス戦、パレナス戦に続く短期決着を予感させ、井上の右が放たれるたびに会場は沸いた。

一ラウンドを終え、コーナーに戻るとひと言だけセコンドに伝えた。

「井上のパンチは強いよ」

ルベンも指示を飛ばす。

「もっとガードを上げるんだ」

二回、井上の右ストレートを被弾しても倒れない。序盤からパワー溢れる井上に対し、頑丈さと試合に懸ける強いハートを見せつけた。リングサイドまで音が聞こえてくるような一撃を食らっても、立ち続けた。

カルモナは平然と振り返る。

「井上の強いパンチを浴びたけど、痛めつけられることはなかったよ」

ラウンド中盤、井上の右ストレートを顔面に受けた。このときアクシデントが起きていた。井上が右拳を痛めたのだ。以降、右のパンチが少なくなる。

カルモナは序盤の井上を警戒し、四ラウンドまでは慎重に闘う作戦を立てていた。三、四回と井上の打ち終わりを右のカウンターで狙う。少しずつコンビネーションを繰り出した。

五回に入ると、前へ出て左から右とパンチを繋げ、ボディーにも打った。

一分三十秒過ぎ、井上の左フック、右ストレートが飛んできた。連打を食らい、井上が仕留めにきているのが分かった。カルモナが下がると、井上はすぐに距離を詰め、追い掛けてくる。ロープを背負い、パンチを浴びた。井上のラッシュだ。カルモナもお返しとばかりに左フックを放つ。だが、すぐに井上の左が伸びてきて、あごを跳ね上げられた。踏ん張る。倒れない。心は折れなかった。

井上は試合を終わらせようと、六回も猛攻を仕掛けてきた。それを凌ぐと、七回、井上はジャブを上下に打ち分け、これまでと展開を変えてきた。右拳を痛め、左主体で闘っていたが、後半に入り、左拳にも違和感が生じていた。

カルモナがコーナーに戻ると、ルベンは言った。

「もっと接近戦でいこう」

カルモナにも悲劇が起きていた。新品のミズノ社製のシューズで靴擦れを起こし、足の裏の皮がむけてきた。

「痛くなって大変だったんだ。ミズノのリングシューズはチャンピオンしか履けないと思っていたし、ミズノを履いて闘うのが夢だった。言い訳ではないけど、靴を慣らさず試合で履いてしまい、こっちのミスで両足裏の皮がはがれてしまった。それが試合に影響したのは確かだね」

八回。カルモナは意地を見せ、攻勢の場面をつくった。井上に接近し、手数を出す。ガードの上からでもいい。コンビネーションを当てた。時に大きな右を飛ばし、攻めの姿勢を貫いた。この試合、三人のジャッジすべてがカルモナに振った唯一のラウンドとなり、井上を研究した成果が表れた。

九回から井上は明らかに足を使い、アウトボクシングに切り替えてきた。カルモナは井上のスピードに付いていけない。足の裏も痛む。十回、井上のジャブをもらい、右ボディーが来たかと思えば、左フックが顔面に飛んできた。カルモナの動きが止まった。すかさず、右が伸びてくる。

だが、カルモナはタフだった。普通のボクサーなら倒れてもおかしくない井上のパンチを被弾しても耐え続け、十一ラウンドを終えた。

「実際、顔面へのパンチは効いてなかった。ディフェンスでうまく逃れていたんだ。効いたのはボディーだけだったよ。ここまで素晴らしい試合をしているという自負があったんだ。井上というモンスターを相手に十二回までいったし、自分ほど井上を苦しめた選手はいない。誰がここまで来ると思っていた？　世界は驚いているだろう。そんなふうに思っていたよ」

最終ラウンド、十二回のゴングが鳴った。

井上が前に出てくる。ボディーをめがけてパンチが飛んできた。カルモナも応える。必死に相手の腹を狙って打ち返す。ボディーの打ち合いだ。

「判定で勝つには何かが足りないというのは分かっていた。最後まで力を出して試合を決定づけたいと考えていたんだ」

だが、テンポを上げた井上に付いていけず、腹の痛みがじわじわと来る。ボディーを意識すると、今度は顔面に伸びてきた。ガードをしても、その隙間を縫ってパンチを浴びた。ロープを背負う。逃げても逃げても、井上のパンチが追い掛けてくる。顔面に食らっているように見えて、効いているのはボディーだった。ダメージが蓄積し、ラスト三十秒を目前にして膝をついた。

ダウン。

場内が熱狂しているのが分かった。

口を開けながら、なんとか立ち上がると、井上がすぐに距離を詰めてきた。ラッシュが来る。凌ぐ。もう逆転を狙うしかない。

「ラスト三十秒がカギだったと思う」

メキシコに残り、テレビの生中継を見ていた父セサルは最後までカルモナを信じ、大逆転を夢想した。一九九〇年三月十七日、六十八戦全勝のメキシコの英雄、チャベスと五輪金メダリストでＩＢＦスーパーライト級王者メルドリック・テーラー戦を思い出す。ポイントで劣勢だったチャベスが残り二十秒を切ってからダウンを奪い、試合終了のゴングまであと二秒で逆転ＫＯした試合だ。息子もそうやって、一族の夢を叶えるに違いない。

だが、現実は厳しかった。井上が攻めてくる。カルモナは下がり、連打を浴び、ふらふらになりながらも左フックを放った。ここで終了のゴングが鳴った。

カルモナはコーナーに戻りながら、高々と右手を上げた。

「勝者だと思ったんだ。もちろん、試合の勝者ではなかったかもしれない。だけど、最終ラウンドまで持ったし、事前の予想でも僕が圧倒されてKO負けが多かった。それなのに判定までいった。そういう世間の見方を覆せた僕はある意味で勝者だと思って、右腕を上げたんだ」

判定はジャッジ二人が一一八―一一〇九、残り一人は一一六―一一一で井上を支持。〇―三の判定負けで王座奪取はならなかった。

「まあ、しょうがない。正当な判定だと受け止めたよ。最終回のラスト三十秒でボディー打ちをもらってしまった。そのあたりが悪く見えて、井上のほうに採点がいったと分析しているよ。最後まで試合をコントロールできていたし、逆に肩で息をしていたのは井上のほうだった。コンディションに関しては自分のほうが良かったと思う」

カルモナは強がった。負けは認める。だけど、完敗ではない。リングを降りた井上の顔は、珍しく右目周辺が腫れ、頬には痣《あざ》ができていた。

「負けても、井上を相手にこれだけの試合を見せたんだ。またビッグな試合、もしかしたら面白いオファーだって来ると思った。そういうふうに前を向いたんだ」

ガードの堅さと打たれ強さ、折れないハートを世界に知らしめた。だが、井上が両拳を痛めたことには気付いていなかった。

ルベンはカルモナに労いの言葉を掛けた。

「これだけのものを見せたんだ。次のステージに行ったと思えよ」

チームとして、家族としてもやりきった。

「ありがとう、金玉が重くなるくらい頑張ったよ」

全力を尽くした。井上とフルラウンド闘い抜いた。カルモナは燃え尽きた。

試合後、二度目の防衛に成功した井上の表情は冴えなかった。リング上の勝者インタビューでは拳の負傷を明かさず、謙虚に語った。

「みっともない試合をして、みんなの期待を裏切ってしまい、すみませんでした」

だが、アクシデントが起きても動じず、高い対応力を見せた。佐野友樹戦での右拳、左太ももが裏がつったエルナンデス戦と同じく、両拳に異変があってもカルモナに一切悟らせなかった。多彩な左で挑戦者をあしらい、中盤以降はフットワークを使ったサークリングで距離を保ち、痛めた右拳はカルモナの柔らかい腹に打ち込んだ。危機管理とバリエーションがある戦術もまた井上の巧さであり、強さだった。プロ十戦目、十二ラウンドをフルに闘ったのは初めてだった。対戦相手に「十二ラウンドまで闘えた」と思わせるほど「モンスター」は巨大な存在になっていた。

差はさらに広がっていく

強いモチベーション。厳しい節制。一族の夢。これまで掲げてきたものが崩れていった。

井上戦を境にカルモナは変わった。

「ボクサーである自分自身に対するケアが足りなくなっていったんだ。実際のところ目標を失ってしまった。ターゲットを失った。正直に話すと、井上戦がボクシングを最優先した最後の試合だよ。あれ以降はお金の必要にかられて闘って、それで負けているというのが真相だね」

井上とフルラウンド闘ったことによって、充足感を得てしまった。到達すべきは世界チャンピオンだったはずが、「世界を驚かせた。井上とやりきった」と満足してしまった。

向上心を持ち続けるのは難しい。六歳からボクシングを始め、十八歳でプロデビューし、二十五歳になった。日々をボクシングに捧げる。言葉にするのは簡単だが、毎日のロードワーク、食事制限、体重管理、練習では同じことを反復する。それらを積み重ねていくことがいかに厳しく、険しい道のりか。

頭の中で多くを占めてきたボクシングの割合が徐々に少なくなっていく。他のことに目が移り、自己管理が甘くなった。

「やっぱり感情的な部分、心のコントロールが崩れていって、ボクシングに集中できなくなった。他のことに興味がいったり、時間をとられたり。双子の子どもがいて一家の主としての責任もある。他にエネルギーを奪われて、ボクシングだけに打ち込める状況ではなくなったんだ。一番はメンタルの崩れ。それが原因だね」

いつしかこんなことまで考えるようになっていた。

「パレナスは井上に二ラウンドで負けた。だけど、僕は判定までいった。井上を物差しに考えると、あのとき暫定王座決定戦でドローだったベルトは自分のモノだったんじゃないか」

仮定の話をしても仕方ない。だが、「たら・れば」に頼らざるを得ないほど心が弱っていた。

再起戦は十ヵ月後、クアドラスとのノンタイトル十回戦だった。しかも会場は幼い頃にテレビ画面を通じて見た、米ニューヨークのマジソン・スクエア・ガーデン。憧れのリングだった。しかし、どうしても気持ちが上がらない。トレーニングに熱が入らない。

「井上という大きなモンスターと判定まで闘い抜いたことに比べてしまうと、やっぱりモチベーションが違う。ちゃんと準備をしなかったんだ」

接戦の末、判定〇―三で敗れた。井上とフルラウンド闘い抜き、思わぬプライドがにじみ出る。

「だって、井上と比べてクアドラスのほうが強いとは思わないし、自分のほうがボクサーとして上。実際、クアドラスに僅差で負けたけど、あの試合は勝ったと思っている」

一族のためでもない。自分のためでもない。お金のために闘う。ボクシングとの向き合い方が変わった。

四ヵ月後の二〇一七年七月二十八日、一気に二階級上げ、空位のＮＡＢＯ北米スーパーバンタム級王座を争ったが、二回ＫＯ負け。その七ヵ月後、今度は一階級落としてＷＢＣラテンアメリカ・バンタム級王座戦で四回ＴＫＯ勝ちし、地域タイトルを獲得した。

するると、またもチャンスが巡ってきた。二〇一八年五月二十六日、米カリフォルニア州でＷＢＡ世界スーパーフライ級王者カリド・ヤファイへの挑戦が決まった。カルモナにとって、四度目の世界タイトルマッチだった。

ヤファイ—カルモナ戦とほぼ時を同じくして、日本では井上がバンタム級転向初戦を迎えようとしていた。相手はWBA王者のジェイミー・マクドネル。計量当日、減量苦のマクドネルは時間通りに現れなかった。一時間十分遅刻し、足はふらつき、頬はこけ、脱水症状を起こしているようだった。試合は井上が百十二秒で葬り、ライトフライ級、スーパーフライ級に続き、バンタム級王座を獲得。世界三階級制覇チャンピオンとなった。

遠く離れた米国でも減量に苦しむボクサーがいた。

カルモナが大失態を犯す。

スーパーフライ級（五十二・一六キロ）のリミットを一・六三キロもオーバーし、一階級上のバンタム級（五十三・五二キロ）をも超える五十三・七九キロを計測して失格。四度目の世界挑戦のはずが、王者が勝ったときのみ防衛となり、カルモナにとってはノンタイトル戦となった。一族の夢。追い掛けてきた世界チャンピオンのベルトがすぐ目の前にあるというのに……。

「モチベーションがすべて。井上戦は（スーパーフライ級の上限）百十五ポンドを出した最後の試合だよ。それだけの価値と意欲があった。ヤファイ戦は本当に体重に苦労した。元々バンタム級の百十八ポンドでも大変だった。気絶するように前へ倒れたんだ。当日は契約体重から三キロ増加まで許されたけど、回復できるような条件でもなかった。でも、それを守らないとお金をもらえない。だから試合まで満足に食事もせず、当日計量をなんとかクリアして、苦しい中で闘ったんだ」

契約の体重に落とせないどころか、前代未聞の一・六キロオーバー。それでも悪びれた様子はない。言い訳ばかりでお金さえもらえればいいという思考。リングに上がる資格などなかった。試合は計四度倒され、七回終了後に棄権し、ＴＫＯ負け。

心はボクシングから離れ、二年以上リングから遠ざかった。

世界王座に四度挑んだ。若かったナルバエス戦、地元で闘ったパレナス戦、判定に持ち込んだ井上戦、そして体重超過のヤファイ戦。チャンスに恵まれながら一族の夢には届かなかった。

「井上戦の後に何度かいい試合のビッグチャンスが訪れて、本当はそれらの機会を生かさないといけなかった。でも、それができなかった。さっき言った感情的なところ、気持ちの部分が足りなかったんだ。それが世界王座にたどり着けなかった理由だと思う」

二〇二一年五月、スーパーバンタム級で復帰し勝利を収めたが、その後、連敗。「昔の名前」で闘っているようだった。二〇二二年九月末には、ルイス・ネリの対戦相手が欠場し、急遽代役が回ってきた。これも「お金のため」と引き受け、たるんだ腹でリングに上がり、三回でキャンバスを這った。「あのカルモナが……」と誰が見ても悲しくなる、酷い試合だった。

二〇二二年十二月、日本では、かつて闘った井上がバンタム級で世界四団体の王座を統一した。試合後、四本のチャンピオンベルトを体中に巻き、スーパーバンタム級への転向を表明した。

そのとき、カルモナの心に六年半の間なかった感情が湧き起こってきた。父、叔父と一心不乱になってボクシングに明け暮れた頃のような気持ちだった。

「もう一度、井上と闘いたい」

井上はカルモナ戦以降、勢いがさらに増し、無敗のレコードを伸ばしている。一方のカルモナは井上戦後、九戦でわずか二勝と奈落へ落ちていった。対戦したときより、差はさらに広がっている。カルモナはボクシングから心が離れたときも、井上のことだけは気になり、試合をチェックしていた。

「井上はすべての面で進化している。ノニト（・ドネア）の試合でもそう。すべての面でレベルアップして完全体に近いんじゃないかな。コンプリートなボクサーだよ。だけど、僕は『倒せない相手はいない』と常に思っている。リングで顔を合わせたとき、井上を驚かす自信があるんだ」

そう言った後、今語るには現実的ではないと思ったのか、苦笑いを浮かべて付け加えた。

「まあ、井上自身、再び僕と対峙するなんて思っていないだろうけどね」

井上戦を振り返ってもらったとき、カルモナのプライドを垣間見た。これほど賢いボクサーなのだから、試合の詳細や当時の心境も覚えているに違いない。だが、あえて都合のいい解釈をし、虚勢を張り、強気を装うコメントを繰り返した。

そして今、これだけ負けが込んでいるというのに、再び井上戦を目指そうとしている。諦めてたまるか。負けてたまるか。その気持ちがある限り、カルモナは現役のプロボクサーであり続けるのだ。

「井上という存在が、今の僕が引退しない理由だよ。確かに自分のキャリアは落ちていった。でも必ず這い上がるので見ていてほしい。再び井上を追い詰めて、勝ってみせれば歴史をつくれる。そういう野望があるからね」

　お金のためだけに闘ってきたボクサーが、再び夢へ走り出そうとしている。あの日、フルラウンドを闘い抜き、世界のボクシングファンを驚かせたように、もう一度井上という目的地までたどり着き、世界を仰天させたい。ライバルは遥か遠くに行ってしまった。あの日の試合より、難しい闘いに挑もうとしている。

「今は改めて言い訳のないかたちでボクシングに全神経を集中している。井上と闘う。それが最終目標だよ」

　父と叔父はいつもそばにいてくれた。堕落した生活のときも、温かく、そっと見守ってくれた。幼いときから注がれる愛情は変わらない。

「感謝してもしきれない。家族は人生のすべて。まず、父が才能を与えてくれ、父と叔父が聡明に輝くように原石を磨いてくれた。カルモナ家から世界チャンピオンを輩出しないといけないし、それは自分の手で果たしたい。不可能ではないということを証明したいね」

　これまで、家族から多くのものを授けられてきた。

　今度はカルモナが父と叔父へ与える番だ。

「今は彼らと同じ夢、目標を共有している。僕が勝つことで彼らの仕事が証明される。世界王者になってベルトを渡すよ。いろいろあった。生活も乱れた。だから、ここからが新しい章の始まりだと思っているんだ。もう一度、金玉ですら重く感じるくらい頑張るよ。新章を見ててくれ」

　カルモナは何度も「新章」という言葉を繰り返した。

誓いの日

取材が終わると、カルモナは椅子を片付けながら言った。

「よし、みんなで一緒に写真を撮ろう」

私は笑顔で頷いた。中南米を取材中、ボクサーから「写真を撮ろう」と言われることが多かった。

カルモナが真剣な表情で信藤に向かって何かを説明している。どうやら、きょうは「誓いの日」らしい。

「また日本に試合で行くから会おう。そのときはベルトを引っ提げてリングを降りるよ。ベルトを巻いた僕とまた写真を撮ってくれ。きょうの写真とベルトの写真を二枚並べるんだ」

誓いの日と夢を叶えた日、二枚の写真を飾る。なんとも粋な発想だった。

リングを背にして、カルモナ、ベルナルを中央に、信藤と私は両端に立った。四人で並び、肩を組む。彼女のスマートフォンのカメラが光った。

写真を撮り終えると、カルモナの明るい声が響き渡った。

「まだ時間あるだろ？　ずっとジムにいられるだろ？」

この後、予定は入れていない。私もまたカルモナの練習や日常をできるだけ近くで見たかったし、同じ時間を過ごしたかった。

「お腹が空いたし、ウーバーでタコスを頼もうよ。飲み物は何がいい？」

ジムのみんなにご馳走するという。

私はタコスが届くまで、しばらくベルナルから話を聞いていた。

カルモナはミットを持ってリングに上がり、練習生のパンチを受け始めた。一つの動作が終わるたびにアドバイスを送り、丁寧に指導する。インターバル中にも細かく助言をし、自ら手本を示す。数ラウンド続き、練習生はリングを降りた。

宅配がなかなか来ない。しびれを切らしたのか、カルモナはポテトチップスの封を切り、彼女と一緒に食べ始めた。「ほら、食べなよ」と私にも勧めてくる。少しだけ手に取ると、「もっと、もっとたくさん取れよ」と愛嬌のある笑顔でジェスチャーをした。

ようやくタコスが届くと、豚肉の匂いがジムを覆った。

「誓いの日」の記念に筆者らと写真に収まるカルモナ（右から2番目）

食べきれないほどの量を注文していた。まるでカルモナの「新章」の幕開けを祝うパーティーのようにみんなで頬ばった。ジムの練習生、ベルナル、信藤、私。大きな輪の中心にはいつもカルモナがいる。誰一人として取り残されないように「もっと食べろ」「飲み物は大丈夫か?」と声を掛けてくる。時には自分が笑いものになり、場を和ませていた。

やはり、このボクサーは誰からも愛されるだろう。

長らくジムで過ごし、別れのときがやってきた。誓いの日は終わり、新章が始まった。

カルモナは私に近づいてきて、握手を求めながら言った。

「また会おう!」

「うん、日本でね。待っているよ」

私は、井上戦まで這い上がってほしいと願いを込め、手を握り返した。

その横で話を聞いていた彼女が口を開いた。

「次は彼が勝つわよ」

そう言って、口角を上げ、私に向かってウインクをした。

第八章

日本人同士の新旧世界王者対決

Kohei Kono

vs. 河野公平

（ワタナベジム）

2016年12月30日　東京・有明コロシアム　6ラウンド　1分1秒　TKO

WBO世界スーパーフライ級王座四度目の防衛

井上の戦績　12戦全勝10KO

進退

控え室に戻り、氷嚢を頭に巻いて腰を下ろした。

河野公平は全身から力が抜けていくのが分かった。

二〇一六年八月三十一日、東京・大田区総合体育館。

WBA世界スーパーフライ級王者として、暫定王者ルイス・コンセプシオンと拳を交えた。相手は二十四KOのうち五回までのKOが十九。前半は強打で名を轟かせるコンセプシオンの体力を消耗させ、後半勝負を描いていた。だが、序盤あまりにも容易にポイントを与えすぎた。後半追い上げ、十一ラウンドに相手をぐらつかせたが、倒すには至らない。ジャッジ二人が四ポイント差、残り一人が二ポイント差。四度目の防衛に失敗し、王座から陥落した。

プロデビューから十五年九ヵ月が過ぎ、四十二戦目。三十五歳。世界王座に二度就いた。他人から見れば、十分キャリアを堪能したと映る。

控え室での記者会見で一通り、試合内容を振り返った。

最後に報道陣から「今後は?」と進退を問われた。

「これからのことは、ちょっと休んでから考えます」

試合会場から自宅へ、トレーナーの車で妻の芽衣とともに送ってもらう。真っ暗な車内。二人は何も話さなかった。河野はただうなだれていた。芽衣から話し掛けることもなかった。自宅の手前で降ろしてもらう。

蒸し暑さが残る夏の夜道。家まで二人並んでゆっくり歩く。

河野が疲れきった声で漏らした。

「もう辞めないといけないよね……」

どんよりとした重い空気が二人を包む。

芽衣は夫の問い掛けに何も答えなかった。ただ、「もうそろそろ、潮時かもしれない……」と心の中では思っていた。

夏が終わろうとしていた。


二人の出会いは二〇一二年春。河野が世界王座に就く前のもがき苦しんでいる時期だった。二度目の世界挑戦でWBC世界スーパーフライ級王者トマス・ロハスに敗れ、続く日本スーパーフライ級タイトルマッチでは佐藤洋太に倒された末に判定負け。挙げ句、プロ三戦目の新鋭、戸部洋平に判定で敗れ、ホープの踏み台にされた。プロ初の三連敗。再起戦で石川雄策に五回KO勝利。勝ったにもかかわらず頸椎《けいつい》ヘルニアを患った。その直後に芽衣と巡り会う。だが、そのときはまだ知人の一人に過ぎなかった。

その年の大晦日。三度目の世界挑戦でWBA王者テーパリット・ゴーキャットジムを破った。プロ三十五戦目にして、世界のベルトを巻いた。一三年五月、初防衛戦でリボリオ・ソリスに敗れて王座から陥落した後、二人は交際を始めた。這い上がろうとする姿、栄冠を手にした歓喜、絶頂からの陥落。芽衣はずっとそばで見てきた。河野がデンカオセーン・カオウィチットに八回

ＫＯ勝ちし、二度目の世界王者となり、亀田興毅との二度目の防衛戦を控えた一五年三月に籍を入れた。

芽衣はシンガー・ソングライターみなみらんぼうの長女ということもあり、結婚はマスコミに取り上げられた。

「私はボクシングに詳しくないんです。試合前は何もできないので、とにかく邪魔をしないようにしています」

特に気遣うのは減量中の夫だった。体を目一杯動かした後だというのに、食べられない、飲めない。ボクサーは精神的にピリピリして極限状態に陥る。

「公平にとって、ほんのちょっとのことが邪魔になったり、影響してしまうんで。私が目の前で食べることはできないし、水も飲めない。隠れて食べたり、食べなかったり。私は減量をするわけではないけど、神経を使うので試合前はいつも自然と痩せちゃうんです。大変といえば大変ですけど、自分で選んだことですし。付き合う前に『大変だよ』と言われていて、それは分かっていたことなんで」

温和で口数の少ない河野だが、減量の最終盤になれば、少しでも触れれば爆発するような状態になり、普段なら何でもないことが気に障る。

「何かお腹に入れたいから早く買ってきて」

芽衣が少しでも遅れると声を荒らげた。

「今、買ってきてほしいと言っているじゃん！」

それは妻を信頼し、心を許しているからこそだった。肉体的、精神的にも追い込まれた状況でわがままを言えるのは芽衣に対してだけだった。

だが、芽衣からすれば、苦労を遥かに上回る、得がたい経験をさせてもらった。勝ったときの喜びと感動。それらを共有できるのが嬉しい。後から考えると、苦労や辛かったことは忘れてしまう。いい思い出しか残っていない。

そんな生活も、もう終わるかもしれない。

芽衣はうっすらと心の準備を始めた。夫は進退を明確にしていないとはいえ、コンセプシオン戦のダメージが深く残り、しばらく頭痛に苦しんでいた。スポンサーなどの挨拶回りで外出することはあったが、もう一ヵ月以上、体を動かしていない。

二人の間にはゆっくりとした平穏な時間が流れていた。

世界一諦めの悪い男

コンセプシオン戦の後、河野と芽衣を会場から自宅へ車で送ったのは、当時ワタナベジムでトレーナーを務めていた高橋智明だった。重い空気の車内。ただ、運転することだけに集中していた。

河野は一九九八年三月三十一日にワタナベジムに入門した。ちょうど一年後となる九九年四月一日、東京農業大を卒業したばかりの高橋がワタナベジムのトレーナーに就いた。就任翌日、先輩トレーナーから声を掛けられた。

「河野はまだ担当トレーナーが決まっていないから、高橋が見てやれよ」

ワタナベジムはたとえ練習生であっても担当トレーナーが受け持つ決まりになっていた。河野を紹介され、顔を見つめると、まるでモンチッチのように可愛らしい。体は下半身、特に足の筋肉がしっかりと付いているのが目に留まった。

「なんかやっているの？」

「マラソンというか、陸上です」

「ああ、そんな感じがするよね」

河野は高校時代、陸上の名門、東京・東亜学園で高校駅伝を目指した。ボクシングのアマチュア経験はなく、いわゆる「たたき上げ」のボクサーだ。スタイリッシュや華麗なスタイルとは言いがたく、周囲から「不器用」「センスがない」と言われることが多かった。

高橋は指導をしていくうち、徐々に印象が変わってきた。

「打たれ強くて、スタミナがあって、根性があって、ボクサーとして持っている資質は素晴らしいな」

いくら綺麗なボクシングをしても、ハートが弱く、すぐに倒れてしまう選手をたくさん見てきた。河野には陸上で培った体力がある。それと殴られてもなかなか倒れない頑丈な体もあった。何よりボクシングに懸ける情熱が伝わってきた。二〇〇〇年十一月二十二日、デビュー戦で敗れた後、父・豊蔵とともに、自宅のリビングを改造し、サンドバッグを購入して練習できる環境を整えたという。闘志の炎がいつも燃えたぎっている。高橋はその気持ちと行動力に驚き、目をかけた。

ここまでの四十二戦、河野の隣にはいつも高橋がいた。ＷＢＡ世界王座二度目の防衛戦となった亀田戦での勝利が評価され、トレーナーの栄誉である「エディ・タウンゼント賞」に輝く名トレーナーになっていた。十七年以上、付き添ってきたボクサーがコンセプシオンに敗れ、王座から陥落した。高橋にも喪失感がある。

あの帰りの車内。高橋からも話を振れなかった。運転しながらどんよりした雰囲気を誰よりも感じ取っていた。河野の自宅近くまで送り届ける。車から降りた河野は一瞬ふらつき、電信柱にぶつかりそうになった。足元がおぼつかない。

その姿を見て、高橋は思った。

「ダメージが相当あるな。これまでの試合で一番あるかもしれない。もしかしたら、いい辞め時かも。でも、河野のことだ。続けるかもしれないな」

高橋には忘れられない、河野の表情がある。

世界挑戦で敗れ、日本王座も逃し、新鋭の戸部にも白星を献上し、キャリア初の三連敗を喫した直後のことだった。高橋は「新鋭に負けてとどめを刺された」と思い、「河野も同じ気持ちだろう」と推測した。五体満足でリングから降ろし、家族の元へ帰す。それもまたトレーナーの役目だ。ジムの控え室で偶然顔を合わせ、高橋が問い掛ける。

「そろそろ辞めるか？」

しばらく経っても河野は返事をしない。何も言わない。高橋の言葉を耳にし、目を真っ赤にして、今にも泣きそうな顔になっていた。

表情から河野の気持ちを察知した。その会話からしばらくすると、河野はジムで練習を再開した。

高橋は苦笑いか、半ば呆れ笑いか、二つが混じったような笑みを浮かべて言った。

「河野は世界一諦めの悪い男だな」

ボクシングへの情熱、世界王座への執着は常人の域を超えている。

河野のすべてを知っている高橋でさえ、コンセプシオン戦の後、進退は「半々くらいかな」と思っていた。

亀田興毅との防衛戦

「前半はポイントを取られてもいい。極力、抑えていこう」

ワタナベジム会長の渡辺均は自ら提案した作戦で、河野がコンセプシオンに敗れた。その責任と悔恨を背負い込む。同時に愛弟子の道のりには充足感もあった。

「俺は会長として、ここまでやることはやったんだ。引退かな。もう次にチャンスをあげることは難しいだろうな」

コンセプシオン戦の後、渡辺は一息ついた。

河野との思い出は数えきれない。つくづく不思議なボクサーだった。黒星を喫したデビュー戦のこともはっきりと覚えている。

「スピードがなくて、お粗末。これはボクサー向きじゃないや。たとえ四回戦でも駄目だな」

だが、試合を重ねるにつれ、渡辺が光を感じる試合が二つあった。

一つは、二〇〇二年九月の東日本新人王準決勝、アマ四十戦のキャリアがある小室裕一朗戦。もう一つは〇四年五月、当時無敗の若尾健吾戦だった。

渡辺が懐かしんで言った。

「長身の小室を圧倒して判定で勝って、あれ、河野強いじゃん、やるなあ、と思ったのが最初。若尾戦はあちらからオファーが来て、もう賭けですよ。そしたら河野がアウトボクシングを織り交ぜながら、相手をコントロールして（七回）ＴＫＯ勝ち。驚きましたよ。その二試合で印象が変わった。光るものを感じたんだよね」

渡辺は河野の名前を売るためのマッチメイクをした。ベテランの元日本王者プロスパー松浦との一戦。松浦はもうキャリア晩年を迎えていた。乗り気ではない相手陣営に対し、「テレビの放送枠がある。この試合はテレビ放映されるから」と必死に口説き落とした。九回ＴＫＯ勝ちで、これが河野の出世試合になった。

苦い思い出は三度目の世界挑戦。一二年秋、ＷＢＡ世界スーパーフライ級王者テーパリット陣営とのやりとりだった。テーパリットは亀田大毅、清水智信、名城信男から勝利を収め、日本人キラーとして名を馳せていた。まだ、交渉が始まる前、準備段階での雑談だった。相手陣営の交渉役が訪れ、ジム近くの喫茶店に入った。

交渉役が少し意味ありげに言った。

「テーパリットは普段六十七キロあるんだよ」

スーパーフライ級の上限は五十二・一六キロ。十五キロの減量をしなくてはならないというのだ。

交渉役は続けて言った。

「あれはもうバンタムだね。スーパーフライはもう無理だよ」

渡辺はピンと来た。王者はもうスーパーフライ級ではコンディションをつくれない。限界に来ている。バンタム級に上げるから、高い値段でベルトを置いていこうとしているのだ。言葉にこそ出さないが「ベルトを売りにきている」。ファイトマネーさえ積めば、世界王座を獲れるのではないか。俄然、色気が出てきた。テーパリットを他のボクサーに渡すわけにはいかない。河野に挑戦させる。この階級なら相場は五万〜六万ドル。日本開催で大枚をはたいたとしても十万ドルだ。ジムから内山高志に続く世界王者を輩出させたい。渡辺には欲があった。試合が決定すればテレビ東京から放映権料も入る。

「河野が王者になれるなら、少しくらい損をしてもいい」

テーパリット陣営に相場の数倍以上となる、破格の二十万ドルを支払い、河野の世界挑戦を成立させ、王者をタイから呼び寄せた。

試合一週間前、渡辺は減量苦で憔悴しきって来日するテーパリットの姿を想像していた。しかし、関係者から伝え聞いて驚いた。顔色は良く、減量苦どころか元気いっぱい。万全の体調で空港に現れたという。

「やられた……。騙された」

海千山千のボクシング界において、交渉は化かし合いだ。まんまと相手陣営の術中にはまった。試合前日、テーパリットはなんなく計量をクリア。バンタム級に上げるどころか、対抗団体のWBCチャンピオン佐藤洋太との王座統一戦に意欲を見せている。しばらく、この階級にとどまるつもりなのだ。

しかし、ボクシングは分からない。試合は、河野が序盤の劣勢を覆し、左フックのカウンターでテーパリットを倒すと、その後も猛攻で四回KO。戦前の下馬評を覆し、世界王座を勝ち取った。騙された渡辺は救われ、二十万ドルをドブに捨てずに済んだ。河野と抱き合って喜んだ。

振り返れば、河野の二度目の防衛戦として行われた亀田興毅戦も印象深い。

日本ボクシングコミッション（JBC）が亀田ジムのライセンス更新を停止したことにより、日本で試合を行えず、米シカゴでの開催が決まった。亀田は世界四階級制覇が懸かり、戦績は三十四戦三十三勝十八KO一敗。戦前の予想は「亀田有利」だった。

試合決定後、スパーリングでアクシデントが起きた。河野は明らかに格下の四回戦ボクサーに肋骨を折られた。渡辺は試合延期に奔走し、なんとか三ヵ月延ばすことができた。試合前日まで亀田は強気だった。計量後、河野にお菓子を渡すパフォーマンスをして喜んでいた。渡辺には「亀田は勝てる自信があるんだろう」と映った。だが、試合当日、渡辺は河野の強心臓と老獪さを垣間見た。隣り合わせとなった亀田の控え室を覗くと、体を小さくしていた。試合を前に緊張し、萎縮している。プレッシャーに押しつぶされそうになっていた。一方の河野は「やってやる！」とスイッチが入っている。

試合は二回、ボディーに食らった河野がしゃがみこんだ。亀田の追撃がローブローと判断され、レフェリーは河野を休ませたが、実はローブローが効いていたのではない。以前、スパーリングで骨折した肋骨が痛んだのだ。レフェリーを欺き、ダメージを回復させる。直後、河野は右のカウンターでダウンを奪い、三回にも亀田はローブローで二度減点された。終わってみれば最大八ポイント差の完勝だった。

練習では四回戦ボーイに骨を折られ、試合では重圧をはねのけ、元世界三階級王者を圧倒する。

「あいつは典型的な『練習で弱くて試合で強いタイプ』なんだよな」

河野との幾多の思い出が渡辺の頭を駆け巡った。


「井上君だけはやめて！」

残暑も終わり、木々の葉が色づき始め、ほんのりとキンモクセイの香りが漂う十月末。

河野はコンセプシオン戦から二ヵ月経っても体を動かす気になれなかった。

「もう九十五％くらい終わりかな……」

ボクシング人生の終焉を考えた。

だが、突然慌ただしくなる。

会長の渡辺からトレーナーの高橋とともにジムに呼ばれた。

「レックス・ツォーから試合の話が来ているんだよ」

二十戦無敗で香港のスター選手からのオファー。以前から対戦の噂が上がっていた選手だった。

渡辺が続けた。

「その他にうまくいけばアンカハスともつながるかもしれないな」

ＩＢＦスーパーフライ級王者ジェルウィン・アンカハスは王座に就いたばかり。初防衛戦の相手として交渉できるかもしれないという。

「レックス・ツォーに、もしかしたらアンカハスか……。ちょっとやろうかな」

河野の心に少しスイッチが入った。

その翌日だった。

再び渡辺から呼ばれた。

「井上尚弥からもオファーがあったから。家族とじっくり考えてね」

ツォー、アンカハス、井上。トップボクサー三人の名が挙がった。

渡辺はぼんやりと次戦を思い描いた。まず、井上との対戦は選択しないだろう。アンカハスはサウスポーで河野にとってはやりづらいかもしれない。ならば、ツォーと対戦するのがいい。だが、何も言わずにオファーの状況だけ伝えて一旦別れた。

河野は自宅に帰り、芽衣に「ちょっと話があるんだけど」と告げた。

「試合なんだけど、レックス・ツォーの他に井上君からも……」

妻がどういう反応をするのか、河野にはまったく想像できなかった。

表情を探り、言葉を続けようとした。

「やめて！　井上君だけはやめて！」

芽衣の声がリビングに響き渡る。夫から「井上」という名前が出た瞬間、勝手に口が動いていた。咄嗟に「やめて！」と叫んでいた。

夫の力を信じていないわけではない。だが、井上がKOしたいくつかの試合映像が頭に浮かんだ。

「これはチャンスなんだ」

河野は芽衣に言った。

世界初挑戦はプロデビューから約八年経った、二十五戦目のことだった。その試合に敗れると再挑戦まで二年かかり、三度目の挑戦までまたも二年費やした。誰よりも世界タイトルマッチの有り難みと重みを知っていた。

河野の胸の内は「井上戦」で決まっていた。

一方の芽衣はどうにかして回避させたい。顔には「やってほしくない」と書いてある。二人の考えは変わらなかった。

「もし、お金のことを考えて、井上君とやるならやめて」

芽衣が河野に言った。

「お金じゃない。世界戦はやりたくてもなかなかできない。断ったら、もう一生できないかもしれないんだ。井上君はすごい知名度。俺からしたら、これをやらなかったらボクシングをやっている意味はない。強い男と闘わなければボクシングをやる意味がないんだ。こんなにワクワクする試合はないんだよ」

井上は十一戦全勝九ＫＯ。米国進出を目指し、全階級を通じて「最強」の呼び声が高いローマン・ゴンサレスとの対戦が期待されるほどだった。当初は元ＷＢＯ世界フライ級王者で十月に復帰戦を行ったファン・フランシスコ・エストラーダにオファーしたものの、「右拳を痛めた」と保留された。以降、ランキング上位から順番に交渉を申し入れたが、軒並み断られ、挑戦者探しが難航していた。二十三歳の「モンスター」は世界に知れ渡り、強すぎるがゆえ、対戦を回避されてしまう。そして、三十六歳で進退に悩む河野のところに話が回ってきた。

河野が芽衣に諭すように伝えた。

「井上君とやるぞと思ったら、もう一度気持ちが盛り上がってきた。みんなが逃げている。そんな強い相手、最強の男と世界戦ができる。これほど熱く燃えることはない。俺だってその前まで世界王者だったんだ。よし、行くぞと思えるんだ」

何が何でも井上戦を実現させたい河野。

芽衣としても夫の思いを尊重したい。ボクシングについては何か相談されたときだけ意見を言おうと思ってきた。それまでは何も言うまいと決めていた。だが、この試合に限っては、つい「やめて！」と言葉が先に出てしまった。夫の話していることを理解しつつ、だけど、本心は井上戦が怖かった。

しかし、普段は温厚な夫の熱い思いがひしひしと伝わってくる。

芽衣が折れるしかなかった。

「分かった……。うん、頑張って」

半分納得、半分恐怖。その気持ちはずっと変わらなかった。


河野は家族との話し合いの結果を伝えるため、渡辺の元を訪れた。

「試合の件ですが、井上戦でお願いします」

正式に井上戦のオファーを受けることを伝えた。

「本当か？　本当か？　本当にやるのか？」

渡辺は同じ言葉を三度も繰り返した。

そして、慌てて突き返した。

「いや、待て。もうちょっと家族と考えろよ。もう一度考え直してこい」

渡辺もまた、愛弟子の田口良一戦を通じて井上の強さは痛いほど分かっていた。ましてや、井上はあのときから二階級上げている。減量苦から解放され、対戦相手をなぎ倒すシーンを幾度となく見てきた。パワー、技術ともに格段に上がっているのだ。渡辺はすぐにオマール・ナルバエス戦を思い出した。

「だって、あのアルゼンチンのサウスポーまで倒しているんだぞ」

ナルバエスにあんな勝ち方ができるなんて、世界中探しても井上しかいない。もし、河野が相手だったら……。いや、河野はコンセプシオンに負けたばかりだ。常識的に考えて、勝てる可能性は低い。相手が井上でなければいい。レックス・ツォーと闘えば、河野には現役ボクサーとしての道がもうしばらく続くかもしれない。アンカハスならまだ勝利の可能性を見いだせる。よりによって一番勝利の確率が低い井上を選ぶなんて。元世界チャンピオンの河野を「咬ませ犬」のようにしてはならない。

実は、井上戦を選ぶことだけはないだろうと、渡辺は大橋ジムに断りの連絡を入れていた。それは渡辺の親心でもあった。

だが、河野の意思は固かった。

最も信頼を寄せるトレーナーの高橋とも話し合った。高橋は同門の田口―井上戦でセコンドに就き、サポートした。それどころか、田口が初めて井上とスパーリングした際にも居合わせている。井上のボクシングを間近で見ていた。

河野を知り尽くす高橋は、話を聞く前から想像していた。

「きっと井上を選ぶんだろうな」

予想通りの返事を受け、高橋は背中を押した。

「アンカハスと井上はどっちとも化け物級に強いんだから、サウスポーのアンカハスより、右の井上のほうがいいんじゃないか。日本人対決なら、国内でも盛り上がるだろうしね」

高橋は続けて言った。

「何より、本当にこれこそ強いチャンピオンに挑戦する、ボクシングの本来のかたちだよな。世界一の井上尚弥というチャンピオンに挑む。挑める資格があるのは嬉しいことじゃないか」

二人の考えは一致した。

河野は再び、井上戦の受諾を渡辺に告げ、試合が決まった。

それから一ヵ月後、芽衣のお腹に新しい命が宿っていることが分かった。

対極のボクシング人生

河野は父・豊蔵に井上戦の報告をすると「やめろ」と言われ、ジムで階級が上のボクサーからも「井上君とスパーをしたら、パンチがかすっただけで足がしびれた」と伝えられた。井上と対戦した田口からは「パンチはハンマーで殴られたみたいな感じですよ」と告げられる。

そんな言葉を聞くたび、河野の心の炎が激しく燃え上がる。

「凄いパンチがあって、そんな強い人と試合ができるなんて」

恐怖心よりも高揚感が上回る。わくわくする気持ちが止まらない。幸いにして、河野は井上とのスパーリング経験はない。だから必要以上の怖さも先入観もなかった。

「みんな井上君が勝つと思っているけど、自分だって試合本番では強い。やるからにはベルトを獲りにいくし、決して記念試合じゃない。俺は前チャンピオンなんだ。本気で獲りにいくぞ」

井上と離れた距離で闘ったら勝ち目はない。だが、くっついて接近戦なら一発が当たる可能性だってある。ボクシングに「絶対」はない。当たりさえすれば……。頭の中は井上戦で埋め尽くされた。

渡辺にはなかなか勝ち筋が見えなかった。勝利への細い糸を手繰るとしたら、スタミナのある河野が試合後半まで持ち込むことが絶対条件。そうなれば、ボクシングは何が起こるか分からない。前半を乗り越えて初めて勝機を考えられる。長引けば、井上が故障する可能性だってなくはない。そんなふうに考えるしかなかった。

井上と河野は対極のボクシング人生を歩んできた。

小学校一年から始めた井上は第一回U—15（十五歳以下）全国大会で優勝。高校時代は一年時に三冠を達成し、世界ユースにも出場した。三年時にシニアが集う全日本選手権を制し、アマチュア七冠を引っ提げ、プロ入り。四戦目で日本王座、五戦目で東洋太平洋王座、六戦目で世界王座と最短距離で頂点に上り詰めた。「怪物」はスピードとパワーの洗練されたスタイルで眩《まばゆ》いばかりの光を放つ。

一方の河野はアマチュア経験がない、たたき上げ。華々しい戦績で頂点へ駆け上がることだけがボクサーの魅力ではない。高校二年の終わりに本屋でたまたま手に取ったムック本『6ヶ月でプロボクサーになる‼』を読み、グローブを握る。最初の目標はプロライセンス取得だった。二十歳前日のプロデビュー戦は黒星。その試合映像を見てあまりに不格好な自分の姿に落ち込んだ。不器用な自分とひたすら向き合い、練習を重ねた。自らを「雑草」と言い、日本王座は二十一戦目、東洋太平洋は二十三戦目、世界は二度目の挑戦失敗を経て三十五戦目の三十二歳で手にした。泥臭く地味ながら手数とスタミナを武器に這い上がってきた。淡い炎は幾度となく小さくなっても、消えることだけは拒む。闘志溢れるファイトは時に燃えさかる真っ赤な炎となり、ファンから熱い支持を受けた。

下馬評では圧倒的に井上優位だ。だが、高橋も河野と同じように考えていた。

本番では強い――。

「亀田戦でダウンを取った右ストレート。あれはミット打ちでよくやっていたんですけど、スパーリングでは一度も出したことのないパンチだったんです。それを本番で出すからアイツは凄い。普通の選手はスパーリングや練習で出すけど、いざ本番では出ない。アイツは試合だけ成果を出すんです。スパーリングはまったく駄目なんで自分はいつも怒っていたんですよ。冗談抜きでアイツはスパーだと四回戦レベルです」

河野は練習やスパーリングではなかなか気持ちが入らない。六回戦の選手と手合わせをすると、押されてしまう。もちろん、河野自身は全力で取り組もうとしている。だが、心の奥底に試合でしか入らないスイッチがあるようだった。

秋も深まった二〇一六年十一月九日。東京・九段下のホテルグランドパレスで記者会見が行われ、十二月三十日に東京・有明コロシアムでのWBO世界スーパーフライ級王者井上とチャレンジャー河野の試合が正式に発表された。河野のファイトマネーは一千万円。「前世界チャンピオン」の肩書もあり、挑戦者としては高額だった。

河野は会見で井上戦のオファーを聞いた瞬間に「即やります」と現役続行を決意したことを明かし、気合の入った表情で言った。

「相手はパウンド・フォー・パウンド（全階級を通じて）最強の王者だと思う。挑戦者として一回から思い切りやりたい。どこかで必ずチャンスは来る。一回は必ずパンチが当たる。判定では勝てない。ＫＯしかない」

井上と対面し、気持ちが昂ぶるのが分かった。

芽衣は身ごもり、つわりが重かった。初めての妊娠で分からないことが多い。実家に帰ったほうがいい。そう考えることもあったが、最後まで試合に臨む河野に寄り添い、応援に行く準備を進めていた。しかし、直前まで二人には迷いがあった。

芽衣が明かす。

「妊娠三、四ヵ月でつわりが本当に酷くて辛いときだった。ぎりぎりまで会場に見に行くか迷ったんです。あまりにドキドキとか興奮するのは胎教にはいいものではないし……。両親とか友人も会場に来て助けてくれるとなって『それなら行けるかな』と決まったんです。前のほうの席ではなくて、友人と同じスタンド席にしよう、となりましたね」

試合当日、河野と芽衣は二人で自宅を出た。タクシーに乗り、会場の有明コロシアムへ向かう。夫が井上と闘う。芽衣は緊張と恐怖心で鼓動が大きく感じられた。

「井上さんとの対戦は納得したんですけど、でも怖い部分があった。それは最後までなくならなかったです」

夫の表情を窺う。穏やかで落ち着いて見えた。芽衣は内心思った。

「井上さんとやるんだよ。怖くないのかな」

試合数日前、夫の口から「早く試合をやりたい」と聞き、信じられなかった。計量を終えるとまた、「早く試合をやりたい」と言った。驚きとともに感心した。

「我が夫ながら凄いな」

会場に到着し、芽衣は出迎えに来たトレーナーの高橋に夫を託す。

「いってらっしゃい」

「よしっ！」

一時の別れ。言葉は短くても、互いの思いは伝わる。

芽衣は控え室へと歩を進める夫の後ろ姿を祈るように見つめていた。

隙がまったくない

日本のトップ選手が次々とリングに上がる豪華な興行だった。第一試合から原隆二、井上浩樹、松本亮、ロンドン五輪銅メダリストの清水聡と大橋ジムのボクサーが勝利を収めた。第五試合で五輪金メダリストの村田諒太が登場。約一年半ぶりとなる日本のリングでミドル級らしい重量感のあるパンチを披露し、メキシカンを三回で沈めた。セミファイナルではＩＢＦ世界ライトフライ級王者の八重樫東が十二回ＴＫＯ勝ちで防衛を果たした。

冬の有明コロシアムは寒い。天井はあるものの、隙間風が入ってくる。ジャンパーのチャックを閉め、マフラーを巻いている観客もいる。二試合目から五試合連続でＫＯが続いた。テレビの生中継の時間調整もあり、しばらく待たされたメインイベント。

「ここまでやれるだけのことはやった。よし、行くぞ」

河野は気合を入れて控え室を出た。

入場曲の「夜空の花」が流れる。オーケストラの生演奏だった。会場は暗転し、青色のカクテル光線が放たれる。ゴンドラのような乗り物で入場ゲートまで下りてきた。大舞台の演出に河野はテンションが上がった。煌びやかな入場ゲートをくぐる。両手を上げて会場を見渡した。

「凄い、こんなところで試合ができるんだ」

また世界戦の舞台に立てる。また強敵と闘えるんだ。闘争心に火が付いた。声援を浴びながらシャドーボクシングをする。最高に気持ちがいい。

芽衣は応援団とともに「河野公平」と書かれた大きなのぼりを持って花道をつくった。入場ゲートに現れた夫の表情を窺う。

「やめて！」と叫んでから二ヵ月。この間、絶えず不安と恐怖心を抱えてきた。シャドーボクシングをする夫はすごくいい表情をしている。

「うん、これで良かったのかな」

初めてそう思えた。河野はリングまでの花道を、左右の応援団一人一人と丁寧にグローブでタッチをしていく。花道の最後、待っていたのは芽衣だった。目を合わせる。二人とも黙って頷いた。河野と芽衣。二人にしか分からない感情があった。


試合開始のゴングが鳴った。

まずは井上が左を突いてくる。鋭い左ジャブが止まらない。続いて威力のあるワンツーが飛んできた。河野はガードを固めながら距離を詰めようと必死に前へ出る。左を警戒していると、右アッパーが飛んでくる。

左の速さとパワーに驚いた。一方で、思ったより右を出してこない。右拳の状態が良くないのか。一瞬、頭をよぎったが、すぐに打ち消した。

「おそらくパンチの打ち終わり、カウンターを狙っているんだろうな」

河野がファーストコンタクトの印象を振り返る。

「すぐに今まで闘ってきた世界王者とは全然レベルが違うなと分かりました。ジャブが速くて強い。出てくる角度はそれぞれ違うし、まるで矢が飛んでくるような感じで伸びてくる。あれは普通の選手の左ストレートですよ。たまに出してくる右ストレートの威力はその三倍くらいありました」

さまざまな角度から次々と「矢」が飛んでくる。かいくぐり、時に被弾を覚悟しながら、距離を詰め、飛び込むしかない。

一分二十秒過ぎ。

河野は左フックから右、左、右、右と横殴りのフックを放ちながら前へ出た。相手のガードの上だ。それでもいい。井上をコーナーへ追いやる。右のオーバーハンドは大きく空を切る。

セコンドの高橋は「作戦通り」と頷いた。

「見合っていてもテクニックで完封されちゃう。河野いいぞ、体は動けている」

残り五十秒、右のボディーを食らった。思わず下がる、左フックを浴び、もう一歩後退した。

第一ラウンドが終わった。

河野はコーナーに戻ると言った。

「水ください、水ください」

「分かった、分かった。水飲ませるから、呼吸を整えろ」

毎試合、インターバルで行われるやりとり。河野はいつも水を欲しがるという。セコンドの高橋は対応しながら尋ねた。

「どうだ、井上はパンチあるか？」

河野は口に水を含みながら頷いた。

高橋は三年四ヵ月前、田口のセコンドとして見た、当時の井上と比較した。

「ライトフライ級より二階級上でパンチ力が全然上がっていると思いました。ジャブが強い。それにフェイントをかけても、かかってくれない。河野のほうが手数は上かもしれないけど、クリーンヒットは当てさせてくれない。やっぱり強いな」

スタンド席から見守る芽衣はコンセプシオン戦との動きの違いを感じていた。前戦の序盤は様子見で手数が少なかった。今回は好戦的で手数も出ている。

「調子が良さそう。もしかしたら、いけるかも……」

ボクシングには詳しくない。だけど、「いいんじゃないかな」と思った。

「よし、公平行け！」


第二ラウンド、開始二十秒。河野が前に出て、圧を強めた。ロープに詰め、ボディーへ右を二発。その後、顔面に横殴りのパンチを五発放った。強引にこじ開けようとするパンチ。いずれも堅いブロッキングで阻まれる。距離が縮まると、今度は井上の強烈な左ボディーが飛んできた。

河野は露骨に嫌な顔をし、一瞬、間ができた。

その仕草を見逃す井上ではない。鋭い左の矢だけでなく、重い左のボディーも飛んでくる。河野は安易に近づけなくなった。

河野が腹の防御を意識すると、今度は顔面にワンツー、右ストレート。特にジャブとフックの左が巧く、的確に当てられた。

意を決して接近戦を挑む。ところが、残り二十秒を切り、井上が放つ右アッパーからの左ボディーが脇腹に食い込んだ。動きが止まる。もう一度、重い左ボディーが来る。一歩下がった。明らかに効いた。井上がここぞとばかりにボディーをめがけて左右のパンチを繰り出してくる。耐える。しのぐ。終了のゴングが鳴った。

高橋の回想。

「ボディーを打たれると嫌がる癖があるんですよ。表情に出るんです。相手に分かるんで、いつも『やめろ』と言っていたんですけど、それもアイツの癖なんで。あのボディーは効いていた。腹で倒されるんじゃないかと心配でしたね」

第三ラウンド、開始四十五秒。井上のコンパクトな右を顔面に食らった。河野がよろめく。ワンツー、左ボディー、連打が止まらない。場内からは井上の動きに感嘆のため息が漏れる。ただ、河野も前に出て、距離をつぶすことだけは忘れない。空振りしてもいい。がむしゃらに右ストレート、上へ下へとパンチを放つ。これが河野のボクシングだ。

しかし、井上は落ち着いていた。どんな場面でも動きに隙がない。河野の大きなパンチをひらりと躱していく。二、三ラウンドは圧倒的に井上ペースだった。

河野は井上の集中力に驚いた。

「どんな選手でも三分間のうち、ふと力を抜く瞬間があったり、打ち終わりにほんの一瞬だけガードが下がる。その瞬間に右のノーモーションを打とうと思っていたんです。でも、井上君にそんな隙はまったくない。僕のパンチはもう見切られている感じでした」

芽衣はスタンド席でラウンド終了のゴングが鳴ると、深呼吸をした。

「フーッ……」

試合の三分間はずっと息が止まっているような感覚になる。夫と同じく、インターバルの一分で呼吸を整える。芽衣も闘っているのだ。

一瞬の攻防

「怪物」に抗おうと懸命に前へ出る。第四ラウンド。序盤から河野の気持ちが溢れ出る。強引な接近戦で愚直にパンチを繰り出した。右ボディーから顔面への右フック。ガードの上でもいい。右ストレートを必死に当てる。

「井上君が打ってこないんですよね。わざと打たせているのかなと。カウンターを狙っているのか。序盤（三ラウンドまで）のように出てこないんです」

警戒しながら距離を詰める。右フックのダブルを放ち、河野の手数は多い。井上はガードを固めて上体を振り、手は出さない。ラウンド中盤までじっくり見ている。河野は体重を乗せた左ボディーを打った。一分五十秒が過ぎた頃。河野の奮闘ぶりに場内はざわつき、自然と公平コールが発生した。

だが、残り三十秒。中間距離になると、井上の大きな右が飛んできた。河野が距離を詰めようと前に出ると躱され、また距離をとられた。ラスト十秒の拍子木がまるで合図のようだった。右、左のボディーが河野に突き刺さる。わずかに後ずさりをすると、すぐに顔面へ。右、右、左、右……と重いパンチが飛んできた。必死に堪える。立っているのが精一杯だ。

「井上君はダッシュ力が凄いんです。一発もらうと、その後にまとめてバンバンバンと連打が来る。チャンスだと思ったら、連打が凄いんです。ボクシングって、どの選手でも一、二、三ラウンドくらいまではパンチが生きていて強い。特にアマチュアから来た選手はそういう傾向にある。みんな（パンチ力が）落ちてくるのに、井上君は最後までずっと強いパンチでした」

ジャッジの一人、ハンガリー出身のエンイェディがこの試合で唯一、一〇—九で河野のラウンドとした。井上のこれ以降の六試合で、二〇一九年十一月のノニト・ドネア戦まで三人のジャッジが一ラウンドたりとも相手に振ることはなかった。その点では稀なラウンドとなった。


第五ラウンド。これまで通り、河野は距離をつぶす。井上の懐に入った瞬間に右のショートアッパーが飛んできた。普通の選手なら、このアッパーを警戒してしまい、入りづらくなる。河野はそれでも前へ出た。

「井上君はアッパーを狙っているなと思ったんです。派手で見栄えもいい。井上君のあの闘い方はジャッジ受けもしますよね」

一分三十秒手前から、リング上の主役が井上から河野へと代わっていく。距離を詰め、左、右、左のフック。ガードの隙間から井上の顔面を捉えるパンチもあった。観客がどっと沸く。引き立て役で終わってたまるか。俺だって前世界王者なんだ。覚悟を持って闘っているんだ。河野公平というボクサーの矜持。意地だった。

ジャッジ三人は井上に振ったが、河野にとって最も手応えのあるラウンドとなった。

「正直、パンチの感触はあまりなかったです。でも、当たり出したので、いけるかなと。効いてはいないだろうけど、当たっている。あの井上君のジャブに入り込めないと思っていたのに、自分の距離になり始めてきた。井上君のスピードに慣れてきたというより、距離が詰まってきた。

よし、これは面白くなってきた。勝負はこれからだぞ、と思いましたね」

インターバル。河野はコーナーに戻り、高橋に言った。

「いける、いける！」

自信溢れる表情だった。セコンドもゴーサインを出す。

「次のラウンド、行きますから」

河野はそう言って、闘いの場へ飛び出していった。

「コーヘイ！　コーヘイ！」

芽衣は甥っ子たちと無我夢中で夫の名前を叫んでいた。応援団も盛り上がっている。

「さあ、行け、公平！」


第六ラウンド。勢いに乗った河野は細かいパンチで井上を追う。

思い描いた展開になってきた。二十五秒。連打でコーナーに詰めた。熱くなり、この試合で最も気持ち良くなっていた。

「よし、勝負だ」

そう思った瞬間だった。

井上の角度の違う左フック三連発が飛んできた。一発目はもらわず、二発目は当たりが浅かった。三発目は井上が上体を右後方に回転させ、左手を引きつけるように放ったカウンターだった。河野はまともに食らい、そのまま崩れ落ちる。キャンバスに頭を打ちつけ、大きな音を立てた。

気が付けば大の字になっていた。

河野の回想。

「あの場面は、自分もいい感じで打って、前に出ていけた。井上君は打たせておいて、カウンターを狙っていたと思う。左を狙っているのは分かったんですけど、それまでもらっていなかった。あれは仕方ない。後悔とか一切ない。打ちにいったところのカウンターなんで。むしろ、すっきりした感じ。思い切り挑んで、どうせ負けるなら倒されたほうがいい。『井上君、お見事』。その言葉しかないです」

レフェリーが試合を止めると確信した井上はコーナーに駆け上がり、両手を広げている。

だが、河野は必死に立ち上がった。ダメージは深い。

アメリカ人のベテランレフェリー、ロバート・バードは手を三度叩き、「ボックス！」と試合続行を宣言した。

すぐに井上が詰め寄ってきた。ラッシュだ。河野の選択は「ガードを固める」でも「クリンチする」でもない。勝負に出ることだった。井上の連打、左からの右に合わせて、大きな右を振った。井上が躱し、パンチは空を切る。

再び井上の左、右のタイミングで、もう一度、河野は右を放った。

高橋はこのシーンこそ、河野の真骨頂であり、醍醐味、凄みだと言う。

「あまり誰も気付いていないかもしれないですけど」

そう前置きして、感嘆混じりに振り返った。

「井上君の右のパンチに合わせて、河野が右のカウンターを狙いにいったんです。あれは練習していたやつなんです。デンカオセーンとリボリオ・ソリスを倒したのとまったく同じパンチ。ダウンして意識がもうろうとしながら殴りにいったアイツは本当に凄いなと思いました。普通ならガードか、クリンチか。でもアイツは狙っていた。最後、イチかバチか。刺し違えてでも相打ち覚悟で死んでやると。大したもんです」

高橋の目にはさらなる驚愕のシーンが飛び込んでくる。

河野の渾身の右をバックステップで躱す井上の動きだった。

「ああ、さすが井上尚弥だな。凄いな……」

デンカオセーンを葬り、ソリスを倒した河野の右を井上は読んでいたのだ。ラッシュをしているときでも、どこまでも冷静に河野の右を躱した。二発ともかすりもしなかった。

一瞬の攻防。それは世界の頂点に立つ者同士の高度な駆け引きだった。

河野の右が不発に終わり、勝負はあった。井上のアッパーから左、右と連打を浴び、崩れ落ちるように二度目のダウン。今度はレフェリーがすぐに止めた。

六回一分一秒ＴＫＯ負け。

プロ四十三戦目。初のＫＯ負けだった。

立ち上がろうと思った瞬間、セコンドの声が聞こえた。

「いいよ、寝ていて！」

しばらく大の字になって有明コロシアムの天井を見ていた。真っ暗な黒い空のようだった。

声援から一転、悲鳴を上げた。

芽衣は夫がダウンするシーンを見たのは初めてだった。心配で居ても立ってもいられない。

「一度倒れて『どうしよう……』と思って、二回目倒れて、『行かなきゃ』と思ったんです。有明コロシアムのスタンド席の階段がすごく急なんです。お腹に赤ちゃんがいるので転んじゃいけないし、でも一刻も早く控え室に行きたい。結構、慌てました」

焦る気持ちを抑え、足元に注意を払いながら控え室へ向かう。

すると、夫は記者に囲まれていた。記者会見の途中だった。元気そうな姿を見て胸をなで下ろす。少しでもいいから話をしたい。しかし、すぐそばにいるのに声を掛けられない。どうしても伝えたいことがある。今すぐこの気持ちを届けたい。スマートフォンを取り出し、数メートル先の夫へメールを打った。

「果敢に立ち向かう、その姿に感動しました」

河野と芽衣は高橋の車で自宅まで送ってもらった。

車内には不思議と爽やかな雰囲気が漂う。同じ敗戦でも四ヵ月前、コンセプシオン戦の後のどんよりとした重い空気とは明らかに違う。

河野の気持ちは晴れやかだった。最強の男・井上尚弥に全力で向かっていき、一瞬でも「いける」と思えた。心も体もこの上なく熱く燃えた。やりきった。敗れてもなお充実感があった。

河野はまるでいい思い出を振り返るかのように言った。

「入場とか凄い演出だったたね」

そう言って芽衣の顔を見る。

妻も清々しい、爽やかな表情をしていた。

「井上君は全部が理想的」

七ヵ月後、再起戦に勝利し、その後、香港でレックス・ツォーに敗れ、オーストラリアでジェイソン・モロニーに六回終了TKO負けを喫した。

二〇一八年、十九歳でプロデビューした十八年前と同じ十一月二十二日に引退会見を開いた。戦績は四十六戦三十三勝十四KO十二敗一分け。

会見では「酒も飲みに行かず、強くなることだけを考え、ぎりぎりまで自分を追い込んだ」とボクシング人生を誇った。そして「井上君は格段に強かった」と語り、一方で「血管が沸騰するような喜びを味わえないと思うと寂しい」とリングに後ろ髪を引かれる思いをのぞかせた。

同席した渡辺は「河野はボクシングという天職と出会えたのでは」と感じていた。俗に言うボクシングセンスはなかった。だが、陸上で培った桁違いのスタミナ、闘争心、本番での強さを武器に世界戦で十度もスポットライトを浴びた。決して器用とは思えない河野に対し、今後これだけ夢中になれるものを見つけられるのだろうか、と心配になるほどだった。

渡辺が会長を務めるワタナベジムから二人のボクサーが井上に挑んだ。

「田口も河野も二人ともたたき上げだもんな。あいつら凄いよ」

胸を張って、しみじみ言った。

「俺は田口にも河野にも井上戦は『避けよう』と言ったんだ。でも『やる』って言って聞かないんだから。田口は『井上から逃げたくない』と言うし、河野には『もう一度家族と話し合え』と突き返したのに。二人ともボクサーのプライド、意地なんだろうな」

東京・学芸大学駅近くのイタリア料理店は賑わっていた。

私は河野と芽衣と向き合っていた。芽衣の隣にはあのときお腹にいた長女・小百合がいる。

DVDプレーヤーで井上戦を見終えた。河野はどのパンチか明確には覚えていないが、三ラウンドまでに左のおでこに食らった右ストレートがものすごく痛かったと言う。

「田口のときより階級を上げているし、もっとパワーがある。すごく硬いパンチなんです。ソリスと闘ったときは瓶で殴られているような感じ。井上君はなんて言うのか、あの右ストレートは頭が割れそうな、破壊されそうな衝撃だったんです」

話を聞いていた芽衣が何かを思い出したようだった。

「パヤノ戦を見ていたら、また左のおでこが痛くなったと言っていたよね？」

河野と闘ってから一年十ヵ月後の二〇一八年十月。井上はファンカルロス・パヤノを右ストレートでKOした。その試合をテレビで見ていたときのことだった。

「うん、また痛くなったんです。僕がもらったのと同じ右ストレートだったからだと思うんですけど」

体が当時を思い出し、反応したのだろうか。いや、そんなことがあり得るのか。「うずく」ではなくて「痛くなった」という。

きっと私は半信半疑の表情をしていたのだろう。

河野は首を振って「本当なんですよ」と言って笑った。

「井上君は全部が理想的なんですよね」

そう羨ましそうに語り始めた。

「今までたくさんの世界王者とやってきたけど、スピードは一番。パンチも一番。パワー、ディフェンス、フットワーク、リズムもいい。全部がバーンと抜けている。普通はパンチが上手い人はディフェンスが悪かったり、どこか欠けている部分がある。みんな井上君みたいな動きをしたい。僕だってそうしたい。でも、できないから今のスタイルになっている。だからボクサーの理想なんですよ」

河野は計十人の世界チャンピオン、もしくはのちの世界王者と拳を交えた。ボクサーは誰もが最初は井上のようなスタイルを目指す。ところが、短所に気付き、長所で補う。もしくは長所をさらに伸ばして武器とする。そうやって独自のスタイルを築いていく。

しかし、河野いわく、井上はすべてが長所だという。

「いろんな強い選手とやってきたけど、その中でも抜きん出て強かった。打たせずに打つ。ジャ

妻の芽衣や長女の小百合と一緒に取材に答える

ブやワンツーの精度一つとっても図抜けていますよ」

河野はボクサーとしての夢を井上に託している。

「僕と闘ってくれて感謝しています。世界で（フィリピン出身の世界六階級制覇王者）パッキャオみたいに名前を売って、稼いでほしい。ボクシングって夢があるじゃないですか。それが僕の希望です。すごく楽しみにしています」

話を聞いていた芽衣が「うん、うん」と頷き、付け加える。

「皆さんそうかもしれないですけど、（河野は）闘う前も後も『あの野郎』というのが全然ないんです。スポーツとして試合をして、井上さんとその後に会っても普通に話をするし、『頑張って』と言う。それが凄いなと。私はスポーツの世界にいないから分からないけど、清々しい。井上さんの試合を見て、普通に『凄いな』と言ったり、井上さんの試合の数日前から『楽しみだなあ』と言ったり」

芽衣は表情を崩しながら「でもね」と続けた。

「変な話、公平は大物だなあと思うんです。あれだけの試合を有明コロシアムでしたのに、友だちとあのへんに行ったとき、コロシアムを見て『あの建物、何?』と尋ねたらしいんですよ。その話を聞いてびっくりして」

河野は、ばつの悪そうな顔で言った。

「凄い建物があるんだなと思ったんです。試合には車で行ったけど、友だちとは電車で近くまで行ったので、分からなかったんです。なんか変な感じでしたね」

ゆっくりとした穏やかな時間が流れている。

取材を終えて、一息ついた。

芽衣がちらりと夫を見て、言った。

「まさか井上さんと闘うことになるとは思わなかったし、やってほしくなかった。でも、井上さんが今すごく活躍しているのを見ると『ああこの人とやったんだ、凄いなあ』と惚れ直しますよ」

その言葉を聞き、河野は「いやあ、ぶっ倒されたけどね」と照れながら頭を掻いた。

二人は顔を見合わせ、そっと笑った。

その横で手持ちぶさたの長女が芽衣の服を引っ張っていた。

第九章

ラスベガス初上陸

Jason Moloney

vs. ジェイソン・モロニー
（オーストラリア）

2020年10月31日　米ラスベガス・MGMグランド・カンファレンスセンター
7ラウンド　2分59秒　KO

WBA世界バンタム級王座四度目、
IBF世界バンタム級王座二度目の防衛

井上の戦績 20戦全勝17KO

双子のトップボクサー

二〇二三年一月中旬、予期せぬ取材機会が訪れた。

オーストラリア・メルボルンからジェイソン・モロニーが元世界二階級王者亀田和毅《ともき》のスパーリングパートナーとして、大阪に来ているという。

モロニーは井上尚弥の二十戦目の対戦相手。かつて読んだインタビューの端々から実直さと、聡明さが伝わってきた。ボクシング界では「ナイスガイ」として知られている。井上戦後、地元メディアに試合の詳細を語っており、もしかしたら話してくれるかもしれない。つてをたどり、急いで取材の約束を取り付け、大阪市西成区にある亀田が所属するTMKジムに駆けつけた。

大きなスポーツバッグを抱えたモロニーがやってきた。人の良さそうな、満面の笑みを浮かべている。

「日本での滞在を楽しんでいますか?」

「うん、もちろん。寿司、とんかつ、あとなんて言うんだっけ、あのヌードルは……うどん?日本食は美味しいよ。大好きだよ」

モロニーは話をするとき、必ず私の目をじっと見る。視線を外さない。時折、こちらが逸らしたくなるほど、まっすぐな目だった。突然、両手を広げ「Yの字」を作り、片足を上げポーズを取った。

「ここにも行って、写真を撮ったよ」

道頓堀に出かけた際、多くの人たちがグリコのポーズをしているのを真似て、記念撮影したらしい。

「グリコ？　あれはなんなんだい？」

不思議そうなモロニーの表情を見て、私は思わず笑ってしまった。日本でも有数の食品メーカーで、商品のパッケージに使われた有名なポーズであることを伝えると、ようやく納得したようだった。

「次の休みには京都に行く予定なんだ。楽しみだよ。きょうはどこから来たんだい？　大阪か？」

「いや、神奈川というところから、ここまで新幹線で来たんだ」

そう言うと、驚いた顔ですぐに反応した。

「おお、ナオヤ・イノウエと同じところじゃないか。神奈川は東京の近くだろ。ここまでどれくらいかかったんだ？」

モロニーは日本食や日本の文化に関心があるだけでなく、頭の中には詳細な日本地図がインプットされているようだった。私は自宅から在来線を乗り継ぎ、新幹線で新大阪へ、そこから地下鉄に乗り、三時間強かかったことを伝えた。

「そんな遠くから来てくれたのかい。たくさんの日本の人たちが私に興味を示してくれる。今回の滞在中も街を歩いていたら何人かが写真を撮ってほしいと言ってきたんだ。日本はボクシングに対するリスペクトがあるね。母国であまりボクシングは認知されていないんだ」

日本での扱いに感謝しつつ、オーストラリアの現状には少し寂しそうな表情を浮かべた。

「アンドリューはいないんだね？」

私はモロニーの双子の弟がいないことを問うた。

双子のボクサーといえば、一九八〇年代中盤から九〇年代初頭にかけて軽量級を席巻したタイのカオコー、カオサイのギャラクシー兄弟、日本では人気を博したカズ、コウジの有沢兄弟、中量級を賑わせる米国のジャーモール、ジャーメルのチャーロ兄弟が有名。そして、モロニーの弟アンドリューもまたトップボクサーだった。

「おお、アンドリューか。いつも一緒だよ。だけど、この旅は別々なんだ。アンドリューにとって、和毅は少し大きいから。だけど、毎日のように学んだことを伝えているよ。彼もそれを知りたがっているしね。二人で世界チャンピオンになるんだ」

「それが夢なんだよね」

「うん、世界チャンピオンには絶対にならないと。待たせている人もいるからね」

ずっと私の目から視線を外さない。私もモロニーの目を見た。瞳の色に透明感があるような、綺麗な目をしていた。

井上の鬱屈とバンタム級転向

モロニーは一九九一年一月十日、オーストラリアのビクトリア州ミッチャムで一卵性双生児の兄として生まれた。赤ちゃんの頃から何をするときも、隣には弟のアンドリューがいた。建設会社を経営する父、法律事務所で働く母。両親は厳格で「他人に対し、尊敬する心を持ちなさい」

と口酸っぱく言われてきた。大切なのは礼儀正しさ、勤勉さ、規律を守ること。幼少期からそう教え込まれてきた。モロニーはその教えに感謝をしている。

「幸いにして、私は決して攻撃的な人間ではなかったし、物静かで真面目な子だったよ」

七歳のときだった。映画『ベスト・キッド』を見た後、感化されたモロニーとアンドリューは「空手を習ってみたい」と母にねだり、道場に連れていってもらった。しかし、指導者の大きな声に圧倒され、怖くなり、レッスンが始まって十分もすると二人とも泣き出した。道場に行ったのはその日だけ。それくらい大人しい少年時代だった。

だが、二人はスポーツが好きだった。オーストラリアン・フットボール、テニス、バスケットボールに挑戦してきた。

「体を動かすことは大好きで一生懸命になって取り組んだよ。何かを成し遂げたいという気持ちは強かったね。弟と二人でいろんなスポーツに挑んできたんだ」

中でも、「オージーボウル」と呼ばれ、楕円球を使用するオーストラリアン・フットボールに夢中になった。オーストラリアではラグビー、クリケットに次ぐ人気スポーツ。オーストラリアン・フットボールに励む子どもは多く、モロニー兄弟も例外ではなかった。モロニーは伝統チーム「シドニー・スワンズ」の熱狂的ファンで、部屋には何枚ものポスターを飾っていた。いつしか夢は「フットボール選手」になった。

ボクシングとの出合いは突然やってくる。

十二歳のとき、クリスマスプレゼントでボクシンググローブが二セット届いた。

「誰からの贈り物だったのか、覚えていないんだけどね。元々、弟とはずっとスポーツで競い合ってきたんだ。だって双子だから。何でも切磋琢磨するんだよ。それからはもうボクシンググローブを着けて、朝からファイト、ファイト、ファイト。二人とも負けず嫌いだったから真剣になっていくんだ。とても楽しかったよ」

遊びであったはずのボクシングごっこがスパーリングとなり、熱を帯びていく。リビングにリングのようなスペースを作り、時間を忘れて闘った。二人とも鼻血を流し、カーペットには血痕がいくつもついた。モロニーとアンドリューは兄弟であり、良き遊び相手であり、最も身近なライバルでもあった。

「ボクシングはグッドスポーツだった。それで父に言ったんだよ。『ボクシングジムに連れていってほしい』ってね。そうしたら父がジムを探してくれたんだ」

本格的にボクシングを始めた理由は、オーストラリアン・フットボール用の強い肉体を手に入れるためだった。十三歳からオフの期間のトレーニングとして取り入れた。当初、モロニーはアンドリューより体が小さく、殴られることが多かった。「弟に負けてたまるか」とさらに練習する。そうすると今度はアンドリューが追い掛ける。双子の兄弟はいつも同じ環境で練習し、強さを競った。自然と高め合い、レベルが上がっていく。

「どっちが強かったかといえば、私に聞けば『私が強かった』と答えるし、アンドリューに聞けば、きっと『自分のほうが上』と答えるよ。拮抗していたし、競争の連続だったんだ」

二〇〇六年、十五歳のときだった。アンドリューがアマチュア・ボクシングの試合に出場することになった。続いて、モロニーもリングに上がる。誰よりも練習しているつもりだった。だが、二人とも結果は出ず、黒星を重ねた。

「私はデビュー戦から三試合連続で負けたんだ。弟は七試合連続で負け続けた。ボクシングとフットボールの両方の練習を完璧にこなすことはできなかったね。それでどちらかを選ばないといけないね、となったんだ」

オーストラリアン・フットボールを選ぶか、ボクシングに集中するか。一つの競技に百%全力を注がなければ好成績は収められない。

二人で話し合う。別々の道を歩むことは考えなかった。意見は一致していた。

「フットボールを辞めて、ボクシングをやりたい。ボクシングほど愛しているスポーツはないよ」

たとえ負け続けようが、二人ともボクシングが好きだった。

モロニーには座右の銘がある。アメリカン・フットボール選手のヴィンス・ロンバルディの言葉が背中を押した。

Winners never quit and quitters never win.（勝利をつかむのは辞めなかった者だけである）

「辞めたら終わり。勝者になれない。それも一人でやるより、二人で助け合ったほうが絶対に強くなるし、上のレベルに押し上げてくれる。私はアンドリューのことを誰よりも知っているし、彼も私のことを知っている。心強い双子の兄弟がいる。それは他の選手よりも優位なところさ」

連敗でのスタートは二人に教訓を与えた。勝つためにはすべてを犠牲にし、多くの時間を費やさなくてはならない、ということだった。兄弟で毎日ハードな練習に打ち込み、試合やスパーリングをしては助言し合う。「この状況ではこうだろ」「別の状況になったら」。何度も映像を見直し、どうすればさらに強くなれるかを話し合った。大切なのは思考。まるでチェスのように頭で考え、対戦相手の一歩先を読み、実行する。そのため二人は研究にも時間を割いた。ロベルト・デュラン、シュガーレイ・レナード、オスカー・デラホーヤ、マルコ・アントニオ・バレラといった名選手のビデオを見ては話し、考え、模倣した。

「強くなるため、労力は惜しまなかったよ。昨日よりほんの少しでもいい。強く、優れたボクサーになりたいと思っていたね」

いつも二人で汗を流し、最初の連敗が嘘のように白星を積み上げていく。モロニーはアマチュアの約十年で国内タイトルを四度獲得。オーストラリア代表として、米国、ロシア、インド、キューバなどを旅した。一方のアンドリューは国内タイトルを七度手にし、世界選手権に三度出場した。

モロニーが言う。

「アマチュアの正式な記録は分からないんだよ。六十勝二十敗くらい。目標にしていた二〇一二年ロンドン五輪に行けなかったから最上級の成績とは言えないだろうね。だけど、海外の強豪とも闘えた。とても良い経験を積めたんだ」

二〇一四年八月十五日、二十三歳でプロデビュー。タイ選手を一回KOで葬った。アンドリューはそれから約二ヵ月後の十月三十一日、三回KO勝ちでデビュー戦を飾った。

同じような体格だったが、同階級を避け、モロニーは弟より一階級上でキャリアをスタートさせた。プロ五戦目でWBAの地域タイトル、オセアニアスーパーバンタム級王座を獲得。丹念にジャブを突き、右ストレートへとつなげる。ガードも強固で相手のパンチを丁寧にさばき、カウンターだって使える。打ち合っても弱くはない。穴のない、教科書のような正統派ボクシング。センスというより、練習の積み重ねと研究で培ったスタイルだった。オールラウンドのボクサーは、プロデビューから三年で十四連勝を飾った。

そんなとき、あるチャンピオンの試合を観戦するため、米カリフォルニア州カーソンのスタブハブ・センター・テニスコートまで足を運んだ。

二〇一七年九月九日、WBO世界スーパーフライ級王者の井上が初めて米国のリングに上がり、アントニオ・ニエベスを相手に六度目の防衛戦を行うことになった。

防衛を重ねる井上は、鬱屈したものを抱えていた。

王座奪取のオマール・ナルバエス戦が世界に衝撃を与え、ガードの上からKOしたワルリト・パレナス戦のインパクトも絶大だった。指名試合のダビド・カルモナ戦以降、対戦オファーをしても避けられる。強すぎるが故、マッチメイクは難航し、相手が決まらない。十キロ近く減量をしても、意中の選手とは向き合えなかった。

例えば、世界的スーパースターの王者になれば、挑戦することに価値があり、相手は負けてもキャリアにさほど傷がつかない。高額なファイトマネーも手に入れられるだろう。だが、当時の井上は強さこそ認められているものの、海外での知名度はそれほど高くない。いわば、世界的なビッグネームへの過渡期だった。また、対戦を熱望していた四十六戦無敗のWBC王者ローマン・ゴンサレスが二〇一七年三月に初黒星を喫したことも井上を落胆させた。

そんな折、井上に米国への道が開けた。序盤から挑戦者を圧倒し、逃げ回るニエベスを五回に左ボディーで倒し、六回終了時、棄権に追い込んだ。

モロニーは会場で「モンスター」の一方的な試合展開を目に焼き付けた。

「私はボクシングを研究するのが好きだからね。もちろん井上の試合は映像で見ていた。だけど、試合会場で直接見たかったんだ。井上はスピードもパワーもある、観客のみんなが興奮していたよ。当時、井上のほうが階級は下だったけど、『いずれ闘いたい』と、あのとき初めて思ったんだ。やっぱり一番強いボクサーを相手に自分がどこまでできるか試したいからね」

将来のターゲットとして井上が頭に入った瞬間だった。

井上は次の防衛戦で、IBF王者ジェルウィン・アンカハスとの統一戦をオファーしたが断られ、ランキング上位から声を掛けていっても拒まれた。相手探しは困難を極め、挙げ句の果てには会長の大橋秀行のフェイスブックに売り込みがあった、フランスのヨアン・ボワイヨに決まった。試合は井上の一方的な展開で三回TKO勝ちとなり、七度目の防衛に成功。試合後、「全然物足りない。もっとヒリヒリする試合をしたい」と語り、新たな強敵を求め、バンタム級に上げることを宣言した。

「勝ったら結婚しよう」

モロニーは米カリフォルニアで井上の試合を観戦した翌月、階級をバンタム級に下げ、ＷＢＡオセアニア王座を獲得。二〇一八年五月十九日、メルボルンで河野公平と対戦し、連打で圧倒した。左目の上をカットさせ、タフな河野を六回終了時、ドクターストップによるＴＫＯ勝ちで引退に追い込んだ。

その直後、チャンスが訪れる。

二〇一八年十月二十日、バンタム級のトーナメント「ワールド・ボクシング・スーパー・シリーズ（ＷＢＳＳ）」の一回戦として、ＩＢＦ王者エマヌエル・ロドリゲスの相手にモロニーが指名された。地道に十七戦を無敗で歩み、初の世界挑戦にたどり着いた。

試合が決まり、ずっと間近でサポートしてくれるフィアンセに告げた。

「もし次の試合に勝って、チャンピオンになったら結婚しよう。勝ったらすぐに結婚しよう」

試合前の下馬評は「ロドリゲスの圧倒的優位」。モロニーは一切気にせず、リングに上がった。前半こそポイントを取られたものの、中盤から根気強くボディーを打ち、ギアを上げた。練習量に裏付けされたスタミナを生かして終盤になっても手数は落ちない。ロドリゲスがたまらずクリンチで逃れるほど、世界王者を相手に奮闘した。

結果は一―二のスプリットデシジョンで僅差判定負け。敗れはしたが、株を上げた。モロニー自身も、世界のトップと十分渡り合い、世界王座が手の届くところにあると分かった。

「初めて負けたけど、自分にとって無敗のレコードというのはあまり意味がない。重要なことではないんだ。もちろん、負ければ誰だって自信を失うし、がっかりする。だけど、負けからたくさんのことを学べたことに感謝している。ロドリゲスのような評価の高い選手をあと一歩まで追い詰めることができた。最後は自分が勝ったのでは、と思えるくらいの闘いができた。貴重な経験をして、もっともっと強くなれると感じるようになったんだ」

結婚は先送りになった。

「世界チャンピオンになったら結婚しよう」

フィアンセともう一度約束を交わした。

今度は弟のアンドリューが世界タイトルマッチに初めて挑んだ。二〇一九年十一月十五日、WBA世界スーパーフライ級暫定王座決定戦でエルトン・ダリーと対戦し、八回負傷判定勝ちで王座を獲得した。

モロニーは「グレート！」と絶叫した。自分のことのように嬉しかった。

「弟が世界王者になったことは本当に素晴らしい。彼には歴史に名を残してほしかった」

しかし、アンドリューの王座在位は長く続かなかった。二〇二〇年六月二十三日、ジョシュア・フランコに判定で敗れ、陥落した。

その二日後、モロニーは初めて米ラスベガスのリングに上がった。新型コロナウイルス禍における、MGMグランド内の無観客試合。王座を失った弟をリング上から好ファイトで励まし、七回終了TKO勝利を収めた。ロドリゲスに僅差判定で敗れた後、四連勝を飾り、モロニーの周囲が急に慌ただしくなってきた。

当初、四月に予定されていたWBA、IBF世界バンタム級王者の井上とWBO王者ジョンリール・カシメロとの三団体王座統一戦が新型コロナの感染拡大により延期。再調整がつかず、井上の対戦相手として、WBA二位、IBF四位のモロニーが抜擢されたのだ。試合は二〇二〇年十月三十一日、米ラスベガスに決まった。

「とても嬉しかったよ。ずっと井上と闘いたかったからね。彼は間違いなくバンタム級でベストファイター。井上との対戦を避けている選手がいるのも知っていた。だけど、私は誰も恐れないし、対戦から逃げるなんて自分の考えにそぐわない。ベストになるならベストファイターに挑まないといけない。しかも勝てば二団体の統一王者になれる。ビッグチャンスだと思ったんだ」

井上を倒してこそ、本物の世界チャンピオンになれる。

モロニーはこれまで以上にアンドリューと激しい練習をこなし、追い込んだ。弟も二週間後に王者フランコとの雪辱戦が決まっていた。

「アンドリューは特に何かを言うわけではないけど、いるだけで刺激になるし安心できる。毎日一緒に練習して、とてもいいコンディションを作ることができた。そうやってお互いにサポートし合っているんだ」

幼い頃、空手道場で泣き出した二人。それがクリスマスにプレゼントされたグローブで殴り合い、プロになった。世界王座を争う選手になった。闘うステージが上がっても、モロニーの隣にはアンドリューがいる。ボクシングに全身全霊を捧げている弟を見ると、自然と気持ちが奮い立った。

井上は米ラスベガス初上陸となり、注目を一身に集めた。どんな試合を見せてくれるのか。もっといえば、どんなセンセーショナルなKOを見せてくれるのかと期待が高まる。しかも、井上のファイトマネーは百万ドル。軽量級で異例の「ミリオンダラー・ファイター」となり、視線は王者に集中した。プロモーションでも井上を前面に出し、まるでゴジラのような「モンスター」がラスベガスに襲来するポスターが制作された。

試合の十日ほど前、米国で最も歴史と権威のあるボクシング専門誌『ザ・リング』の全階級を通じた最強ランキング「パウンド・フォー・パウンド（PFP）」で、井上は三位から二位に浮上した。PFPとは、もし階級や体重差がないと仮定すれば誰が一番強いのかを表す全ボクサーの指標となるランキングだ。井上は強い相手と闘うことにこだわり、防衛回数やランキングなどの数字を一切気にしない。だが、ラスベガスのリングに上がる際、関係者に言われたという。

「海外ではPFP二位という評価でみんなが見るんですよね。元々、PFPを気にしなかったんですけど、米国で試合をするうえで『大事なランキングだよ』と伝えられたので。注目度、お客さんの入り、プロモーションのかけ方だったり、すべてを左右するランキングだと聞いたんです。そこは日本とは違いますよね」

初めてトップテンに入ったのは二〇一六年四月、スーパーフライ級でナルバエス、パレナスを立て続けに二ラウンドで倒し、カルモナ戦を迎える直前だった。バンタム級に上げ、ジェイミー・マクドネルを百十二秒でKOした後の一八年六月に日本人で初めてトップ5の座に就き、一九年十一月にトップ３入り。全階級を通じた「世界最強」の座が視界に入り、現実味を帯びてきた。

　試合が近づき、モロニーはSNSのコメントを目にした。

「モロニーでは井上に勝てない」「圧倒的な実力差がある」「これはミスマッチだ」

　ネガティブなコメントが闘争心に火を付けた。

「いろんな考え方があるけど、ああいうネットのコメントはモチベーションになる。コメントを読むのは好きなんだ」

　モロニーは真剣な表情でそう言って続けた。

「アンダードッグ（咬ませ犬）でいることは好きだよ。圧倒的に不利な状況でも気にしないね。試合で証明するだけだし、『モロニーはこんなに強かったのか』と驚かせるだけ。井上との対戦が決まって、オーストラリアでもみんな私のことを『クレイジー』と言っていた。勝てないと言われる試合に挑戦すること、それこそがチャレンジであり、私は好きなんだ。それに冷静に考えれば、私は地域チャンピオンしか獲ったことがなくて、世界チャンピオンではない。だから、そう言われても仕方ないんだよ」

　思い描くのは、弟に続く世界チャンピオン。長らく待たせているフィアンセとの約束もある。これがウエディングへの二度目のチャンス。もう長女も生まれ、一歳半になっていた。

　モロニーはもう一度言った。

「チャンピオンになったら結婚しよう」

コロナ禍の聖地で

二〇二〇年十月三十一日、通常なら華やかなボクシングの聖地ラスベガス。だが、新型コロナ禍により、MGMグランド・カンファレンスセンター「ザ・バブル」は無観客試合となり、会場にいるのは関係者の五十人ばかりだった。セコンドの声やパンチの音が響き渡る。

初回、ジャブの差し合いでスタートした。井上の左が速い。モロニーがパンチを放つと、あっさりバックステップで外された。一回り大きいモロニーは必死にプレスをかけようとした。次のラウンドは手数を増やした。だが、中盤から鋭いジャブを被弾し、腹にも右が伸びてくる。残り十五秒で右を食らい、打ち返すとカウンターで左のフックが飛んできた。

「井上に対しての怖さはなかったよ。でも、彼は私がやりたいことをやらせてくれないんだ。本当はフィジカルを生かして、もっとプレッシャーをかけたかったんだけどね」

接近して中に入ろうとすると左ボディー、右アッパーが突き上げてくる。連続的に恐ろしく速いパンチが飛んできた。少し距離が空くと、力強いパンチが伸びてくる。

「とても速く、どの距離になっても質の違うパンチが飛んでくる。とてもクレバーな選手だなと思ったね」

ほんの少しだけ休もうと、一瞬気を緩めると、そのわずかな隙を狙ってパンチが飛んできた。ボクサーは三分の間、ずっと集中力を持ち続け、マックスの緊張感を保つのは難しい。

そうかと思えば、パンチを打ちにいくと、必ずと言っていいほどカウンターを食らった。パンチを出すたび、打ち返される。少しでもガードが空いたところをめがけてパンチが伸びてきた。

「彼のパンチの組み立ては素晴らしかった。だから、どうしても遠い距離でディフェンシブな闘い方になってしまったんだ。ただ、十二ラウンドを生き延びたかったのではない。勝ちたかったんだ。だけど、勝ちにいこうとすると、逆に大きなリスクを背負うことになる。とても難しい試合だったね」

足を使い、上体を振って的を絞らせないように心掛けた。攻撃するため、中に入ろうと思うと、その瞬間にパンチが飛んでくる。中間距離でもパンチが来る。もう勝ち筋が見えなくなった。結果として、残された道はフットワークを使い、遠い距離でガードを固め、井上の打ち終わりを狙うスタイルしかなかった。

だが、自分自身に言い聞かせた。

「トライ・トゥ・ウィン、トライ・トゥ・ウィン」

勝つためには攻めるしかない。自分自身との闘いでもあった。

「最初からずっとラウンドを取られていたかもしれない。でも、少なくとも毎ラウンド、取りにいこうとしたし、勝ちにいこうとした。ベストを尽くすように心掛けたし、できることはすべてやろうと思った」

井上の右に対して左フック、左には右のカウンターを狙う。だが、井上はその上をいき、モロニーのパンチに右クロス、左フックのカウンターを合わせてくる。まるで先の先まで読まれているような展開に驚いた。

五回。モロニーは前に出た。ロープを背負わせ、左から右を放った。打ち終わりの一瞬ガードが下がったところに、井上の右ストレートが伸びてくる。被弾してバランスを崩した。

「序盤から不利な情勢だと分かっていた。だけど、諦めるという気持ちは一切ない。一ミリもなかった。勝てると思っていたし、勝利だけを追い求めていたんだ」

六回三十秒過ぎ。ジャブ、ジャブと立て続けに打とうとしたときだった。気が付いたら後方に倒れていた。左フックを浴びていたのだ。

「パンチが見えなかったんだ。まさかジャブの二連発にカウンターを合わせてくるとは思わなかった。感覚的にはジャブ・ジャブ・バンと倒れていた。それは予期せぬことだったね。彼の左フックがとても速かったんだ。彼の判断、距離感、タイミングは素晴らしかったよ」

キャリア序盤の四戦目にフラッシュダウンを喫したことはあった。そのとき、ダメージは一切なく、すぐに立ち上がり、次のラウンドではダウンを奪い返した。スパーリングでも深いダメージを負ったことはない。堅いディフェンスと打たれ強さには自信があった。

だが、今回は違う。明らかに倒された。ダメージも少なくない。

立ち上がり、クリンチで井上の追撃から身を守った。井上のプレスは強く、今度は大振りの左フック、残り五十秒では右クロスが飛んでくる。

ラウンド終了のゴングが鳴った。

まだ試合は続く。諦めるはずがない。

そして七回。井上がラッシュを掛けてくると想定していた。しかし、手数はさほど多くない。ラスト一分となり、ノーガードの状態から左ジャブを上下に打ち分け、攻撃を誘ってきた。

残り十秒を告げる拍子木が鳴り、モロニーは意を決した。

「危険を冒してでもいこう。攻めないと勝てないんだ」

左ジャブを打って、右ストレートを繰り出そうと、モーションに入った瞬間、崩れ落ちた。気が付くとまたも倒されていた。右のカウンターを浴びていた。

「これもまったく見えなかったんだ。何か引き金を引いて打たれたように、とても素早く、パーフェクトなタイミングだったんだろうな。だって、井上はパンチを打つ仕草すら見せなかったんだから。信じられないスピード、パワー、絶妙なタイミングだった」

井上は一切気配を見せず、まるで指で銃の引き金を引いたかのような、最小限の予備動作でパンチを打ったように感じた。

必死に立ち上がろうとしたが、体が思うように動かない。もっと闘いたい。気持ちとは裏腹に、上体が後方へと崩れ、再びキャンバスに沈んだ。その瞬間、レフェリーが試合を止めた。

七回二分五十九秒、プロ初のＫＯ負けを喫した。

「殴りにいって倒された。攻撃しにいったから倒された。だから後悔はない」

試合後、病院に直行し、頭部のＣＴ検査を受けた。異常なし。ひと安心してホテルの部屋に戻ると、アンドリューに励まされた。

「前を向こう、前を向き続けるんだ」

黙って頷いた。

弟が続ける。

「負けたけど、それは一敗に過ぎない。夢は自分の手の中にあるんだ。少し休んでまたスタートしよう。復活して、また強くなろう。必ず三度目のチャンスはある。世界王者になれるよ」

言葉の一つ一つが心に染み渡っていった。

「また井上と対戦したい」

モロニーは井上戦を淡々と振り返った。

「驚いたのはスピード。尋常じゃなく速かった。特にハンドスピードは信じられないほど素早かった。パワーも恐ろしかったよ。距離感、スピード、タイミング、パワー……。パーフェクトだよ。でもね、何より賢いんだ。一番の驚きは『賢さ』だね。知らぬ間に自分はコントロールされていた。それが井上の最も凄いと思った点だよ」

多くの白星を積み重ね、負けも二度経験した。初黒星のロドリゲス戦、KOを味わった井上戦。いずれも大きな財産だという。

「私のことを、世界チャンピオンのレベルにない、と言う人もいた。だけど、リング上で最も高いレベルを知ることができた。試合でしか学べないことがあるんだ。一つ言えることは、負けてジムに戻ってから、より練習するようになったということ。より強くなったということさ。勝ちと負け、両方から多くのことを学んだよ。重要なことは負けから立ち上がり、復活すること。それもただリングに帰ってくればいいのではない。より強くなって復活することが重要なんだ」

負けたときより、必ず強くなって帰ってくる。そのために敗れた試合のビデオを何度も見返した。それは決して進んでやれることではない。辛い作業だ。だけど、強くなるにはやらなくてはならない仕事だった。

「倒されたシーンや劣勢になった場面を何度も何度も見て、なぜ負けたかを分析する。きちんと自分の中で理解するんだ。それを見て、練習に戻って、より強くなるんだ」

モロニーは強さに貪欲だった。少しでも強くなりたい。昨日よりも今日。今日よりも明日。その気持ちはボクシングを始めた十二歳のときからずっと持ち続けている。

「言えることはとてもハングリーということさ。だって、私はまだ何も成し遂げていないんだから。これだけ長くボクシングをやってきたけど、何も達成していない。世界ランク一位になったけど、自分の目指しているところではないからね。だから毎日ハードな練習をするし、強くなるためにはどこにでも行く。旅は険しいけど、激しい練習をし続けて、より強くなるんだ」

世界チャンピオンには必ずならなくてはならない。

自分の夢であり、兄弟の夢。

もう一つはフィアンセのため。

「彼女はとても理解してくれている。いつもサポートをしてくれるし、もう十年もそばにいてくれている。『今のあなたにとって一番重要なのはボクシングだよ』と言ってくれるんだ。基本的には寝食を共にしているし、結婚しているようなもの。だけど、必ずチャンピオンになって結婚式をしよう、と言ったんだ。だって、彼女のことをもう四年も待たせているからね」

娘は二人に増えた。必ず世界チャンピオンになり、ベルトを掲げ、結婚式を挙げる。

そして、その先の目標もある。

「井上は階級を上げて、スーパーバンタム級でも素晴らしい成績を収めるだろう。それは間違いない。今の私はバンタム級がベスト。バンタムですべてのライバルを倒して、階級を上げたとき、また井上と対戦したいんだ」

ボクシング人生の始まり。それはアマチュアでの三連敗だった。アンドリューも七試合勝てなかった。そこから二人で力を合わせ、切磋琢磨し、歩んできた。

「タイプでいえば、自分のほうが距離が遠い、アウトボクサータイプだね。アンドリューはもっと接近戦が多いし、爆発的な攻撃力もある。だけど、以前はもっと両極端だったんだ。それが互いの良いところを吸収し合って進化して今のスタイルになったんだよ」

もし、双子でなかったら、どうなっていたのだろうか。モロニーは時折そんなことを考えるという。

「たぶんボクシングはやっている。毎日節制して、規律を守って、一人で練習して、一人で世界を旅して。だけど、決定的なことは、このように強くなれたかどうかは分からないということ。一人ではとても難しい。我々はお互いに刺激を与えて、アドバイスを送り合い、高め合ってきた。それでより強くなってこられたんだ。双子はアドバンテージであって、悪い点は考えつかない。井上の弟の拓真だって、世界的なボクサーだろ。同じように兄弟で強くなった部分はあると

真剣な表情で亀田和毅の練習を見つめる

思うし、井上は私の気持ちも分かってくれるんじゃないかな」

大阪・西成のＴＭＫジム。先に練習を始めたモロニーは自身のメニューを終えると、リング近くにスポーツタオルを敷き、膝を抱えて体育座りをした。亀田の一挙手一投足を観察する。ジャブを出す。何度も繰り返している。その動きを見て、何に取り組んでいるかを必死に理解しようとしていた。五分、十分、十五分……。モロニーは真剣な表情で微動だにしない。少しでも吸収しようとしている。亀田の動きが一段落付き、ようやくリラックスした表情に変わった。

私はモロニーに近づき、声を掛けた。

「本当に研究熱心だね」

「うん、自分の動きをチェックするのは

もちろん、他のボクサーの練習を見るのも大好きなんだ。試合も練習も何度も何度も見て、できることは真似して取り入れるようにしているんだよ」

何度も見て、真似して——。その言葉を聞いて思い出した。

井上戦から約一年半後の二〇二二年六月四日、モロニーはアストン・パリクテ戦で、井上に倒されたのと同じ、右ショートストレートのカウンターでノックアウト勝ちした。

「あのフィニッシュは井上戦がダブって見えたよ。あれも何度もビデオを見た成果なのかい？」

私の問い掛けに、よく気付いてくれたとばかりに「イエス、イエス！」と声のトーンがワンオクターブ上がった。まっすぐな目で言った。

「何度も何度も自分が井上にやられたシーンを見て研究したんだ、あの右のカウンターを。時にはスローにして何度も何度も見て。あのタイミングを自分のものにしようとしたんだ。パリクテの試合は相手が右を打つ寸前のタイミングでね。それでちょうど打ったんだよ」

そう言ってジェスチャーを交えてフィニッシュシーンを再現した。いかに自らがノックアウトされた井上戦と同じタイミングだったたか、を。

「何度も見て研究する、そして練習する、反復作業でモノにする。それが自分のスタイルなんだ」

習得するため。強くなるため。言葉にすれば、確かにそうかもしれない。だが、このボクサーは自分が打ちのめされ、倒れるシーンを何度見たのだろう。

「少しでも強くなりたいんだ。だから私は今、ここ日本にいるんだよ。他国でスパーリングパートナーを務めることはハードな仕事だ。しかも亀田は一階級上の元世界チャンピオンなんだから。だけど、多くのことを学ぶことができる。日本、米国、海外でもお互いに聞き合ったりして、世界中のボクサーから吸収するんだよ」

私の目をじっと見つめながらそう言うと、当たり前のように続けた。

「そして、アンドリューにも伝えるんだ。情報を共有して、二人で強くなるんだ」

私は双子の利点を聞きすぎたのか、こんな質問をしていた。

「本当に双子のデメリットはないのかい？」

「双子で悪いことなんてないよ。ときどき『どっちが優れている』とか『どっちが強い』とか比べられるけど、私にとってそれはどうでもいいこと。私の夢、彼の夢が叶えばいい。双子で悪いことなんてないよ」

モロニーが練習着から着替えて、大きなバッグを抱えて私の元にやってきた。

「楽しかったよ、またね。日本は大好きだよ」

「ありがとう。近い将来、チャンピオンになることを楽しみにしています。そして、盛大な結婚式を挙げられることを祈っています」

私がそう言うと、両手で私の手をぎゅっと握り、笑顔で頷いた。

取材から四ヵ月後となる二〇二三年五月十三日。

井上のスーパーバンタム級転級に伴い、空位となったＷＢＯ世界バンタム級王座をビンセント・アストロラビオと争った。モロニーは前半に右拳を痛めたが、激痛を耐え闘い続けた。二一〇で判定勝ちのアナウンスを受けると、歓喜の雄叫びを上げた。

三度目の挑戦でようやく手にしたチャンピオンベルト。肩から提げ、リングを降りる。一目散にリングサイドで見守るフィアンセに向かって歩を進めた。

四年半越しの約束だ。

二人は互いの首に手を回し、しばらく抱き合っていた。

第十章

WBSS優勝とPFP一位

Nonito Donaire

vs. ノニト・ドネア
（フィリピン）

第一戦　2019年11月7日　埼玉・さいたまスーパーアリーナ 12ラウンド　判定3-0
第二戦　2022年 6月7日　埼玉・さいたまスーパーアリーナ　2ラウンド　1分24秒　TKO

第二戦の勝利でWBA・IBF・WBC世界バンタム級王座統一

井上の戦績 23戦全勝20KO

「チーム・ドネア」の日本人

試合当日はホテルを出発するまでなるべく会わないようにしている。

それが「チーム・ドネア」の一員、植田眞壽《まさとし》の流儀だった。

普段のノニト・ドネアは気さくで饒舌。試合数日前でもリラックスしている。部屋を行き来し、冗談を言い合う。だが、さすがに試合の日はめっきり口数が少なくなる。

二〇一九年十一月七日、東京・九段下のホテルグランドパレスにはドネアが滞在していることを知っているファンが集まっていた。

「ロビーに降りてくるのを待つと、ファンに囲まれる可能性があるな」

植田はそう思い、ドネアの部屋まで迎えに行った。連絡事項だけ伝えると、ドネアは「イエス」とだけ答えた。植田も余計なことは話さない。この緊張感が試合当日であることを感じさせる。チーム・ドネア全員で中型の貸し切りバスに乗り、会場のさいたまスーパーアリーナへ向かった。

会場の控え室に到着すると、ドネアは体を横たえた。ウォーミングアップの時間が来るまで、ずっと横になって体を休める。付き添いのカイロプラクティックの施術師がマッサージをして、心身ともにリラックスさせる。一連の流れが試合前のルーティンになっていた。

この日の井上尚弥戦はフジテレビで生中継される。植田はテレビスタッフと連絡を取り、段取りの打ち合わせをした。テレビカメラが控え室に入るときには、植田がドネアに確認を取る。

「試合まであと一時間だよ」「あと三十分だよ」

カウントダウンをするかのように入場までの時間を伝えるのも植田の役割だった。入場時の先導もそうだ。

まさか、日本で試合をするとは。一緒に仕事をするとは——。

八年前には想像できなかった。

植田が初めてドネアと接点を持ったのは二〇一一年二月、米ラスベガスでのことだった。ドネアがWBC・WBO世界バンタム級王者フェルナンド・モンティエルに挑む一戦。当時、ボクシング情報サイトの記者だった植田は仕事半分、プライベート半分でラスベガスを訪れた。試合は衝撃だった。二回。モンティエルが右を打った瞬間、ドネアの左フックが先に決まっていた。「フィリピンの閃光」の異名通り、強烈な一撃。一瞬、棒立ちになった王者がそのまま倒れ、仰向けになって両足を痙攣させている戦慄のシーン。その状態から、なおも立ち上がったモンティエルに対し、ドネアが再び左フックを浴びせたところでレフェリーが止めた。ボクシング史に残るKO劇で世界三階級制覇を成し遂げた。

試合翌日、植田は試合会場のマンダレイ・ベイにあるカジノでコーヒーを飲んでいた。すると、ボディガードを連れたドネアがふらりと現れた。

「ノニトが親日家だということは知っていたんです。日本によく来ていたことも。あの衝撃の試合内容だったんで、こっちも興奮しているじゃないですか。それで話し掛けたんですよね。そしたら、ノニトが数ヵ月後に日本に来ると言うから、じゃあ、そのとき取材させてよという話になり、発展していったんです」

日本での取材が実現し、「どこかで練習をしたい」と言うドネアにジムを紹介した。マネジャーで妻のレイチェルを買い物に連れていく。ドネアが大好きな豚骨ラーメンを一緒にすすり、焼き肉を頬張る。植田はドネア夫妻と何度かショッピングを繰り返した。

「今度、試合が決まったよ」

「うん、分かった。行くからね」

数ヵ月後、ドネアから連絡があり、植田はそう返答した。

二〇一二年二月、WBO世界スーパーバンタム級王座決定戦、ウィルフレド・バスケス・ジュニア戦のため、米テキサス州の会場に顔を見せた。すると、チーム・ドネアの一員である証し、控え室に出入りできる「パス」が用意されていた。世界四階級制覇を果たした試合を間近で見届けた。以来、米国はもちろん、マカオ、フィリピン、プエルトリコ、英国まで足を運び、ドネア陣営として試合をサポートした。「ノニト」「マサ」と呼び合い、ドネアは日本絡みのスポンサーや仕事があると必ず相談してくる。植田は可能な限り手伝い、尽力した。

交流は深まり、いつの間にか、ドネアの日本での代理人のような存在になっていた。リングシューズ、コスチュームを提供するスポーツ用品大手「ミズノ」との仲介役も担う。ドネアと植田は契約を交わしていない。互いに金銭を要求したこともない。仕事を超えた信頼で結ばれている。

驚いたのは、ドネアの次男の代父、いわゆる「ゴッドファーザー」になっていたことだ。

「僕もいまだによく分からないんですけど、次男の保証人になっているんです。例えば、万が一、ノニトと奥さんが事故で亡くなったら面倒を見ることになる。まあ、僕は長男も次男も可愛いから、両方とも面倒を見るんだろうけど」

マネジャー、トレーナー、カットマン、ボディガードといったチーム・ドネアの構成は試合によって異なる。ベースとなっているのは、信頼のおける古くからの知り合いや親族だった。

植田が感じるチームの雰囲気はとても和やかなものだった。

「みんなすごく仲がいいんです。試合のときに集まる、同窓会みたいな感じなんです。ノニトはいつもリラックスしているし、ピリピリするのは試合の前日くらいから。だから、和気藹々《あいあい》としていますよ」

まるで試合のたびに開かれる「同窓会」。ドネアを思い、知人が集まり、それぞれが役割を果たし、みんなで勝利という大きな目標に向かっていく。ドネアはサポートしてくれる友人のために、リング上のパフォーマンスで感謝を表現する。試合が終わった夜は、ホテルで「反省会」を開き、試合までの過程でチームは何が足りなかったか、今後どうすべきか、忌憚《きたん》のない意見を言い合う。反省ばかりでなく「祝勝会」になることが多かった。そして、試合翌日、同窓会は終わりを告げ、それぞれの仕事場へと戻っていく。

ドネアはその後、ジェフリー・マゼブラ、西岡利晃、ホルへ・アルセといった強敵を退けた。

技巧派のギレルモ・リゴンドーに敗れたものの、フェザー級でもＷＢＡスーパー王者となり、世界五階級を制覇。次々とビッグファイトを実現させ、スーパースターの道を歩んだ。唯一のＫＯ負けは、二〇一四年十月十八日、ＷＢＡ世界フェザー級王者ニコラス・ウォータース戦。二度倒されて六ラウンドで散った。デビュー時のフライ級から上げてきたドネアと、のちに一階級上げるウォータースでは体格差が顕著で、さすがのドネアであってもパワーの差を感じた。

ＷＢＳＳ決勝戦

ドネアと井上の出会いはウォータース戦の一ヵ月後、二〇一四年十一月二十四日だった。井上はＷＢＯ世界スーパーフライ級王者オマール・ナルバエスへの挑戦を控えており、来日中のドネアが大橋ジムを訪問した。世界的なスーパースターの登場に報道陣を含め、大橋ジムにいた誰もが色めき立った。ナルバエスから勝利を収めているドネアが、井上に攻略法を教えていく。スパーリングパートナーにナルバエスの動きを真似させ、井上に助言した。

若き挑戦者はナルバエス対策の質問をするだけでなく、ドネアに「憧れの存在」であることを伝えた。海外でのベストバウトにはドネア―モンティエル戦を真っ先に挙げるほどだった。モンティエルの右を外し、相手の死角から刈り取る左フックのカウンター。このタイミングを盗もうと、井上は何度も映像を見返して練習を重ねた。

ドネアは二十一歳の若者から尊敬されていることを感じ取った。三ラウンドのスパーリングを見届け、報道陣の取材に応えた。

「井上はスピード、パワー、タイミング、すべての武器を持っている。若いけど、ベテランのようなスキルを持っている」

決して社交辞令ではなかった。帰り際、同行した植田に言った。

「いい選手だね」

そのひと言に凝縮されていた。ただ、互いに将来の対戦相手とは思ってもいない。当時、フェザー級のドネアと、これからスーパーフライ級に上げようとしている井上。戦績三十五戦以上の世界五階級制覇王者と、七戦のライトフライ級王者。階級も実績も差がありすぎる。井上にとって、ドネアは雲の上の存在だった。

そこから、二人の状況は大きく変わった。

井上はまるで上昇気流に乗ったような、インパクトのあるノックアウト劇の連続でスーパーフライ級王座を七度防衛。さらなる強敵を求め、バンタム級に階級を上げた。

一方、ドネアは三十代半ばを迎え、圧倒的な強さに陰りが見え始めた。フェザーからスーパーバンタムに一度は落とし、再びフェザー級へ。二〇一八年四月、ＷＢＯフェザー級暫定王座決定戦でカール・フランプトンとの対戦を迎えた。

植田はフランプトンの地元、北アイルランドの地を踏んだ。チーム・ドネアは試合会場の近くに一軒家を借りていた。ドネアが判定で敗れるのを会場で見届け、チームは一軒家に戻ってきた。まもなく「同窓会」は終わろうとしていた。

するとドネアが言った。

「ちょうど今、プロモーターから連絡があって、WBSSの話があると打診されたんだ。出ようと思っている」

WBSSとは「ワールド・ボクシング・スーパー・シリーズ」の略で、主要団体の世界王者、上位ランカーら八人が最強の座を懸けて争うトーナメントのことだ。既にクルーザー級、スーパーミドル級で実施され、植田はバンタム級でも行われるプランがあることを知っていた。ドネアはこの日、フェザー級で闘ってきたばかり。どうやら二階級下の話をしているようだった。

「WBSSでしょ。あれ、バンタム級だよ」

植田の言葉に対し、ドネアはすぐに返答した。

「大丈夫だよ、ウエイトは落ちるから」

翌月に井上が階級を上げ、WBA世界バンタム級王者ジェイミー・マクドネルに挑戦する。勝てば、WBSS参戦に名乗りを上げるだろう。

植田はドネアとの交流をきっかけに、外国人選手の世話や、日本人選手の海外試合に同行するなど仕事の幅を広げていた。二〇一七年九月、井上の米国デビューとなったアントニオ・ニエベス戦以降、井上陣営とも深い親交がある。できればドネアと井上には対戦してほしくない。両者とも負けないでほしい。

「頑張って！」

ドネアにそう言うのが精いっぱいだった。

井上はバンタム級初戦で王者マクドネルを一回一分五十二秒で沈め、WBA王座を獲得すると、予想通りWBSS参戦を表明した。WBSSのトーナメント初戦でファンカルロス・パヤノを七十秒で倒し、準決勝ではIBF王者のエマヌエル・ロドリゲスに二回TKO勝ち。減量苦から解放され、パワーをいかんなく発揮した。優勝候補の大本命は圧巻の連続で決勝に駒を進めた。

ドネアはキャリアの晩年とみられ、下馬評は決して芳しいものではなかった。しかも七年ぶりのバンタム級で、どこまで対応できるか未知数だった。トーナメント初戦は、もう一人の優勝候補でWBAスーパー王者のライアン・バーネットが試合中に右脇腹を痛めて棄権し、ドネアの四回終了TKO勝ち。準決勝は、対戦予定のWBO王者ゾラニ・テテが肩を痛めて欠場。代役のステフォン・ヤングを六回KOした。運も味方し、導かれるかのように決勝へ勝ち上がった。

植田の目にはドネアがWBSS優勝のタイトルを欲し、頂点のみを目指しているのがはっきりと分かった。

「長年見てきたから分かるんですけど、ノニトは誰に勝つというより、WBSSの優勝しか見ていない。これ勝って、これも勝てば決勝で井上戦だな、ということではなく、三試合勝てば優勝、それしか考えていない。ボクシングに関してはすごく自信家なんです。井上にも絶対に勝てるという思いが伝わってきました」

ついに二人が拳を交えるときが来た。

二〇一九年十一月七日、会場はさいたまスーパーアリーナ。井上とドネアがWBSSの決勝で対決する。

試合八日前となる十月三十日、ドネアは羽田空港に到着した。妻でマネジャーのレイチェル、二人の息子らチーム・ドネアは十一人で来日した。日本では通訳も兼ねる植田が出迎え、チームに合流し、主要メンバーが揃った。ここから最終調整が始まった。

試合二日前、東京・九段下のホテルグランドパレスでの記者会見。WBSSの主催者を中央に、ドネアと井上が並んだ。ひな壇の横には優勝者が手にする黄金のモハメド・アリ・トロフィーが輝いている。

「いよいよ来た。ドネア選手と決勝で闘うのは一番望んできた形。プロ転向前からずっと見てきた憧れの選手。決勝で闘えることに誇りを持って、世代交代を確実に成し遂げるだけだと思っています」

井上の言葉にドネアが呼応する。

「世代交代と言っているが、私はそれに立ちはだかる壁だと思っている。この試合に向けてわくわくしているよ」

テーマは「世代交代」。英大手のブックメーカーでは井上勝利が一・一四倍、ドネアが五・五倍。下馬評は圧倒的に井上優位だった。

ドネアは試合前日の計量を五十三・三キロで一発クリアし、しばらく休憩したのち、悠然と報道陣の前に現れた。

「サラダとフルーツを食べてきたんだ。後でラーメンを食べようと思っている」

記者の一人が尋ねた。

「どこのラーメン屋ですか」

その質問を通訳の植田がそのまま英語に訳すと、ドネアが大笑いした。

「何言っているんだよ、いつもマサに決めてもらっているんだろ」

植田は渋々報道陣に言った。

「ラーメン屋は毎回僕が適当に選んでいるんですよ」

試合前日でも穏やかな空気が流れていた。


「天下一武道会ですね」


リングサイドから首を少し回し、スタンド席を見上げた。さいたまスーパーアリーナが観客で埋め尽くされている。壮観だった。二万席を超えるチケットはあっという間に売り切れた。ボクシングに携わり約四十年、日本ボクシングコミッション（ＪＢＣ）本部事務局長の安河内剛は明らかな変化を感じ取っていた。

これまで試合会場に足を運ぶ観客は四十代以上の男性が圧倒的に多かった。ボクシングのコアなファンに当てはまる性別・年齢層だ。しかし、この日の井上―ドネア戦に限っていえば、会場には若い男女も目立っていた。声援は野太い声だけではなく、透き通るような高い声も聞こえてくる。セミファイナルで井上拓真が敗れ、嫌なムードが漂う。しかし、若者が発する熱はエネルギーに満ち溢れ、そのムードを一瞬で消し去った。誰もが井上の入場を待ち焦がれている。

「凄いな。あれからそんな経っていないのに……」

安河内には、空席が目立つ井上の過去の試合会場が頭に浮かんだ。東京・有明コロシアムで行われた四度の世界戦は一度も満員にならなかった。スーパーフライ級最後の試合は大橋ジムの地元、神奈川・横浜文化体育館だった。だが、そこが埋まらない。観衆は四千人と苦しんだ。世界三階級制覇を成し遂げたバンタム級初戦も中規模会場の東京・大田区総合体育館だった。リング上で輝く試合をしても、ボクシングファンを超えて一般層まで届くのがいかに難しいかを物語っていた。

しかし、この一年半で大きく変わった。

安河内はそのきっかけとなったのがWBSSと見ていた。バンタム級のトップ選手八人が集結し、トーナメント形式で「世界最強」の座を争う。井上が「天下一武道会ですね」と漫画「ドラゴンボール」に喩えるなど、勝ち上がっていく仕組みは分かりやすく、日本人好み。勝てば次に誰と当たるか明確で、世界一へのストーリーもできていく。注目を集める大会で井上は衝撃的かつ、単純明快なKO劇を連続し、一般層にもその強さが伝わっていった。

WBSSの準決勝で、井上がIBF王者ロドリゲスを倒した直後、IBFはマカオで年次総会を控えていた。「新チャンピオンの井上を年次総会に招きたい」というIBFの意向を井上陣営に伝えたのが安河内だった。

「IBFはなんとか井上選手に来てほしいと言うものの、負担するのは飛行機代とホテル代だけ。ギャラはなしですよ。ホテルも最後はお父さん、拓真選手と三人の相部屋になってしまったんです。それでも井上選手は嫌な顔一つせず『いいですよ』と言ってくれた。年次総会のパーティーでは外国人からすごく人気があって、大量のグローブにサインをお願いされていました。丁寧に対応していたし、とても謙虚な選手だなと思いましたね」

年次総会で、安河内はたまたま井上の父でトレーナーを務める真吾と二人きりになった。

「尚弥選手は、なんでここまで凄いんですか。お父さんとしてどう思われますか？」

安河内は率直に知りたかった。

すると、真吾は即答したという。

「尚弥は練習したパンチやコンビネーションを何のためらいもなく、試合で瞬時に打ち込めるんですよ」

安河内は驚いた。ボクシングの常識から逸脱していたからだ。練習のミット打ちは気持ち良く打つことができる。試合と違い、カウンターをもらう心配はなく、トレーナーが打ち返してくることもない。試合と練習は別物であってはならないが、試合では打つ際、どうしても相手のカウンターを恐れ、一瞬の躊躇が生まれてしまう。それを克服するために練習で何百回、何千回と繰り返し、コンビネーションを磨いていく。だが、真吾いわく、井上は練習したパンチを瞬時に試合で打ち込めるという。安河内の脳裏にその言葉が刻まれた。

ＷＢＳＳの決勝は、井上がＷＢＡ、ＩＢＦ王者、ドネアはＷＢＡスーパー王者として臨む。安河内はＷＢＡから試合の管理・監督者であるスーパーバイザーに指名され、リングサイドに座った。また、国内で行われる試合を統括するＪＢＣの本部事務局長という立場も兼ねていた。

「ドネアとも面識があったんです。マカオで試合をしたとき、終了後にみんなで食事をして、そこで植田さんから紹介されたんです。すごく物腰が柔らかくて友好的。親日家としても知られていましたからね」

職業柄、事前に試合の予想はしない。ルールに則って闘い、公平に試合が裁かれ、選手が無事リングを降りる。それがすべて。どちらのボクサーが勝とうが関係ない。

だが、井上―ドネア戦の報道は盛り上がりを見せ、自然と安河内の耳にも予想が入ってきた。

「圧倒的に井上君が有利でしたね。ある意味、ドネアは晩年で下り坂。『三ラウンド以内に終わる』という声も多く聞きました。でも、そういう声を一切気にせず、スーパーバイザーとしての職務を全うすることは身についているし、慣れていたんです」

いつも通り、心を真っ白にして、リングサイドから試合を見つめた。

約束のトロフィー

開始のゴングが鳴った。

大歓声が波のようにリングに押し寄せてくる。

出だしから井上の動きがいい。スピードでドネアを上回る。

二回二分過ぎ。試合が大きく動いた。

強打を誇るドネアの左フックが井上の右目にクリーンヒットした。まさに「閃光」の如く、井上の右目上を大きく切り裂いた。

「あっ！」

コーナー近くで見ていた植田は衝撃の一撃に声が漏れた。

井上にとって、アマチュア・プロを通じて初の流血。しかも傷が深かった。だが、傷よりも右目の眼球にダメージを負い、ドネアが二重に見える。このとき、井上にはある考えが舞い降りてきた。右目を隠すようにガードを上げる構え。それは対戦相手のドネアが二〇一三年四月のリゴンドー戦で見せた闘い方だった。焦点の合わない右目の視界を捨て、あえて左目だけで闘う。この構えで足を使って距離をとり、左ジャブを放って試合を組み立てていく。井上は倒すボクシングから、ポイントを稼ぐスタイルに切り替えた。不測の事態にもかかわらず、うまく誤魔化しながら闘う。ドネアは井上の右目の異変に気付かなかった。

ラウンドが進むにつれ、安河内には気がかりなことが二つあった。

一つは井上の右目の状態。もう一つは井上の父が教えてくれた、「何のためらいもなく、瞬時に打ち込むパンチ」がなかったことだ。

「あの試合、井上君はドネアに対して、リスペクトがあったような気がしたんです。そこが一瞬のためらい、今までなら瞬時に打ち込めていたものが、打ち込めなかったように感じたんです」

八回終了後、安河内は不安を覚えた。

中盤まで井上が優位に進めているとはいえ、戦況は読めなかった。七回から井上の手数は減り、八回にはドネアの右が幾度となく井上を襲った。

「もしかしたら際どい判定にもつれ込むかも。第四のジャッジが必要になるかもしれない」

ボクシングは判定になれば、ジャッジ三人の採点により勝敗が決まる。ジャッジが記した採点は一ラウンドごとに、レフェリーが回収している。だが、ＷＢＳＳは判定で引き分けになった場合、公式記録とは別に「第四のジャッジ」が勝ち上がりの選手、もしくは優勝者を決めるシステムになっていた。第四のジャッジはリング下の「ジャッジ席」ではなく、少し離れたリングサイドに座っていた。

安河内が苦々しい表情で振り返る。

「これまでＷＢＳＳの試合で第四のジャッジが必要になったことは一度もなかったんです。でも、『もしかしたら……』という試合展開になってきた。第四のジャッジは海外から来ていたんですが、ちゃんと採点しているか、すごく気になったんです。万が一、観光気分で来られていたら困る。本当にヒヤヒヤしてきましたね」

慌てて、ＪＢＣのスタッフを呼び寄せた。

「第四のジャッジがきちんと採点つけているか、確認してきて！」

スタッフがリングサイドを走る。

しばらくしてスタッフから「大丈夫です」と報告を受け、安堵した。

九回、ドネアの右ストレートが顔面に決まり、あの井上がふらついた。すかさずクリンチにくる。

ドネアのコーナーから見ていた植田は次の展開を予想した。

「ああ、このまま倒しちゃうかも」

だが、ドネアはそれ以上攻めない。攻撃にいかず、井上の反撃にカウンターを合わせようと、待ちの姿勢を選択した。試合後、後悔した場面だ。ここでもっと詰めていれば……。自らパンチを打ち込んでいれば……。

十回に入り、再び井上にペースを奪い返された。二人とも終盤に入ってもスタミナがあり、パンチも衰えない。それに加え、両者ともに打たれ強く、タフだった。

十一回。井上の右アッパーが飛んできた。ドネアは避けようと上体を起こした瞬間、脇腹に左フックを食らっていた。えぐられるような左ボディー。たまらず、くるりと背を向け、走るようにコーナーまで逃げると、我慢できずにしゃがみ込んだ。ダウン。

「負けた……。もう立ち上がれないだろう」

植田はドネアのダメージの深さを見て取った。戦況がめまぐるしく動き、主導権が井上、ドネア、井上、ドネア、井上と絶えず行き来する展開を冷静に見つめていた。

しかし、ドネアはなんとか立ち上がり、レフェリーは試合続行を宣言した。

最終十二ラウンド。

ここまでの採点は井上優位だろう。ドネアは逆転の一発を狙った。だが、井上も逃げずに攻めてくる。ラスト三分間は両者ともに果敢に手を出し、打ち合った。

熱狂のまま、試合は終わった。

ドネアらしい、最後まで諦めない心。戦前の予想を覆す激闘だった。

二人は抱き合い、健闘をたたえ合う。

ジャッジは一一七—一〇九、一一六—一一一、一一四—一一三で三人とも井上を支持。採点の上では最少一ポイント差、最大八ポイント差だった。

ドネアのコーナーで一部始終を見届けた植田は安堵に包まれた。

「正直、ノニトは負けたけど評価を落とさなかった。逆に株が上がったかなと思いました。いい内容だったし、ある意味、いい結果かなと思いましたね」

リング上では、井上が優勝者の証し、世界ヘビー級元王者の名を冠したモハメド・アリ・トロフィーを掲げていた。

植田が先導して、リングから引き揚げる。チーム・ドネアが列を作り、連なって花道を歩き、控え室に戻った。

ドネアは植田の顔を見ると、申し訳なさそうに声を漏らした。

「あのトロフィー、モハメド・アリ・トロフィーを一晩だけ貸してほしいんだ……」

植田は驚いた。正直に言えば「本当に借りるのか?」と思った。トロフィーはWBSSの優勝者、この試合の勝者が手にするものだ。聞けば、ドネアはホテルを出る前、息子たちと約束したという。

あのトロフィーを必ず持って帰る——。

一瞬でもいい。父親としての約束を守りたい。子ども思いのドネアらしい考えだと思った。トロフィーは既に井上の控え室に運ばれているはずだ。植田は慌ててプロモーターに確認し、水面下で井上陣営に打診した。申し出は快く受け入れられ、お膳立てを済ませた。

右目を負傷していた井上

試合後、安河内は両者の控え室を訪れた。

井上には目の治療のために病院に行くことを勧め、ドネアの元へと向かった。

ドネアは控え室からなかなか出ようとしなかった。帰る気配がない。陣営のスタッフがケアをしていたが、一人、また一人と去っていく。ドネアは頭痛を訴えている。しかし、大きなトラブルを抱えているようには感じられなかった。それよりも敗戦のショックに打ちひしがれているように見えた。悔しさが伝わってくる。ずっと閉じこもっていた。試合後、ボクサーがこれほどまでに長い時間、控え室にいたことがあるだろうか。そう思うほどだった。最終的に頭部のＭＲＩ、ＣＴを撮りたいと訴えてきたドネアに対し、安河内は救急病院を紹介した。

「負けたことがすごくショックで悔しいんだろうなと思いました。それと同時に自分の体のことを心配していたのかもしれません。十二ラウンドにわたって、激しい殴り合いでしたから。体を気にして自ら病院に行くところを含め、ドネアはプロフェッショナルだなと思いましたね」

ドネアは検査を受け、異常なし。ひとまず安心して病院を後にした。

植田はさいたまスーパーアリーナの控え室からホテルまでモハメド・アリ・トロフィーを運んだ。

金色に輝く大きなトロフィーがリビングルームに置かれ、ドネアは父としての約束を守った。

そして、二人の息子に向かって言った。

「負けてしまったけど、持って帰ってきたよ。人生はいつも勝つわけじゃないんだ」

スマートフォンで動画を撮影し、画面に向かって話し掛けた。メッセージをSNSにアップするためだった。

「モハメド・アリ・トロフィーを獲得するため日本にやってきた。息子たちに朝、それを見せると約束した。だから目に涙を浮かべながら、井上に『一晩だけ貸してくれないか』とお願いをしたんだ。自分のためではなく、自分の約束のために。この一戦は子どもたちにとって人生の教訓となるだろう。最善を尽くしても及ばないときはある。勝つかもしれないし、負けるかもしれない。息子たちは、本当なら決して家に持ち帰ることのできないトロフィーを目にし、私がもっと一生懸命トレーニングをしたいという意味を理解するだろう。そして、私は闘うことについて話し、諦めるよりも、命を賭けて闘ったほうが良いと言ったんだ。私たちは闘います」

そう話すドネアの横で、次男がトロフィーをずっと触っていた。

試合後、恒例となっているチーム・ドネアの反省会。ホテルの部屋に集まることになっていた。植田はあまり気乗りがしなかった。一旦、ホテルから離れたが、すぐに「早く来いよ」と電話が掛かってきた。渋々、ドネアの部屋に向かう。

この試合までの調整、日本に来てからの反省点が話し合われていた。

「次やれば絶対に勝てる。もう一回やりたいんだ」

ドネアがチームの前で宣言した。

植田はドネアの心情を察知した。

「本当にボクシングＩＱが高い、頭がいいんです。だから、一回闘った感触で次は勝てると思ったんでしょう。あと、グローブがいつものエバーラスト社製ではなかったんです。反省会では言ってませんでしたが、それがちょっとあるのかなと感じました」

試合二日前、記者会見が終わった後の、グローブチェックのときだった。ドネア陣営が用意した米エバーラスト社製のグローブ二セット。トランクス、シューズと同じく、オレンジと青のドネアカラーを施し、米国から日本へと送っていた。ドネアが試合で使用するグローブはエバーラスト社製と決まっている。しかし、新品のグローブを装着したドネアの父シニアとトレーナーのケニー・アダムスは何度も首を振った。二つとも手に合わない。最終的にセミファイナルに出場するノルディーヌ・ウバーリの予備として用意された赤いウイニング社製を使うことで落ち着いた。

植田はエバーラスト社製の二つのグローブの写真を見せてもらった。目を疑った。グローブの手を入れる革の部分がナイフのようなもので切り刻まれているように見えた。だが、二セットとも、米国から送られた新品、しかも未開封のものだ。

植田が言う。

「誰かが意図的にやったとかは絶対にあり得ない話。特に犯人捜しをすることもありませんでした。だって未開封のものですから。だけど、なぜなんだ、おかしいぞ、とはなりますよね」

グローブのアクシデントはドネアに「たら・れば」を想像させた。もし、手に馴染んだ装着感のいいエバーラスト社製のグローブで闘っていたならば、二回の左フックで……。九回の右ストレートで……。「次やれば勝てる」、そう思わせる、一つの要素になったのかもしれない。

しかし、植田には大きな疑問があった。ドネアは果たして井上の目のことを知っているのだろうか。二回以降、右目が見えない状態で闘っていたということを。もし、井上が両目の見える状態なら、まったく別の試合展開になっていたかもしれない。

試合中、ドネアは井上の右目の異変に気付かなかった。試合後もそういう話は出ていない。左目だけで闘ったと分かったうえで「勝てる」と言っているのだろうか。

試合後、記者会見で井上が明かした右目の状態はインターネット上を駆け巡っていた。

だが、少なくとも植田はまだドネアに会見の内容を訳していなかった。

日本での「同窓会」は終わった。

年間最高試合、そして再戦へ

井上—ドネア戦は「ドラマ・イン・サイタマ」と称され、世界中で高い評価を得た。WBA、米専門誌『ザ・リング』、米スポーツ専門局「ESPN」などが年間最高試合に選出し、二〇一九年を代表する試合になった。同時に、敗れたものの「ドネア、強し」を印象づけた。

再戦を目指すドネアのプランは明確だった。

必ずベルトを獲ること——。

王座に就けば、バンタム級四団体統一を狙う井上にとって、避けて通れない相手になる。新型コロナウイルス禍となり、試合間隔は一年半以上空いたが、ドネアは目論見通り、WBC王者ウバーリに挑み、四回KO勝ち。緑のWBCベルトを手に入れた。半年後には暫定王者レイマート・ガバリョを四ラウンドで退け、初防衛に成功した。

植田はかつてドネアに言ったことがあった。

「モンティエル戦で名前が売れて良かった。でも、あそこからノニトは（左フックの）一発狙いになっているんじゃないか。あんな一発を狙わなくても、ナチュラルでパワーがあるんだから、ジャブで組み立てていって、普通にパンチが当たれば倒れるよ」

ドネアは黙って聞いていた。トップスターになっても純粋で謙虚。実行するかどうかは別として、他人の意見に耳を傾ける。練習では大振りや一発狙いは減り、あくまで流れの中でパンチを当てるボクシングスタイルに変わっていった。それが、井上戦後の試合で形になって表れた。

そして、ついに再戦が決まった。

二〇二二年六月七日、会場は前戦と同じさいたまスーパーアリーナ。WBA、IBF王者の井上とWBC王者のドネア、世界三団体の王座統一戦となった。

試合まで二ヵ月余りの三月三十日、井上は東京都内での試合発表記者会見に出席した。二年七ヵ月ぶりに再び拳を交えるドネア戦へ自信を見せた。

「一度決着はついているが、決まったからには前回以上の内容で勝つことを約束します。十三ラウンド目からの闘いのつもりで覚悟を決めて臨みたい」

ドネアはビデオメッセージを寄せ、会見場で流された。

「早く再戦したかった。井上に負けた日、リングを降りながら『倒せたのにな』と思ったんだ。だからリングに帰ってきた。パワーは前からあるが、スピードとパワーを融合して自分の中に落とし込めた」

前戦とはスタイルが違う、新しいドネアであることを強調した。雪辱の思いと不敵さを漂わせ、続けて言った。

「モンスターをハントするんだ。そのために罠を仕掛ける。僕から一つだけ……」

ドネアはそう語った後、少し間をとった。

「瞬き厳禁だ」

一瞬たりとも目を離せない高度な攻防になる。スピード溢れる試合になる。井上とファンに向けてそう呼びかけた。

「想像の上をいく試合をしますんで」

私は井上の試合があるたび、『週刊プレイボーイ』でインタビューをする機会に恵まれた。バンタム級三戦目となる二〇一九年五月のロドリゲス戦の前から始まり、毎試合続いている。

ボクシング取材の中で最も気を遣う時期は、スパーリングの疲労が溜まり、減量も始まる試合三週間前くらいからだ。長いラウンドのスパーリングや試合前の公開練習に取材陣が駆けつけることはあっても、この時期は個別のインタビューには応じない。試合に向けて、選手は神経質になり、苛立ち、疲労がピークになる。他のことを考える余裕はない。少しでもストレスを減らし、試合だけに集中したいからだ。

チャンピオンクラスだと、ボクサーが入ってきただけで、ジムはその選手の醸し出す雰囲気に染まる。ジムに三十分もいれば、ボクサーの情緒が私にも伝播《でんぱ》する。いたたまれなくなることもあれば、時に選手の緊張感を強く感じ、苦しくなる。

だが、井上サイドが指定してくる取材日程はなぜか試合二〜三週間前が多かった。井上のマネジャーから「これが最後の個別取材ですから」と言われて、井上と向き合う。

井上は取材相手として不思議なボクサーだった。

多くの選手はビッグマッチの前ほど、神経を尖らせる。重圧がかかり口数が少なくなる。下馬評が圧倒的有利なら、心に余裕があり、たとえ試合直前であったとしても話が弾むこともある。

井上は逆だった。

接戦と予想されるビッグマッチの前は機嫌が良く、饒舌になる。圧倒的に有利な試合前はどこか不機嫌で、私の問いにひと言、二言、答える程度だった。

例えば、二〇二一年十二月のアラン・ディパエン戦。ＷＢＡ、ＩＢＦの世界バンタム級王座防衛戦とはいえ、井上にとっては試合間隔を埋める、調整試合のような相手だった。

井上と向き合うと、人を寄せ付けない、圧のようなものを感じた。

「相手のことはやめましょう。話すことはないですよ」

これが第一声だった。私は井上の表情を窺った。真剣な顔つきだ。一気に空気が重くなる。用意してきたいくつかの質問が消された。おそらく、対戦相手への関心が薄く、モチベーションが上がらない。でも、これではいけない、と試合に向けて必死に気持ちを上げようとしている。それに注力して、心ここにあらず、となっているのだろう。

ドネアとの再戦の前のインタビューも試合三週間前に指定された。

大橋ジムを訪れ、会長の大橋秀行に挨拶をすると、緊張感が伝わってきた。まだ井上は練習に来ていないというのに、世界戦を目前に控えた独特の雰囲気がジム全体を包んでいた。

「今度の試合、（勝敗は）半々くらいだと思っているんだよね」

大橋が珍しく不安をにじませて言った。ドネアの経験、一度闘ったことによる分析力を警戒していた。前戦で十二ラウンド闘ったことにより、ベテランボクサーは何かをつかんだのではないか。それを証明するかのように、ドネアは井上戦以後、スタイルが変わった。熟練の動きで、研ぎ澄まされたパンチをコンパクトに振り抜く。巧みな戦術は隙がない。確かに不気味さを覚えた。

井上の取材は「バンデージを巻きながら話をしましょう」と事前に言われていた。既に減量をスタートさせている時期。しかも練習へと集中力を高め、心を研ぎ澄ませていく時間。そのときに話を聞くのは気を遣う。私にとって、より緊張を強いられる取材だった。

井上が椅子に座り、白く長い布を手にした。「いいですよ」と私に頭を下げ、目配せをした。この状況で本音を聞けるのか、言葉を引き出せるのか、不安しかなかった。私の両脇は汗で濡れている。井上の隣へと歩を進め、用意されている椅子に腰を下ろした。

ひと言二言話しただけで、思いがけず、井上の気持ちが乗っているのが分かった。

——前回のドネア戦後、一週間くらいビデオを見続けたと聞いたけど、振り返ってどういう試合だった？

「自分の中ではいい試合でしたよ。あの中で、やれることはやり尽くしたし。それで勝ちを手にした。周りがあの試合を観て『苦戦』と言うなら、それはまあ、その人が思った苦戦なんでしょうけど……。自分の中ではあの試合を苦戦とは言いたくないですし」

インタビューをしているうちに少しずつ気持ちが上がっていったのではない。穏やかな口調ながら、感情がこもっている。私は質問せずに、じっと耳を傾けようと思った。

「誰もが前半、中盤までにKOすると。みんながそういう試合展開を予想した中で、ああいう内容だったので。自分の中ではやれるだけのことをやり尽くしたから、あれを苦戦と言ってしまったら自分自身に申し訳ない、という気持ちがあるんです。まあ、もう一回やろうとしたって、あんな白熱した試合はできないだろうし。自分はよくやった、自分を褒めたいなという内容だし」

世界五階級制覇を成し遂げたあのドネアに勝った。世界的なスターからダウンを奪い、勝負はついた。判定も疑いようがない。右目が見えなくなり、眼窩底骨折を負いながら、急遽戦術を変える適応能力を見せつけた。未知数だった「打たれ強さ」も証明した。だが、結果として、敗れたドネアの評価が上がった。一部の「苦戦」という批評に対し、明らかに何か思うところがあるようだった。

井上は再戦決定時の記者会見で前戦の十二ラウンドの続き、「十三ラウンド目からの闘いになる」と話していた。いわゆる「続編」だ。だが、私は井上が別のことを考えているような気がした。前戦は二ラウンドで右目が見えなくなり、やむを得ず戦術を変えた。本来見せたかった闘い方があるはずだ。

——次戦で見せたいのはあの試合で二ラウンド以降考えていた闘いなんじゃないかな？

「そこはもう期待していてください」

そう言うと、練習前の表情とは思えない、笑みで覆われた。前戦のドネア戦以降、ジェイソン・モロニー、マイケル・ダスマリナス、アラン・ディパエンの三戦は、意図的に試合のモチベーションを上げないといけなかった。だが、今回は自らを奮い立たせる必要はない。自然と闘志が溢れ出てくる。

「ドネアが力を維持したままチャンピオンに返り咲いたので、すごい興味も出てきた。かつ、WBCのバンタム級というのは特別な思いがあるんで。自分だけじゃなくて、日本のボクシングファンみんなが一番記憶にあるというか。身近にある階級のベルトというか」

バンタム級の緑のベルトは日本ボクシング界の系譜と言ってもいい。しかも井上が熱くなっていた少年期に巻いていた名チャンピオンがいた。

私は井上が想像しているだろう、王者の名前を列挙していった。

「辰吉さん、長谷川さん、山中（慎介）さんといるもんね。その系譜に名を連ねると？」

そう問い掛けると、井上は茶目っ気のある顔で私をちらりと見た。

「あれ、なんで薬師寺さんを入れないんですか？」

辰吉と「世紀の一戦」を演じた勝者をなぜ飛ばすのか。思わぬ突っ込みに私も井上の顔を見た。まるで、いたずらをした少年のような表情をしている。

「薬師寺さん、ちゃんと入れましょうよ！」

井上はそう言って、大きな声で笑った。

私は不思議な感覚に陥った。周囲はビッグマッチを前に世界戦特有の空気を醸し出している。誰もが井上―ドネア戦へ向けて緊張感を高めているジム内で、当の本人だけが普段通りでいる。試合三週間前、減量に入ったというのに、一番自然体でいる。まるでピリピリしたジム内に異物が混入しているかのようだった。

練習中の選手がパンチングボールを叩き始め、ジムには「バン、バン、バン」と等間隔の乾いた音が響き渡った。すぐに井上はトレーナーに小声でお願いをした。

「申し訳ないですけど、あのボールを一回止めてもらえますか」

インタビュー中であることを気遣っていた。井上は既にバンデージを巻き終えている。

「いや、いいよ、もう終わりにしよう」

私がそう言っても、話を続けた。

「白熱するといったら、あれ以上はないですけど、ああいう試合にするつもりはないんで。一方的に終わらせる、何もさせないで終わらせる、という気持ちでいるんで。次は『ドラマ』にさせるつもりはないですから」

ただ話しているのではない。体全体から沸き立つような感情が言葉になって表れているようだった。インタビューを終え、録音機のボタンを止めようとした私に向かって言った。

「誰もが想像していないような結末にしますんで。あっと言わせるような、想像の上をいく試合をしますんで」

爽やかな笑顔で、凄いことを言っている。

勝てばいいのではない。完膚なきまでの圧勝、想像を超える倒し方をゴールに設定した。

のちに分かることだが、井上はこのとき、左肩を負傷していた。大橋は試合の延期を考えたほどだった。

緊迫した試合になればなるほど、なぜ、機嫌が良くなるのだろう。

井上は不思議なボクサーだった。

ドネア陣営の異変

二〇二二年五月二十二日、再戦まであと十六日と迫ってきた。

植田はＰＣＲ検査を受け、新型コロナの陰性を確認し、羽田空港へと向かった。ドネアを出迎え、ホテルで隔離期間の三日間を一緒に過ごす。体を動かせるようにルームランナーを購入し、既にドネアの部屋に設置していた。

コロナ禍だというのに、空港は多くの人でごった返していた。どうやら映画俳優のトム・クルーズが主演作品『トップガン　マーヴェリック』のプロモーションで来日するらしい。その噂を聞きつけたファンが出迎えに来ていた。植田が空港の警備員にドネアを迎えに来たことを伝えると、「実はもうトム・クルーズ、前日に日本に入っているんですが……。言っても信用してもらえないんで」と愚痴を聞かされた。

そんな喧騒の中、ドネア一行が現れた。

植田は来日したチーム・ドネアのメンバーを見て、違和感を覚え、ドネアに尋ねた。

「あれ、お父さんは？」

「ちょっとけがをして、急に来られなくなったんだ」

「こんな大きな試合なのに、なんでちゃんとしたトレーナーを連れてこないんだい？」

「父さんが来る予定だったから……」

植田には理解できなかった。これは井上と闘うチームの体制ではない。メンバーの中に専門でドネアのミットを持つトレーナーがいなかった。

「ノニトは日本に知り合いが多いし、かつて、横浜光ジムにも二ヵ月滞在していたことがあるから、仲の良いトレーナーもいる。日本で誰かにミットを持ってもらえればいいや、助けてくれるだろう、という考えがあったと思います。もちろん、全力でサポートをしますが、僕からしたら『何を考えているんだろう』となりますよね」

三日間の隔離期間が明け、ドネアは東京・神楽坂の帝拳ジムで試合十日前では異例となる、十ラウンドの長いスパーリングを実施した。プライベートでも交流があり、ボクサーとして信頼する横浜光ジムの赤穂亮と帝拳ジムの二選手が分担し、ドネアのパートナーを務めた。ドネアの動きが明らかにおかしい。動きが鈍い。切れがない。赤穂にボディーを効かされ、ダウンを喫した。誰もが、「井上戦は早く終わるかも」と悲観した。

別の日のスパーリングでは調子を取り戻しているようにも見えた。そうかと思えば、急にジム練習をキャンセルする日もある。井上との初戦の前、懸命に練習していた姿からは想像できなかった。加えて、社交的なドネアがあまり人と会いたがらない。これまでとは何かが違った。

植田がしみじみ言う。

「それでも試合を期待させちゃうのは、やっぱり練習でのミット打ち。ノニトはとにかくパワーが凄いんです。これは当たればもしかしたら……と思っちゃうんですよね」

安河内は初戦に続き、スーパーバイザーの重責を担った。前回はＷＢＡ、今回はＩＢＦから指名された。

試合前日に行われたＷＢＡ・ＩＢＦ・ＷＢＣ三団体王座統一戦のルールミーティング。井上陣営の大橋から「見ている人たちに分かりやすいから」とＷＢＣのみ実施している公開採点の提案があり、ドネア陣営も受諾。「四回、八回終了時に採点を公開」のルールが決まった。だが、その後、各団体と協議した結果、ＩＢＦが難色を示した。

安河内が苦い顔で振り返る。

「これまでローカルコミッション、今回の場合は日本のコミッションが決めた判断は認めてくれていた。だけど、三団体統一戦で、ＷＢＣルールが採用されることにＩＢＦが怒ったんです。特に公開採点は海外であまり評判が良くないルールです。ＷＢＣルールをやるならば、ＩＢＦルールの当日計量をやれ、と言ってきた。夜中までずっとＩＢＦとやりとりしていました。最終的にはＩＢＦ側も『分かった。おまえに任せるよ』と言ってくれたのですが、三団体のうち、一つでも反対するならやめようとなり、急遽取りやめたんです」

試合当日、安河内が説明すると、大橋は明らかに困惑していた。一度決まったルールが変われば、戦術やボクサー心理に影響する可能性もある。提案した大橋としては、井上に合わせる顔がない。安河内は大橋から「尚弥本人にも説明してください」と告げられた。

安河内は井上の控え室に顔を出した。

「井上選手、申し訳ないけど、昨日決まった公開採点がなくなったんで」

誰もが井上の表情を窺った。

「ああ、そうですか。良かったです。採点がどうとかあまり気にしたくないんで」

井上は爽やかに続けた。

「大丈夫ですよ。倒しますから」

控え室に驚嘆の声が沸き起こる。公開採点の四回終了時を待たずして、ＫＯするというニュアンスだった。スーパーバイザーである安河内は胸をなで下ろした。

「いやあ、あのときは井上君に救われました。やっぱり前日に決まったルールが試合直前に変わるなんて、怒ったり、ごねられたりしてもおかしくないんです。でも、本当にこの選手は男だなと思いました。すごくにこやかに『大丈夫ですよ』と言っていましたから」

リラックスした柔らかな井上の表情が安河内の胸に刻まれた。

二百六十四秒、衝撃のKO決着

二〇二二年六月七日、ドネアは二年七ヵ月ぶりにさいたまスーパーアリーナに帰ってきた。

植田は前回同様、テレビ局の要望や試合進行を逐一伝え、リングに先導することになっていた。だが、ドネアの対応は初戦と違った。

「ウォーミングアップをしているときに『テレビカメラを控え室に入れていい？』と聞くと、いつもなら『いいよ』と言うんです。でも、あの試合は一回くらいしかカメラを入れなかった。あとは『駄目だ』と言っていたんで」

試合直前に問題が露呈した。

来日後の練習では帝拳ジム、もしくは横浜光ジムの日本人トレーナーがミットを持ってサポートした。だが、試合本番では限られた者しか控え室に入れない。今回のチームにはウォーミングアップでミットを持てる専門のトレーナーがいない。いつもなら、ドネアは試合で想定されるコンビネーションを最終確認し、ある程度の汗をかき、息を上げてから、リングへと向かう。だが、この大一番でそれができない。これまでの試合前の感覚とは違う。満足するウォーミングアップができず、苛立ったまま入場を迎えた。

植田が先導する。いつもなら穏やかに明るく花道に現れるドネアがどこか不機嫌で表情は曇っていた。

試合開始のゴングが鳴った。

すぐにドネアが左フックを放ち、井上の顔面にヒットした。会場に緊張が走る。続けてプレスをかけ、右の強打を繰り出す。動きがいい。ジャブの差し合いも悪くない。

「さすがドネアだな。前戦を踏まえてよく研究している」

スーパーバイザーの安河内はリング下から三十九歳のボクサーを見上げた。

「様子見じゃなくて、最初からこんなに行くんだ。長期戦に持ち込む闘い方じゃないのか」

ドネアのコーナーから見ていた植田はあまりに積極的なドネアに少し驚いた。

山場は突然やってくる。一ラウンド残り数秒、終了間際だった。井上の左のフェイントに惑わされ、ドネアが右を打ち込もうとした瞬間、カウンターで右のショートストレートをあごに食らった。尻餅をつくように後ろに倒れる。ダウン。一瞬意識を失う。何が起こったのか分からない。無意識のまま立ち上がった。コーナーから妻レイチェルの声が聞こえた。

「ファイティングポーズ！　ファイティングポーズ！」

慌ててポーズを取った。ラウンド終了のゴングが鳴り、救われた。

二回。ダウンのダメージが深く残っていた。井上の左フックをもらうと、リングを泳ぐかのようによろめき、足元がおぼつかない。井上の左ボディーも飛んでくる。

安河内は初戦で井上が持つドネアへの尊敬を感じた。再戦でもある種の敬意が伝わってきたという。

「一試合目のリスペクトとは違うんですが、尊敬しているからこそ倒しきる。介錯《かいしゃく》する。そういう強い思いを感じました。でも、ドネアも最後まで抵抗しているんです。あの状況でも一発当てようとしていた。それは凄いこと。ドネアの矜持を感じました」

ドネアが左を振り抜くと、すかさず井上の強打が雨のように降ってきた。右ストレート、左フックを浴びて、コーナーまで弾かれ、崩れ落ちた。

二回一分二十四秒、トータル二百六十四秒、レフェリーが止めた。

ドネアにとって、ショッキングなＫＯ負けだった。

植田はすぐに駆け寄った。

「ノニト、大丈夫？」

「大丈夫、大丈夫、もう帰る」

ドネアは何が起こったか、今どこにいるのか把握できていない。明らかに錯乱していた。植田はリングを降りようとするドネアを制した。

「ちょっと待って、待って、待って！」

コーナーに連れていき、椅子に座らせた。しばらく休ませ、気持ちを落ち着かせた。

植田は愕然とした表情で振り返った。

「ノニトのあんな倒れ方は見たことないです。ショッキングだし、個人的な感情としては、自分と距離の近い選手のああいうシーンは見たくない。やっぱり僕にとって、ノニトは特別な存在だから。複雑な気持ちというか、すごく心配でしたね」

冷静さを取り戻したドネアはリングの四方に向かって、深々とお辞儀をした。声援を送ってくれた日本のファンへの御礼だった。リングを降りて退場する。会場からは大きな拍手とドネアコ

2年7ヵ月ぶりの再戦はわずか264秒で終わった

ールが沸き起こった。一万七千人の観客から、レジェンドボクサーへの敬意と感謝のコールだった。

　花道を引き揚げていく。そのとき、前を歩く係員が転倒した。ドネアは咄嗟に手を差し伸べ、倒れた係員を支えた。人間は極限の状態になったとき、初めて本性が現れるという。数分前に錯乱状態となり、人生で最もショッキングなＫＯ負けを喫したボクサーが見せた気遣い。

　いかにもドネアらしいと植田は思った。

「以前、ノニトとホテルでタクシーを待っていたんです。お客さんを降ろすタクシーがちょうど来たので『乗るよ！』と言ったら、ノニトがいない。あれっ、と思ったら、降りる乗客が足の悪いお婆さんだったんです。僕は気付いていなかったのに、ノニトはそれを見るやいなや、真っ先に降りるのを手伝いに行っていたんです。お客さんが転んだとか、倒れたなら僕も行きますけど、降りるのを手伝うって、純粋に人間として素晴らしいですよね」

ドネアが係員に手を差し伸べた場面はさいたまスーパーアリーナの大きなモニターに映し出され、場内は再び大きな拍手に包まれた。

ドネアが泣いていた

広い控え室に戻ると、ドネアは椅子に腰を下ろした。

いつもの試合後なら、多くの関係者や知人が挨拶と労いにやってくる。だが、植田は今回ばかりはすべて断り、チーム・ドネアのメンバー以外、控え室に入れなかった。

ドネアが泣いていた。涙を流している。

試合後、そんな姿を見るのは初めてだった。

誰にも見せてはならない。

自然とチーム・ドネアのメンバーがドネアを囲み、円陣のような形になった。円の中央にいるドネアがそれぞれの顔を見る。

「みんな、ありがとう……」

チームへの感謝だった。

みんな黙って聞いていた。誰が何を言うわけではない。だが、しばらく輪は解けなかった。

メンバーはドネアの言葉を嚙みしめている。

植田がしんみりと言う。

「負けても自分のことより、周囲への感謝をするって、僕からすればノニトらしいなと思いました。試合前になると、僕から見てもやっぱり普段のノニトではないんです。いつもよりはピリピリしているし、神経質になる。それは試合前なら当たり前のことで。だけど、ああいう負け方をしてしまった。試合で何もできなかったんで」

いつもリング上のファイトでチームに感謝を表現してきた。だがそれができなかった。何もできずに終わってしまった。泣きながらでも大切なチームへ直接お礼を言わずにはいられなかった。

ホテルに戻り、いつもの試合後のように反省会が開かれることになった。植田はどうしても参加する気持ちになれなかった。

「まだ会場で仕事があるから、さいたまスーパーアリーナに戻るよ」

そう言い訳をして、逃げるように去った。だが、スマートフォンに何度も連絡が来る。仕方なくホテルに帰り、ドネアの部屋に顔を出した。

「このまま引退かな」

ドネアは進退の話をしていた。引き留める者は誰もいなかった。

「今までやってきたこと、残してきたものに十分満足しているよ」

ボクサー人生を振り返り、充足感を得たようだった。反省会では引退する運びになった。

しかし、一夜明けると、ドネアは一転して「まだやれる」と心変わりした。悔しさが込み上げてきた。井上の強さを認めたうえで、自分は試合まで最善を尽くしてきたか、自己管理に甘さがあったのではないか、不甲斐なさが募ってきた。現役を続行するうえで、なんとなく条件のようなものができあがった。妻でマネジャーのレイチェルがお目付け役となり、ドネアが手を緩めていないかを確認する。日々、きちんと練習していないと感じたら辞めさせる、というものだった。

井上との再戦への過程で、植田はいつもと違うドネアを感じることが多かった。

なぜだろう……。考えるうち、二つの要因が見つかった。一つは世界三団体の王座統一戦というビッグマッチに向けてナーバスになっていたのだろう。それは至極当然のことだった。

「もう一つは、あまりにも井上との再戦がやりたくて、試合が決定した時点で満足しちゃったんじゃないかなと。それが大きいと思う。それ以外には考えられない」

初戦の感触から「勝てる」と過信し、再戦にたどり着きさえすればと思っていたのではないか。そうならば、これまでの行動について納得はできなくても、腑に落ちる。

この試合に限っていえば、ドネアは再戦することがゴールになっていた。

パウンド・フォー・パウンド一位

試合から数日後、井上は米国の老舗専門誌『ザ・リング』の全階級を通じた最強ランキング「パウンド・フォー・パウンド（ＰＦＰ）」で日本人初の一位となった。ドネアという世界的な強豪に何もさせず、わずか二ラウンドでKOしたことが評価された。

大橋ジム会長の大橋秀行は「生きている間に日本人のPFP一位を見られるとは思っていなかった。正直、驚いている」とコメントし、日本人にとって夢のまた夢であったことを強調した。

『ザ・リング』のPFPは一九八九年から導入され、過去の一位にはマイク・タイソン、フリオ・セサール・チャベス、オスカー・デラホーヤ、ロイ・ジョーンズ、フロイド・メイウエザー、マニー・パッキャオ、ゲンナジー・ゴロフキン、ワシル・ロマチェンコ、サウル「カネロ」アルバレスらボクシング史に残る世界のスーパースターが名を連ねる。軽量級ではローマン・ゴンサレスしか成し遂げていない偉業。アジア勢ではパッキャオに続く快挙だった。

井上はツイッターを更新し、こう喜びを表した。

「日本人がこれまで誰も辿り着けなかった場所まで来た。」

文字通り、世界一位の評価を得た。階級の枠を超え、世界中の全ボクサーの中で「最強」の座を手にした。


私は再戦から半年が過ぎた二〇二二年末、もし、インタビューに応じてもらえるなら、ドネアが住む米ロサンゼルスまで飛ぼうと、陣営に接触した。しかし、チーム・ドネアの返答は「会うことはできますが、井上に関しての取材なら控えてほしい」というものだった。負けた試合を語りたくない。それはドネアがまだ闘い続けること、再び頂を目指すことを意味していた。

植田が思い出したように言った。

「あの時期、チームに取材依頼があったこと、覚えていますよ。ノニトはまだ井上戦の負けを消化できていないというか、『話したくない』と。ちょっと取材は無理でしたね」

チーム・ドネアにいる唯一の日本人。

井上との二試合、そばにはいつも植田がいた。

「ノニトも言っていますけど、キャリアの中でも一番と言っていいくらい大きな試合。WBSSの決勝と三団体統一戦。その二つで最強と言われる井上が相手というのも運命的だったと思う」

ドネアに対する気持ちはずっと変わらない。これからも試合があれば、どこであろうと飛んでいく。

「やっぱりフレンドリーだし、優しいですよね。ラスベガスに行ったら、ノニトが空港まで迎えに来てくれる。スーパースターとは思えないくらい気さくで紳士です。僕の中ではアメリカに住む親戚というか、ファミリーのような感じですね。僕たちの間で金銭のやりとりがないのが大きいのかもしれません。ボクシングという軸は共通でも、お互いに利益を求めていない。それに僕は、ノニトに世界中を旅させてもらっている。そこは感謝しています」

井上との再戦から一夜明け、チーム・ドネアは東京・渋谷にある大型ディスカウント店「MEGAドン・キホーテ」を訪れた。日本での恒例行事になっているショッピング。

植田はチームのメンバーをドン・キホーテに連れていき、「一時間後にまたここに戻ってくるから」と言って別行動をとった。

一時間後、ドネアを中心に男子のメンバーは店の前で待っていた。ドネアの妻レイチェルはまだ店内でショッピングをしている。お気に入りの化粧品に目がないらしい。

「いつものことだけど、ここに来ると本当に長いよな」

「あともう一時間くらいかかるよ」

「どうしようか」

「まあ、しようがないか」

みんなが口々に愚痴を言い、みんなで笑った。

なんだかんだ居心地のいい同窓会。

その横でドネアも楽しそうに微笑んでいた。

第十一章

怪物が生んだもの

Narváez Jr.

vs. ナルバエス・ジュニア
（アルゼンチン）

20××年×月×日　会場未定

偉大な父を追って

日々汗を流し、オリンピックを目指しているボクサーがいる。

オマール・ナルバエスの息子、ナルバエス・ジュニア・アンドレス。

あのとき、井上尚弥にKOされた父を見て、号泣していた少年だ。

聞けばジュニアは、ユース世代のアルゼンチン代表選手。十四歳で初めてアマチュアの試合に臨み、戦績は十二戦十勝二敗。敗戦は国際試合だけで、国内のバンタム級では敵なしのユースチャンピオンだという。

十九歳の二〇二四年パリ五輪には間に合わないかもしれない。目指すは二十三歳で迎える二〇二八年ロサンゼルス五輪での金メダルだ。

「父が到達できなかったオリンピックのメダルであり、金メダルですからね。それが今の目標です。父からは世界チャンピオンになるよりも、何戦も連続して試合をするオリンピックのほうがある意味、難しいと常に言われている。僕にとってもチャレンジ。追い掛けてみたいんだ」

アルゼンチンのパタゴニア地方北東部のトレレウで育った。二〇〇五年四月二十六日、生まれたとき、父のオマールはWBO世界フライ級王座を六度防衛中のチャンピオンだった。だからといって、父からボクシングを強制された覚えはない。

歩けるようになると、グローブをはめ、いつも父に纏わり付いていた。オマールは真剣な表情でシャドーボクシングをする。終わればミットにパンチを打ち込み、兄弟同士でスパーリングをする日も多かった。そばで父のまねごとをしながらパンチを放ち、ときどき教えてもらう。

「チャンピオンだった父がいかに真剣に取り組んでいたかを間近で見てきた。それは自分にとって小さい頃からの日常だったね。同時に、父からは一生懸命やること、続けることの大切さを教えられてきたんだ」

父の試合で最も古い記憶は五歳になったばかりの頃。二〇一〇年五月十五日、ブエノスアイレスのルナパークで行われたWBO世界スーパーフライ級王座決定戦だった。エベルト・ブリセノに大差判定勝ちで世界二階級制覇チャンピオンとなった。父の友人たちが普段見たことのないような顔つきになり、熱くなって声援を送っていた。見ず知らずのファンも歓声を上げている。会場の熱気と非日常の雰囲気に圧倒された。

「世界チャンピオンの意味やその偉大さは父を見て分かっているつもりだったけど、その試合は、父がどのように準備していたか、調整してきたかを意識的に見てきたからね。応援しているファンの熱もあって、余計にチャンピオンになることの大きさや意義を感じたんだ」

父がリングに上がるときは、国内であれば必ず会場まで足を運んだ。

普段から規律正しい父だった。他人にリスペクトを払うことを教えられてきた。何事においても目標を掲げ、没頭する姿に感銘を受けた。

「父はボクシングを離れても、リング上のイメージとまったく同じだよ。やっぱり父の教えは自分のためになっていたと思う」

ジムで練習する。父にボクシングを教えてもらう。だけど、将来について考えたことは一切なかった。

「試合があるから、一緒に日本に行くぞ」

父からそう言われたときは嬉しかった。初めて異国の地へ飛び立つことになった。

「九歳で海外に行けるなんて本当にワクワクしたよ。父はアルゼンチンでも『国際レベルの選手』と言われていたけど、実際にこの目でその姿を見られるからね、楽しみでしかなかったよ」

二〇一四年十二月二十三日、ドーハ経由で成田空港に到着した。

試合まで一週間。父は最終調整のため、横浜市内の大橋ジムで練習をする。足手まといにならないように、一緒に付いていった。

大橋ジムに一歩足を踏み入れると想像もしていなかった景色が目に飛び込んできた。体に電流が走った。自分と同年代と思われる小さな子どもたちが真面目にボクシングに取り組んでいる。一生懸命、拳を突き出し、汗を流していた。試合に向けて父が練習するのと同じように、集中してミットを叩いている。これは遊びではない。本気でボクサーになろうとしている。強くなるためのトレーニングだ。しかも二人や三人ではない。大勢の子どもが脇目も振らず練習に励んでいた。

アルゼンチンでは見たことがない風景だった。

「すごく驚いたし、感銘を受けました。だって、自分は遊びの延長というか、特に深いことを考えずサンドバッグを叩いていたからね。将来については何も考えていなかったんだ。でも、日本では同い年の子たちが、おそらくプロボクサーを目指し、本気でやっている。そのときハッと思いついたんだ」

これまで遠く別世界だったボクサーが急に身近な存在になった。心の中に「プロボクサーか……」と初めて刻まれた瞬間だった。

その後も父の後ろに付いて、公開練習や記者会見、計量を見学した。会見では煌びやかな金屛風を背景に、父がファイティングポーズを取り、カメラマンがシャッターを切る。刺激的な毎日で試合当日まであっという間だった。

リングで泣いていた少年

十二月三十日。会場の東京体育館に入ると、徐々に父や周囲の雰囲気が変わってくるのが分かった。緊張が高まってくる。叔父のネストルが第一試合に出場し、井上拓真に敗れた。父はメインでWBO世界スーパーフライ級王座十二度目の防衛戦として、井上と闘う。ジュニアは赤いチャンピオンベルトを持って、父を先導するかのように入場することになっていた。

セミファイナルが終わり、控え室を出て準備に入る。

まずはチャレンジャー井上の入場だ。場内が暗転した。スモークがたかれ、青いカクテル光線が飛び交う。大音量の音楽が流れる中、挑戦者がリングへと向かう。観客は盛り上がっているようで大歓声が聞こえてきた。

今度は父の入場だ。二人だけで入場ゲートへとつながるエレベーターのような昇降機に乗った。ゆっくりと上がっていく、観客にチャンピオンベルトがはっきり見えるように、両手で高く掲げた。その横で父がシャドーボクシングをしている。

二人にスポットライトが当たる。まるで映画俳優になったようだ。スモークと黄色いカクテル光線が視界に入ってくる。華やかな世界だった。入場ゲートでもう一度頭の上までベルトを持ち上げ、父がチャンピオンであることをアピールした。

「アドレナリンが出たし、会場を埋め尽くしている井上のファンを見ると、一気に緊張してきたんだ。敵のファンが多いけど、絶対に父が勝つ。そう思っていたね」

入場口でセコンドに就く父の兄マルセロ、弟のネストルらが合流し、花道では肩車をされ、高く持ち上げられた。ベルトを掲げたまま、父が歩く後ろをリングへと向かう。赤コーナーの花道に日本のファンが集まってきた。声援も聞こえる。多くの観客が父とタッチしようと手を差し出してきた。父に続いて、ロープをくぐってリングに入った。

アルゼンチン国内の試合会場とは明らかに雰囲気が違った。母国では誰もが父の名前を叫び、応援してくれる。だが、圧倒的に井上への歓声が大きかった。アウェーを初めて体感した。

リングアナウンサーが紹介している間もずっと赤いベルトを持っていた。これは父のものだ。

「WBO世界スーパーフライ級チャンピオン、オマール・アンドレス・ウラカン・ナルバエス」

コールに合わせて、もう一度ベルトを高く持ち上げ、目立つように上下に揺らした。

「ナルバエスー！」

日本のファンが父の名前を大きな声で叫ぶのが聞こえた。リング上でもずっと父のそばにいた。興奮して、舞い上がっているのが自分でも分かる。

「恐怖と誇りが混ざった初めての感情でした。やはり日本という敵地、アウェーだったので。だけど、異国の地なのに父も日本のファンに認知され、応援されているのを聞いて誇りに思いましたね」

試合開始のゴングが鳴った。

赤コーナーの下からリングを見上げる。

大歓声が上がった。それで気付いた。

父がリングを這っている。まだ開始から三十秒しか経っていない。

「おい、嘘だろ！」

これまで父のダウンを見たこともなければ、想像したこともなかった。

「落ち着かないというか、そわそわして、焦ってきました。リング上の父を見て、悲しみでいっぱい。でも一番は驚きでした」

立ち上がった父へ声援を送る。何と言ったのか分からない。ただただ叫んでいた。

今度は父が転がるように倒れた。二度目のダウンだ。

もうここからは覚えていない。呆気にとられている間に父がテンカウントを聞いていた。

二ラウンド三分一秒、ＫＯ負け。

試合終了のゴングが鳴った。

だが、それは始まりを告げる鐘でもあった。突然、思いがけない感情が湧き上がってくる。

「『ナルバエス』の名前をここで終わらせたくない。ボクサーになろう」

この瞬間、父と同じ道を歩むことを決めた。

「怪物」が新たな「ボクサー・ナルバエス」を生んだのだ。

「父が負けた瞬間、もう一気にガラッと世界が変わったんだ。ボクサーになるんだ、と。国際的な試合会場の雰囲気を体感できた。それを含めて興奮していたんだ。父は負けたけど、自分自身がもう一人の世界チャンピオンになればいいと思いましたね」

リングを見上げると、父がセコンドに頭と首を押さえられ、赤コーナーに戻ってきた。井上はセコンドと喜び合い、肩車をされ、ぐるりとリング上を一周していた。

居ても立ってもいられなくなり、赤コーナーからリングに上がりロープをくぐって、父のそばに歩み寄った。熱いものが込み上げてくる。涙が流れてきた。止まらない。右手でこぼれ落ちる涙を何度も拭った。

「父の顔を見て、急に感情が溢れてきました。あれは驚きの涙でした。父がダウンをして負ける。想像することもなかったことの連続で……。やっぱり勝ちを信じていたので。負けてしまった。それなのに、自分自身は何もできない無力さがありました」

つい数分前まで手にしていた赤いベルトが井上に渡り、その腰に巻かれている。

コーナーの椅子から立ち上がった父のそばに寄り添い、ずっとリング上の景色を眺めていた。ただ呆然と見つめていた。勝利者インタビューが始まった。何を話しているかは分からない。終わると、井上が父に歩み寄ってきた。父は両手で握手を交わしていた。

すべてを見届け、父と一緒に井上陣営に頭を下げ、リングを降りた。

誇りは金よりも価値がある

アルゼンチンのトレレウでは、もう一人、未来のボクサーがテレビ画面を凝視していた。ジャン・ナルバエス。十一歳のときだった。

父はネストル・ナルバエス、オマールは伯父にあたる。いとこのジュニアより二歳年上だ。東京との時差は十二時間。朝六時に始まる生中継のため、早起きして、テレビの前でずっと待っていた。第一試合の父の試合は既に終わり、放送されなかった。どうやらアルゼンチンでは翌日、録画で流されるらしい。画面にはロンドン五輪の金メダリスト、村田諒太が映っていた。

ボクシングで最初の記憶は六歳になったばかりの頃、トレレウの隣町、マンデリンで行われたオマールの世界タイトルマッチだった。会場を埋め尽くした満員の観客は興奮し、歓声を送っていた。背の小さな伯父さんが、背の高い米国人をまったく寄せ付けず、一方的に殴り続ける。挑戦者のリョーンタ・ホイットフィールドに十回ＴＫＯ勝ち。ＷＢＯ世界フライ級王座の十五度目の防衛に成功した。いとも簡単に勝ってしまう姿に衝撃を受けた。まさに英雄だ。それ以降、伯父と父の試合は記憶に刻まれてきた。

最も印象に残るのは、二〇一四年九月十九日、オマールとフェリペ・オルクタとの再戦だった。最初の対戦は接戦となり、際どい判定の二―一で伯父は勝利をもぎとった。約一年四ヵ月後、再び対峙し、判定二―〇ながら、ジャンには完封に見える勝利だった。研究し、万全の準備をして、リング上で体現する。オマールはなんて強いんだろう。WBO世界スーパーフライ級王座十一度目の防衛を果たした。そんな伯父が誇らしかった。

「自分にとってオマールは生きる伝説。伝説というだけあって、勝つだけでなく、試合内容も伴っていた。スピード、技術に溢れたファイトスタイルで観客を魅了していた。実績、長期防衛は記録にもなっている。そういった面でも伝説だし、誇りに思います」

オマールの強さが刻まれたオルクタとの再戦から約三ヵ月。

テレビ画面に映る伯父は、「ナオヤ・イノウエ」という若者にダウンを奪われた。

「おい、嘘だろ‼」

テレビに向かって叫んだ。強さの象徴である、あの伯父さんが何度も倒されている。親族にとって、痛ましいシーンだった。

二ラウンドで終わってしまった。呆気にとられ、テレビ画面を見つめていた。放心状態で音が耳を通過し、頭に入ってこなかった。

数日後、試合を終えた伯父と父がトレレウに帰ってくる。二人はどんな様子なんだろう。そんな心配をよそに、オマールもネストルも大きなけがを負わず、帰ってこられたことに安心しているようだった。

「とりわけ変わったことはなかったんですけど、驚いたのはオマールが今まで通り練習を始めたことです。何もなかったかのように、当たり前のように練習していたんです。年齢のこともあるのに、これまでと一切変わらない姿に、僕は逆に驚きましたね」

伯父はこれからもボクシングを続けるという。

ジャンはオマール・ナルバエスジムを訪れ、意識的に伯父の練習を見学するようになった。

普段は明るく陽気なオマールだが、トレーニングの時間になると人が変わる。温和な伯父さんが集中力を研ぎ澄ませ、自分の世界に入っていく。試合が近づけば、対戦相手を想定した練習に入り、いくつものパターンを反復していた。

「オマールは試合の準備をすごく大切にしていた。百％の準備ではなく、百二十％とか百五十％の準備をしているように見えたよ」

井上戦から約十ヵ月後、伯父の再起戦は二人のジャッジがフルマーク、残り一人が八ポイント差をつける大差で判定勝ち。その三ヵ月後には七回ＴＫＯ勝ちを飾った。

闘いに向けた練習やリング上のファイトを間近で見ていると、これまでにない感情が芽生えてきた。

自分自身を試してみたい。自分もプロボクサーになって世界チャンピオンになりたい。

伯父が井上に敗れてから一年半、ジャンが十三歳のときだった。

ボクシングをするうえで、印象に残っているオマールの言葉がある。

誇りは金よりも価値がある——。

「オマールが他の人と話しているのが聞こえてきたんだよ。大切なのはお金ではない。ボクサーとしてのプライドであり、信念。自分を持ち続けることなんだ、と。ずっと耳に残っているね」

アマではフライ級で闘い、戦績は十六戦十一勝四敗一分け。地域大会では優勝経験がある。

ジャンがボクサーとしての夢を語る。

「二十代の早い時期にプロボクサーになって、世界チャンピオンを目指したい。今は練習のやりすぎで肩の靭帯を切ってしまい、ちょっと休んでいるんだ。何歳になっているか分からないけど、将来的には成長して井上と闘ってみたいんだ」

井上戦を見てプロボクサーを決意

ジュニアはオマール、ネストルとともに日本からアルゼンチンに帰国すると、父に告げた。

「ボクサーとして試してみたい。真剣にプロボクサーを目指したいんだ」

「本当か？　本当にやる気なのか？」

父がジュニアの顔をじっと見つめてきた。二人とも視線を逸らさない。すると父は言った。

「やるなら頑張れよ」

オマールは息子の表情から本気を感じ取った。言い聞かせるように続けた。

「やるからには遊びじゃなくて、真剣にやれ。いいか、遊びじゃないんだぞ。規律を守ること、継続すること。この二つを最大限に保って、やるなら真面目にやりなさい」

これを機に、ジュニアは父への見方が変わった。ジムではもう父親ではない。トレーナーであり、師になった。

井上戦から再起を目指すオマールの横でトレーニングを開始した。

父は自身の練習をこなしながら、アドバイスを送ってくれる。まずは基本的な技術を学んだ。

父は論理的に説明してくれる。なぜ、このパンチが必要なのか。この動きをするときには体のどこを意識しなくてはならないか。反復練習で動きと技術のレベルを上げていった。

十一歳になった頃だった。二歳上のいとこ、ジャンも本格的にボクシングを始め、チームに加わった。

二人で夢を語り合う。

「将来、世界チャンピオンになって、世界中を旅できたら面白いな」

オマールとネストルの関係が、そのままジュニアとジャンに引き継がれた。

ジュニアは練習を重ね、技術が向上するにつれ、世界チャンピオンへの思いが強くなっていった。だが、アルゼンチンでは十四歳になるまで試合に出られない。十四歳以下の大会は存在しない。そもそも、大橋ジムで見たような同世代でボクシングに励んでいる者は皆無だった。将来的により強くなるためには、アマチュアで技術を磨き、経験を積むこと、アルゼンチン代表となり、オリンピックを目指すことが必要ではないかと考えるようになった。

十四歳になると、すぐにアマチュアの試合に出場した。父からは練習段階からテーマを与えられ、経験を伝えられた。初めてのリングでも力以上のものを発揮できた。以降、試合には必ず父がセコンドに就く。

「リングに上がったら、もう親子関係はない。オマールは信頼できるコーチ。ずっと長く一緒にやっているから本当に心強いんだ。今のところ、他のコーチは考えられないね」

いつも父がそばにいる。生まれたときからオマールのボクシングに憧れ、見て学び、今はコーチとして教えを請う。

「僕はカウンターを基にしたボクサータイプだと思う。スピードに関しては父ほどではないけど、その点を埋め合わせるため、クレバーなボクサーになろうと努めているんだ。堅実に一発で決めることを心掛けているね」

オリンピックの先にはプロのリングがある。

「もちろん世界チャンピオンになりたい。各団体のベルトを統一したいし、複数階級制覇も目指したいと思っているんだ」

父が負けたあの日。それはジュニアがプロボクサーを決意した日でもあった。「ナルバエスの名前をここで終わらせたくない」「自分自身がもう一人の世界チャンピオンになればいい」。その感情が湧き上がってきたとき、目の前には「怪物」がいた。父を倒したチャンピオン。ボクサーの出発点は井上だった。アマチュアとはいえボクサーになり、ジュニアは井上をどう見ているのか。何か感じることがあるのだろうか。

「井上が父に勝ったことは別にして、僕は井上の大ファンだよ。いつも彼の試合を見て勉強しているし、自分の中では井上がパウンド・フォー・パウンドの一位。一発一発のパンチ力と爆発力。相手に与えるダメージの強さ。同じ体重のボクサーを相手にして、あんな選手は見たことがないだろ？　凄いボクサーであることに間違いないよ」

父の言葉に耳を傾けながら、一緒に井上のビデオを見る日が多い。

つい、十日ほど前もそうだった。

二〇二二年十二月十三日。バンタム級で世界三団体王者の井上はＷＢＯ王者のポール・バトラーと対戦した。序盤からＷＢＯ王者を圧倒する。相手は堅い防御姿勢をとり、一向に前へ出てこない。

そんな場面を見ながら、オマールは言った。

「リング上で井上に攻勢をかけられると、闘っている相手はすごく怖いんだよ。みんな、井上がどんなパワーを持っているか、知っているからね。そうすると守備的になり、手を出せなくなるんだ」

バンタム級でも井上のパワーは群を抜いていた。気圧《けお》され、ガードを固めてロープを背負うボクサーの気持ちを代弁しているかのようだった。

「でもね、井上からしたら、あれだけ防御を固めた相手をＫＯするのは難しい。そこはリラックスして、おびきだしてカウンターを狙うしかないだろう。攻勢をかけるより、カウンターに切り替えたほうが、相手をより支配しやすくなることがあるんだよ」

ジュニアは頷きながら、画面をじっと見つめていた。父の予言通り、井上は両手を後ろに回し、顔を突き出す挑発的なポーズを見せ、相手を誘い出す。観客はどっと沸いていた。一方的な展開で十一回ＫＯ勝ちし、世界四団体の王座を統一した。世界でも九人目の偉業であり、四本のベルトをすべてＫＯで奪う史上初の快挙を成し遂げた。バンタム級にもう敵はいないだろう。最強の証しである四本のベルトを腰と肩に巻き、リング上で一階級上げることを宣言していた。

井上の試合後はオマールと感想を言い合う。

「父と僕が口を揃えて言うのは、スケールの大きい、規格外の選手だし、現在のボクシング界において、彼と肩を並べる選手はいないということ。それはよく話しますね」

そう言うと、ジュニアは私の顔をちらりと見て、言葉に力を込めた。

「彼の大ファンだけど、いずれ闘えるチャンスがあればね。今の井上は父と闘ったとき以上のモンスターになっている。もし、そんな進化したモンスターと闘える日が来るなら、誇りに思うよ」

未来の対戦相手

息子は赤ちゃんの頃から遊びとはいえ、いつも何かを叩いていた。

あれは五歳のときだった。グローブを外すのを嫌がり、取り上げようとすると、首を振った。オマールは六人の子どもたちに何かを強制したことはない。サッカーを楽しむ息子もいる。ジュニアからは生まれ持ったボクシングへの情熱を感じ取った。

「『お父さんがボクサーだから始める』というのは良くないと思っていた。率直に言えば、ジュニアがボクシングの道を決心してくれたのは嬉しいよ。自分で感じるものがないと意味がない。すべてはパッションなんだ。私がそうだったように、自分のやっていることを心から感じてほしい。もし、内に燃えさかるものがあるなら、彼はきっと遥か遠いところまでたどり着けるだろう」

父の顔になり、穏やかに言った。

オマールは青年期に指導者がいなかった。試行錯誤し、遠回りして歩んできた。ジュニアには自分が学んできたこと、経験してきたことを理論的に体系立てて伝え、近道を教えられる。それもまた喜びだった。ひいき目なしに息子には才能を感じる。だからこそ、自らのボクサー人生に終止符を打ち、ジュニアの指導に専念したいと考えた。

「テクニックやセンスなら、私なんかよりずっといいものを持っている。クオリティや才能は溢れ出ている。私は彼の年ではまだボクシングをやっていなかった。ジュニアは既に米国やスペインでの国際大会も経験しているからね。でも、ここからが長い道のりだ。『ナルバエス』という名前に頼らず、気にせず、キャリアを積んでいってほしい」

オマールは指導者としての夢を「自分の周りをチャンピオンで埋め尽くすこと」と言った。その中心にジュニアがいるのではないか。「親の敵《かたき》」ではないが、いずれ井上と闘うことを夢見ているのではないだろうか。私はオマールにそう尋ねた。

「私は井上に敵愾心《てきがいしん》を持っていないし、そんなふうには見ていない。井上のボクシングキャリアの発展を見届けられて嬉しいし、私は井上を見続けられたら、それで満足なんだ」

そう言って穏やかに首を振った。

「井上のことをいずれ倒さなければならない相手だと思ったことはないよ。本当に一度も敵愾心のようなものを持ったことはない。私のボクシングに対するコンセプトは情熱なんだ。敵を叩き潰すとか、個人的な思いにかられることはない。彼はパーフェクトなレコードを持つボクサーだし、私の中では彼こそがパウンド・フォー・パウンドの一位だよ」

ナルバエス家に私怨はない。

オマールとジュニアをインタビューした翌日、二人の練習を見させてもらった。オマール・ナルバエスジムは二人の空間だった。

父が水色の長いスポンジを両手に持ち、サウスポースタイルのジュニアがそれをめがけて素早いパンチを放った。ときに父のスポンジがパンチのように伸びてくる。しっかりガードし、再びコンビネーションで打ち返した。

一つの動きを終えると、父は必ずひと言二言アドバイスを送る。スポンジからミットに持ち替えると、ジュニアが放つ小気味よい、乾いたパンチの音がジムに響き渡った。リズミカルな動きは確かにセンスを感じさせる。動きが俊敏かつ、しなやかだ。父はミットを持っているだけではない。パンチを放ち、攻めてくる。息子は避け、ミットにパンチを打ち込んだ。

しばらくすると、オマールが手本を示し、それと同じ動きをジュニアが繰り返す。どうやら重心移動と、下半身からの力がしっかりと拳に伝わるフォームを指導しているようだった。

約一時間続き、休憩に入った。

ジュニアは汗の染みこんだグローブを外し、リングの横に置いて、腰を下ろした。

私は近づき、問い掛けた。

「たぶん、あなたは自分が思っている以上に日本で知られていますよ。みんなが応援していま す」

父・オマールのミットにパンチを打ち込むジュニア

　するとジュニアはタオルで汗を拭いながら照れくさそうな笑みを浮かべた。

「うん、ナルバエスという名前を背負っているから応援してくれるのは分かるんだ。国際レベルで好成績を収めるのをみんなが待っている、そんな期待を感じています」

　私に向かって、椅子に座って、という仕草をした。

「いつもこうやって二人で練習しているんだね」

「父は熱心に、すごく丁寧に教えてくれますよ」

「お父さんは、引退する理由の一つとして『息子を指導するため』と言っていたもんね」

「えっ、それは知りませんでした……。

そうか、確かに辞めたのは僕が十四歳の

ときか。特にこの数年はパンデミックだったこともあって、一緒にいる時間が増えたし、見てもらう機会が増えたんだ。トレーナーとして百%見てくれるよ。父は他に何か言っていましたか?」

「自分なんかよりボクシングセンスがあると言っていたよ」

「父は今の僕の年くらいから始めたから。そういった意味かもしれないね。競技自体すごく進化していて、この世界で輝きを放つためには若い年齢から練習を積まないといけない。でもね、父のインテリジェンスというか、難しい試合でも難解な相手であってもスピーディに分析をして、有利な展開にしてしまう頭の良さは参考にしたいんだ」

私には一つ、聞きたいことがあった。

「オマールと井上が闘ってから八年経つけど、すごく鮮明に覚えているんだね」

「あの日のことは全部はっきりと覚えている。あの日だけではなくて、初めての海外となった日本での出来事、すべてを覚えているんだ」

少しずつ顔が紅潮していく。

「父のそばで、できる限り学び、楽しむつもりでいたんだよ。だけど……。日本で目にしたもの、耳に入ってきた音、体験したことを忘れることはないよ」

そんな話をしていると、ジムにオマールの妻、上から五番目と六番目の子どもがやってきた。この日はクリスマスイブだった。

「せっかくだから、家族の写真を撮ってくれないか?」

五人がリングに入り、中央に座ったオマールから幸せそうな笑みがこぼれた。あまりにいい表情で、私はオマールのところにカメラを持っていき、撮ったばかりの家族写真を見せた。すると、右親指を突き出し、何か思い出したかのように言った。

「ドネアと井上という、私が負けた相手は素晴らしかった。ボクシング人生を振り返ったとき、負けた相手も良かったかもしれないね」

私は頷き、何かを話したそうにしているオマールの顔色を窺った。

「井上と対戦したのは三十九歳のときだったんだ。あのとき、井上は何歳だったんだい？」

「二十一歳ですね。十八歳差ですよ」

私の答えを聞き、ジュニアが話に入ってきた。

「僕と井上は十二歳差だよね……。ほら、それなら父さんと井上より、井上と僕のほうが近いんじゃない？　年齢的に実現するのは不可能ではないんじゃない？」

ジュニアは何やら計算をしているようだった。

「井上が三十九歳のとき、僕は二十七歳でしょ。井上が三十五歳で二十三歳か……」

その話を聞いて、オマールが私に尋ねてきた。

「ドネアと井上は何歳違ったんだい？」

「うーん、十一歳ですね」

「井上とジュニアは年齢でいえば、ドネアと井上くらいの差か。可能性があるわけか……。そういった闘いになれば、それは面白いね」

オマールの中で、ジュニアの未来の対戦相手として、初めて井上尚弥が刻まれた。

二人は練習を再開した。

リング上で向き合い、ジュニアがオマールのミットをめがけて、右、左、右とスピードに乗ったコンビネーションを繰り出した。何度も繰り返す。二人とも汗だくになり、練習は熱を帯びてきた。

今度は単発で思い切りパンチを放つ。ミットを標的に見立て、一発一発に体重を乗せ、ありったけの力を込めた。

「もっともっと拳に力が伝わるように。意識しろ」

オマールの声がジムに響き渡る。

ジュニアが頷き、父のミットに左ストレートを打ち込んだ。

エピローグ

ボクシングを変えた男

体と頭を冷やすため、自宅の最寄り駅近くにあるファミリーレストランに入った。猛暑のせいだけではない。凄い試合を見た。興奮とまたも書ききれなかった悔恨がない交ぜになった複雑な気持ちを整理してから自宅へ帰りたかった。

二〇二三年七月二十五日、ＷＢＣ・ＷＢＯ世界スーパーバンタム級タイトルマッチで、挑戦者の井上尚弥が二団体統一王者スティーブン・フルトンから八回ＴＫＯ勝利を収め、二本のベルトを巻くとともに、世界四階級制覇を成し遂げた。

プロに入り、最も難敵と思われたフルトンに対し、第一ラウンドから相手との距離感を把握し、王者が得意なジャブの差し合いで上回った。スピードで、パワーで、頭脳で圧倒し、左のボディージャブで腹を意識させてから顔面への右ストレート。相手がよろめいた瞬間、拳に体重のすべてを乗せた左フック。立ち上がった王者に連打を浴びせ、試合を終わらせた。階級を上げたスーパーバンタム級初戦にもかかわらず、衝撃のＫＯシーンだった。

佐野友樹が「最初の一分くらいで把握された」と語った距離感、ジェイソン・モロニーが「知らぬ間にコントロールされていた」と振り返る頭脳、田口良一が感じた「絶対に仕留めるという殺気」のフィニッシュ、オマール・ナルバエスが体感した階級を上げた初戦での強さ。これらすべてが凝縮されたような試合だった。

二十五戦全勝二十二ＫＯ。毎試合のように圧倒的な強さを示し、想像を遥かに上回る勝ち方で見ている者の度肝を抜く。その意味で井上はずっと変わっていない。

だが、周囲は変わった。

井上の初めての世界戦となったアドリアン・エルナンデス戦の観衆は四千三百人だった。スーパーフライ級時代の試合会場は空席が目立った。それがフルトン戦では東京・有明アリーナの一万五千席を求め、応募総数は十万件を超えた。当選したチケットはプラチナペーパーと化し、ボクシング関係者でさえ、「チケットがとれない」という嘆きの声を何度も聞いた。

私は日本ボクシングコミッション（ＪＢＣ）本部事務局長の安河内剛の言葉を思い出した。

「これまでテレビに出て知名度を上げたり、パフォーマンスやキャラクターで注目を集めたり、サイドストーリーで人気になる選手はいました。ところが井上選手はタレントではなく、一ボクサーとして、強い、凄いと一般の方から認知されている。『あの強い人でしょ』と言われる。それはかつてないことです」

ボクシングは時代ごとにスターを輩出してきた。だが、井上はバラエティー番組などのテレビ出演を極力自制し、試合前後の舌戦や挑発もしない。リングに上がり、二つの拳だけで熱狂を生み、今の地位と人気を築き上げた。多くの人々が井上の試合に魅了されている。

「ボクシングって、実はすごく分かりづらい競技なんですよ」

安河内はそう言って続けた。

「我々がスピードや技術が凄いと思っても、一般の方からすれば『何が凄いの？』『どっちが勝っているの』となってしまう。だけど、井上選手の場合、試合を見れば強さが伝わるんです。血が出るボクシングはスポンサードがつきにくいのに、『ＮＴＴドコモ・プレゼンツ』とトップ企業が興行の冠になっていることからも世間の評価が分かりますよね。ある意味、一人のボクサーが時代、業界を変えちゃうんだから稀有な怪物です。井上選手ほど、ボクシングそのものを変えた人はいないんじゃないですか」

ボクシングは昭和の時代から長らく地上波テレビとともに歩んできた。井上の試合は二〇二一年十二月十四日のアラン・ディパエン戦を皮切りに、ＮＴＴドコモ、Ａｍａｚｏｎプライムビデオなどの動画配信サービスになり、看板コンテンツとして認知された。外出先や移動しながらスマートフォンで観戦できる配信の時代に突入し、ボクシングの視聴形態を変えた。ある時期まで、時代が井上の存在に気付いていなかった。だが、井上が振り向かせ、時代と手を繋ぎ、今や引っ張っている。

勝者の礼儀

私はこれまでの試合前と同じように、フルトン戦まで一ヵ月を切り、大橋ジム内が緊張感に漂う中、井上をインタビューした。リングのそばに座り、向かい合う。大一番の前にもかかわらず、練習後の井上は柔らかい表情で「この試合、本当に楽しみしかないですよ」と微笑んでいる。

かつて井上との対戦を避けるボクサーは多かった。しかし、米国の王者フルトンは周囲の反対を押しきり挑戦を受け入れ、日本までやってきた。試合会場にはもう一人の二団体王者、フィリピン出身のマーロン・タパレスまで駆けつける。今や世界中から井上との対戦を熱望するボクサーたちが列をなし、選ばれし者しか対峙できない。そんな状況を踏まえて、私はこう尋ねた。

「以前と違って、みんなが井上尚弥と闘いたがっている。対戦することで箔が付くというのか。それを感じますか？」

すると、井上はリングの四方を囲むロープに刻まれた「ｄｏｃｏｍｏ」のロゴを見て、私に目配せをした。

「これですよ、ドコモのお陰ですよ。もちろん、自分がＰＦＰで上位にランクされているのもあるでしょう。それにプラスして、日本でやれば何倍ものファイトマネーがもらえるというのも相手にとってデカいと思いますよ。勝っても負けても、闘う価値があるというのかな」

各メディアが独自で設定する、全ボクサー対象の最強ランキング「ＰＦＰ（パウンド・フォー・パウンド）」において、どれを見渡しても井上はトップ３に名を連ねる。世界が認める実力に加えて、配信サービスやスポンサーの影響は大きく、高額のファイトマネーを捻出できる仕組みを生みだした。

フルトンは交渉段階で「富と名誉を得られるなら、こちらから日本に行く」と語り、これまでと一桁違う報酬を手にした。世界チャンピオンにも富をもたらし、井上と闘えば、ボクサーとして世界の注目を集めることができる。

井上は世界屈指のボクサー、正真正銘、スーパースターの座に就いた。

どうしたら井上の強さを紐解けるのか。本人に聞くのが一番だろう。だが、井上は終わった試合についてあまり多くを語らなかった。相手の評価もしない。あくまで焦点は現在の自分自身にあり、常に前を向いている。過去よりも今、次を意識する。もちろん、試合での攻防やフィニッシュシーンなど井上自身に関することは丁寧に話してくれる。しかし、突き詰めていくと「あれはもう感覚なんですよね」と「感覚」という言葉を多く用いた。最後の部分で言語化できないところに行き着く。井上にしか分からないリング上の世界があるのだろう。

確か、私が「怪物に敗れた男たち」と題し、佐野友樹と河野公平についての原稿を「現代ビジネス」に記した後だったと思う。井上から「読みましたよ」と伝えられた。「どうでした？」と聞くと、少し考え、困ったような表情に変わった。

「うーん、なんて言えばいいんだろう。どうしよう……」

そう言って、口をつぐんだ。井上は試合の勝者であり、何かを語ることは対戦相手に礼を欠くと考えているようだった。

当然ながら、過去の対戦相手を気にしていないわけではない。私が中南米の取材から帰った後のインタビューでは「行ってきたんですよね」と強く興味を示し、「どうでした？」と問い掛けてくる。闘った者同士にしか分からない特別な感情がある。

井上本人から強さの要因を引き出せないなら、対戦相手に聞くしかない。敗戦を語ってもらうことに逡巡しながら私が佐野を初めてインタビューしたのが、二〇一八年十月十五日。もう五年が経つ。井上の強さに迫りたい、拳を交えた者にしか分からないことを聞き、伝えたいと取材を始めた。続けているうち、学生時代、後楽園ホールでアルバイトをしたときのことを思い出した。試合後、ボクサーの控え室に行き、グローブを受け取る。なぜか、勝者よりも重く感じた敗者のグローブ。敗者の言葉を汲み取り、彼らの人生も描きたいと思うようになっていた。そして、メキシコで自暴自棄となったアドリアン・エルナンデスと会い、アルゼンチンではオマールから「メディアは井上がリング上で繰り広げていることをいとも簡単にやっているように扱っている」と告げられ、自分の中での責任感は増した。

命懸けで闘ったから

取材は驚きの連続だった。

対戦相手は時間を気にせず、ずっと井上戦の話をしてくれる。日本人に限らない。メキシコでもアルゼンチンでもインタビューで一時間半、二時間と向き合い、その後も一緒の時間を過ごした。中南米取材を終え、同行したボクシングコーディネーターの信藤大輔が首をひねった。メキシコ在住二十二年、数々のボクサーをインタビューしてきた信藤には信じられないことだという。

「なんで、こんなに長い時間話してくれるんでしょうね。メキシコでインタビューと言えば、二十分くらい。どんなに長くても三十分いかないかな。こんなに長い時間、真剣に話してくれることはないですよ」

私と外国人ボクサーの間には「井上尚弥」という共通項しかない。井上のことを聞き、話し、知らずに時間が過ぎている。次第に打ち解け、その後も時間を共有する。

さらに驚いたのは、すべての選手が試合の詳細、そのときの感情を克明に覚えていることだ。当初、試合のビデオを一緒に見ながら話を聞いた。だが、まるで昨日拳を交わしたかのように、展開やラウンド数、被弾した場面や勝負にいった瞬間の気持ちを語るボクサーを目の当たりにし、ビデオは必要ないのではと思うようになった。

私は学生時代に山際淳司の名作「江夏の21球」を読み、プロ野球選手の洞察力と記憶力に驚いた。だが、今回の取材ではボクサーのそれに驚嘆し、恐れ入った。コンマ何秒の瞬時に切り替わる攻防でここまで深く考えているのか。なぜ、鮮明に覚えているのだろうか。元世界チャンピオンの飯田覚士と話す機会があり、どのように脳裏に刻まれているのかを尋ねた。

「パンチが当たる、パンチを避ける動作には一秒もないんですが、本当に漫画のコマで描写されるような世界なんです。野球漫画で投げてから打つまでに何ページも進んじゃうみたいな。あれは嘘じゃなくて、ボクサーもああいう感じで、その瞬間にいろんなことを考えています。自分も倒されたとき、しまったと思って、ああ、バランスを取らなきゃと思いつつ、でも効いちゃっていて目を閉じているから危ない、じゃあガードをしなきゃ、いや、目を開けてもう一発打とうとか。そうしているうちに、これ以上は堪えられないと倒れる。そんな感じなんです」

フルトン戦直後だった。佐野からスマートフォンにメッセージが届いた。

「井上選手、勝ちましたね。凄すぎて正直理解できないです。どこまで行くのか、想像もつきません」

私はすぐに電話をかけた。なぜ、井上と闘ったボクサーはあそこまではっきりと試合を記憶しているのか。あらためて聞きたかった。

「僕が思うに、命懸けで闘ったからじゃないですか。プロアマ通じて百試合近くやっていますけど、正直言って覚えていない試合のほうが多いんです。井上君と闘って燃え尽きたボクサーもいるだろうし、やりきれなかった人もいると思う。だけど、リング上で体感する井上君は特別で、一瞬一瞬が命懸けになる。もうね、本当に一瞬一瞬なんですよ。だから、しっかり覚えているんじゃないですかね」

そう話す佐野の口調はどこか誇らしげだった。井上と闘った男たちに共通する雰囲気が伝わってくる。拳を交え、リングを這い、辛酸をなめた。結果は敗れた。だが、彼らは敗者なのだろうか。取材をするたび、ずっと思っていた。

佐野は井上の話を続けた。

「彼の活躍のお陰もあるんだろうけど、あの試合で闘っている最中のことをさらに細かく思い出すことがあるんです。それとね、井上君の試合を見るたび、こんな偉大な選手と試合をしたんだなと思うんです。今でも仕事関係の人に言われますよ。『よく井上とあんな試合をしましたね』

って。ボクサー冥利に尽きます。本当に井上君のお陰ですよ。僕が想像できなかったくらい、活躍してくれていますからね」

敗者は勝者に夢を託し、勝者は何も語らず敗者の人生を背負って闘う。井上は佐野の人生にも光を当て、輝かせている。それが本物のチャンピオンなのだろう。

勲章

井上と闘った誰もが、絶望を味わう。

だが、やがて立ち上がり、また次の闘いへと挑んでいく。

怪物に敗れた男たち。

彼らは敗者なのだろうか。

多くのボクサーが対戦を避ける中、強者に向かっていった佐野と河野。

敗戦を糧に世界チャンピオンに上り詰めた田口とモロニー。

故郷にいる大勢の家族のために闘い、富を得たパレナス。

一族の夢へもう一度立ち上がろうとしているカルモナ。

自らの敗戦をきっかけに、息子に夢ができ、一緒になって追い掛けているオマール。

二度の失意から這い上がり、絶えず仲間思いのドネア。

人生の大きな勲章を手に入れて、誰もが次に進むための糧を得た。

そして、私は取材を通して、彼らに心を奪われ、時に励まされているようだった。強い者に立ち向かうことの大切さ。敗れても、それを受け入れ、教訓にすることを教わった。五年間、何をしているときも、ずっと彼らの生き様が頭の片隅にあった。

中南米の取材から帰国後、エルナンデスが口にした「思い出してくれてありがとう」という言葉が脳裏から離れなかった。どこかから「コツ、コツ、コツ」とテーブルを叩く音が聞こえてきそうだった。

しばらくすると、メキシコから私のＬＩＮＥに写真が送られてきた。

そこには髪の毛の両サイドを刈り上げ、色艶のいいエルナンデスが映っていた。右手の親指を突き出し、ＷＢＣ会長のマウリシオ・スレイマンと肩を組んでいる。ＷＢＣが主催するイベントに参加し、表舞台に帰ってきた。

緊張した面持ちながら、私が会ったときよりも清々しく、どこか吹っ切れた表情だった。

だいぶ時間がかかったかもしれない。

だけど、まずは一歩を踏み出した。

それぞれが前を向き、今を生きている。

怪物《かいぶつ》に出会《であ》った日《ひ》 井上尚弥《いのうえなおや》と闘《たたか》うということ

二〇二三年一〇月二四日　第一刷発行
二〇二四年 九 月一七日　第六刷発行

著　者　森合正範《もりあいまさのり》
発行者　篠木和久
発行所　株式会社　講談社
東京都文京区音羽二丁目一二―二一　〒一一二―八〇〇一
電話　[編集] 〇三―五三九五―三五二二
　　　[販売] 〇三―五三九五―四四一五
　　　[業務] 〇三―五三九五―三六一五
印刷所　株式会社新藤慶昌堂
製本所　大口製本印刷株式会社

【著者略歴】
森合正範（もりあい・まさのり）
一九七二年、神奈川県横浜市生まれ。東京新聞運動部記者。大学時代に東京・後楽園ホールでアルバイトをし、ボクシングをはじめとした格闘技を間近で見る。スポーツ新聞社を経て、二〇〇〇年に中日新聞社入社。「東京中日スポーツ」でボクシングとロンドン五輪、「中日スポーツ」で中日ドラゴンズ、「東京新聞」でリオデジャネイロ五輪や東京五輪を担当。雑誌やインターネットサイトへの寄稿も多く、「週刊プレイボーイ」誌上では試合前に井上尚弥選手へのインタビューを行っている。著書に『力石徹のモデルになった男　天才空手家　山崎照朝』（東京新聞）。

KODANSHA

ISBN978-4-06-533748-6